EL EJERCICIO Y LA PRÁCTICA DE LA MANERA ORDENADA POR DIOS

Witness Lee

Living Stream Ministry
Anaheim, California

© 1999 Living Stream Ministry

Todos los derechos reservados. Ninguna parte de esta obra puede ser reproducida ni trasmitida por ningún medio —gráfico, electrónico o mecánico, lo cual incluye fotocopiado, grabación y sistemas informáticos— sin el consentimiento escrito del editor.

Primera edición: septiembre de 1999.

ISBN 0-7363-0428-2

Traducido del inglés
Título original: *The Exercise and Practice
of the God-ordained Way*
(Spanish Translation)

Publicado por

Living Stream Ministry
1853 W. Ball Road, Anaheim, CA 92804 U.S.A.
P. O. Box 2121, Anaheim, CA 92814 U.S.A.

Impreso en los Estados Unidos de América
03 04 05 06 07 08 09 / 09 08 07 06 05 04 03

CONTENIDO

Título		Página
	Prefacio	5
1	Una vista completa de la manera ordenada por Dios: los principios básicos	7
2	El ejercicio y la práctica de la predicación del evangelio en la manera ordenada por Dios	19
3	Pasos definidos que son necesarios para la práctica del sacerdocio neotestamentario del evangelio	27
4	Puntos para el cumplimiento del sacerdocio del evangelio	35
5	Como tener éxito en el contacto con los pecadores	47
6	La gloria y el gozo de los creyentes en llevar fruto	59
7	Flexibles en la manera de ponernos en contacto con la gente en la predicación del evangelio	69
8	La unidad de la salvación de Dios	85
9	Mucho fruto y fruto que permanece	91
10	Aprender a ser humanos	101
11	Escogido para comenzar a llevar fruto y ser hecho discípulo para dar mucho fruto	109
12	La predicación práctica del evangelio	121
13	Nutrir a los nuevos creyentes para que permanezcan	131

14	Tratar con varios casos en la predicación del evangelio	141
15	Tener reuniones de hogar para producir fruto que permanezca	149
16	Penetrando el corazón de la gente con el evangelio	161
17	Cuatro prácticas cruciales de la vida cristiana	171
18	Llevar el evangelio a otros y nutrir a los nuevos creyentes en sus hogares	185
19	Alimentar a los recién nacidos con comida para niños	197
20	Aprender a cuidar de las reuniones de hogar en una manera flexible	209
21	Criar a los nuevos creyentes con la leche pura de la palabra como a hijos de Dios que están creciendo	221
22	Introduciendo a los recién nacidos en la práctica de la vida de la iglesia	235
23	El perfeccionamiento llevado a cabo en las reuniones de grupo	249
24	Reuniones de grupo para perfeccionar a los santos	263
25	La práctica de la reunión de grupo	271
26	Ejercitarnos para practicar lo que hemos oído	285
27	La práctica de las reuniones de grupo	297
28	La reunión de grupo en la nueva manera	311
29	La formación de las reuniones de grupo	323
30	El crecimiento y la multiplicación de las reuniones de grupo	333
31	Una palabra de conclusión	343

PREFACIO

Este libro está compuesto de los mensajes dados por el hermano Witness Lee en el entrenamiento de tiempo completo en Anaheim, California, durante el otoño de 1989.

EL EJERCICIO Y LA PRACTICA DE LA MANERA ORDENADA POR DIOS

MENSAJE UNO

UNA VISTA COMPLETA DE LA MANERA ORDENADA POR DIOS: LOS PRINCIPIOS BASICOS

Esta serie de mensajes fue dada por el hermano Witness Lee en el entrenamiento de tiempo completo en Anaheim, durante el otoño de 1989.

Lectura bíblica: Ro. 12:1, 4-5, 11; 1:9a; Fil. 3:3; Hch. 5:20; 11:18; Jn. 21:15; Ro. 5:10; Ef. 4:11-12; 1 Co. 14:1, 5, 12

Oración: Señor, te alabamos y te damos gracias porque Tú eres tan misericordioso, lleno de gracia y lleno de bendición. Señor, te alabamos por ser el Victorioso. Fuiste muerto, sin embargo vives y vivirás para siempre. Debido a que Tú vives, nosotros tenemos esperanza en Tu vida viviente. Señor, gracias por esta noche. Estamos aquí para escuchar Tu palabra. Una vez más, Señor, te pedimos que abras Tu ser a nosotros. Queremos abrir nuestro ser a Ti. Cúbrenos para que haya comunicación y comunión entre Tú y nosotros, en nuestro espíritu. Queremos hablar en Ti. Señor, habla en nuestro hablar. Cuando tocamos Tu trono, no podemos olvidar Tu enemigo, el maligno, la potestad de las tinieblas. Señor, lo acusamos y te pedimos que lo avergüences. Ahuyéntalo y arrincónalo. Señor, ayúdanos. Nos escondemos en Ti y bajo Tu preciosa sangre prevaleciente. Amén.

PALABRA PRELIMINAR

Esta serie de mensajes es una parte del entrenamiento de tiempo completo. En este entrenamiento, sólo me encargaré de dos asuntos: la vida y la nueva manera o, más bien, la manera ordenada por Dios. Daré dos mensajes por semana sobre el asunto de la vida y dos acerca de la nueva manera. Con respecto a la vida, primero hablaré de la experiencia de vida y luego del crecimiento en vida.

La nueva manera, es decir, la manera ordenada por Dios es algo que los hijos del Señor han pasado por alto y que han descuidado mucho. Incluso hoy en día, algunos cuantos hermanos se han opuesto a la nueva manera y la han rechazado. Por lo tanto, tengo una carga de dar a conocer las cosas que he recibido del Señor y con las cuales el Señor me ha cargado, con respecto a la manera que El ha ordenado para que le sirvamos en la vida de la iglesia.

LOS CUATRO PASOS PRINCIPALES DE LA MANERA ORDENADA POR DIOS

En cuanto a la manera ordenada por Dios, el Nuevo Testamento está lleno de revelación. Dios quiere que le sirvamos, pero en el Nuevo Testamento no se permite que nadie sirva a Dios conforme a su propio concepto. Tenemos que servir a Dios conforme al concepto de Dios. La manera ordenada por Dios ha sido revelada completa y claramente en el Nuevo Testamento, no obstante, los cristianos de todos los siglos, desde la última parte del primer siglo hasta hoy en día, la han descuidado.

Lo que llamamos la nueva manera sencillamente es la manera ordenada por Dios. Debemos ver que esta nueva manera es muy antigua. No es vieja, sino muy antigua. Incluso la vemos allí con Juan el Bautista y los primeros apóstoles del primer siglo. Entonces, ¿por qué la llamamos la nueva manera? Porque todo lo que pertenece a Dios, por muy antiguo que sea, todavía es nuevo. Con respecto a Dios no hay vejez; todo es nuevo. Dios es nuevo, pero nosotros siempre somos viejos. Con respecto a nosotros las cosas pierden su frescura. Tal vez hagamos algún servicio o prediquemos el evangelio, sin embargo, es posible que lo hagamos en una manera que carece de frescura. Puede ser que ayudemos a los creyentes jóvenes, pero que lo hagamos de una manera que no sea tan fresca como el fresco rocío del alba. Incluso es posible que hasta cierto punto perfeccionemos a algunos de los santos; no obstante, es posible que nuestra manera sea muy vieja y que carezca de frescura. Es por eso que no hay profecía que edifique al Cuerpo de Cristo como se revela en 1 Corintios 14. Por todas las generaciones, muy pocos cristianos han sabido cómo profetizar, es decir, cómo hablar de parte del Señor, cómo proclamar al Señor y cómo ministrar al Señor a otros, de modo que el Cuerpo de Cristo sea edificado orgánicamente. Así que, este asunto en efecto ha sido puesto a un lado. Basados en esto, tenemos que decir que para nosotros hoy en día esta manera es una nueva manera. Así que, debemos esforzarnos para hacer a un lado la vieja manera y tomar la nueva manera. Esto no es fácil, pero es menester que volvamos a la Biblia para ver y practicar la manera ordenada por Dios.

En los últimos pocos años, he juntado todos los puntos relacionados con la manera ordenada por Dios y los he condensado en cuatro pasos principales.

Predicar el evangelio como sacerdotes del evangelio por medio de visitar a la gente donde esté

En primer lugar, somos los sacerdotes del evangelio neotestamentario. Por lo tanto, debemos proceder, comportarnos, vivir y movernos como sacerdotes del evangelio. Todos nosotros tenemos que visitar a la gente donde esté para salvarlos, o sea, traerlos a Cristo. Aunque muchos han estado predicando el evangelio, gran parte de la predicación del evangelio que se ve hoy en día no es bíblica. Aunque algunos predican cosas que son conforme a las Escrituras, la manera en que predican no lo es. No predican el evangelio del Nuevo Testamento conforme a la manera ordenada por Dios. Primero debemos comprender que somos los sacerdotes neotestamentarios del evangelio. Todos sabemos que la tarea principal de un sacerdote es ofrecer sacrificios a Dios. Debemos hacer la obra del evangelio como sacerdotes a fin de producir algunos sacrificios para Dios. Desde mi juventud como cristiano, aprendí que los cristianos somos sacerdotes de Dios, pero no sabía cuáles sacrificios debíamos ofrecer. Se me enseñó que debemos ofrecer a Dios nuestras alabanzas y acciones de gracias como sacrificios. También aprendí que debemos dar cosas materiales como sacrificios a Dios, a Sus hijos, a Su iglesia, a Sus siervos, etc. Pero estas cosas no son de mucha importancia. Los principales sacrificios que debemos ofrecer a Dios son los pecadores que sean salvos por medio de nuestra predicación. En Romanos 15, Pablo dice que él era "ministro de Jesucristo a los gentiles, ministrando a manera de sacerdote el evangelio de Dios, para que los gentiles le sean ofrenda agradable," (v. 16, gr.). Pablo ofrecía como sacrificio a Dios a los creyentes gentiles que eran salvos por medio de su predicación. Todos debemos tener semejante concepto. ¿Cuántas personas ha usted traído a Cristo desde que usted fue salvo? Como uno de los sacerdotes de Dios, ¿no podría traer al Señor una persona en un año, en tres cientos sesenta y cinco días? Esto es lógico y justo. Si no le parece así, supongamos que usted fuera el Señor, ¿qué diría? Creo que usted despediría a tal sacerdote.

Algunos han criticado el asunto de tocar a las puertas, diciendo: "Salí por dos meses y no gané a nadie". Entonces yo les respondería: "¿Y qué de los diez meses restantes? ¿Produce una madre a un hijo cada día?" La ley natural de Dios regula. Un hijo debe estar en el vientre de su madre por nueve meses. Si una madre quiere tener otro hijo, no es tan fácil porque nueve meses del año ya han pasado. Sólo hay tres que restan. Así que, tiene que tomar prestado del siguiente año. Esto es la regulación de Dios. Una vez que una madre concibe, aprende las lecciones de paciencia, día tras día, por dos cientos setenta días. Si predicamos el evangelio de la misma manera que esta madre paciente, al menos en nueve meses podríamos traer una persona al Señor.

Puede ser que usted piense que eso sería muy poco, pero en realidad no lo es. Supongamos que cada uno de nosotros consigue uno anualmente. Sin duda la iglesia se duplicará dentro de un año. La manera de Dios parece muy lenta, sin embargo va muy rápido. Dios creó a un solo hombre, Adán. Pero hoy hay billones de Adanes en la tierra. Es muy lenta, pero es la más prevaleciente. Recientemente estudié algunas estadísticas. Durante los últimos ciento cincuenta años, dos grupos heréticos han tenido el mayor éxito en incrementarse en número. Hicieron esto por medio de tocar puertas. Un grupo es los mormones y el otro es los Testigos de Jehová. Estudié las estadísticas publicadas por los Testigos de Jehová con respecto a las doce naciones en las cuales más prevaleció su trabajo el año pasado. En Japón, calcularon que era necesario dedicar más de seis mil horas para conseguir una sola persona. Esto significa que, aun si trabajaran diez horas al día por dos años, es posible que sólo ganen uno. Si usted puede ganar una persona en un año, aunque parece lento, es mucho mejor que no hacer nada. Puede ser que usted haya salido por dos meses y que no haya ganado a nadie. Entonces, ¿por qué no seguir tratando otro dos meses? ¿Por qué no intentar los siguientes dos meses por tercera vez, los siguientes dos meses por cuarta vez, y los siguientes dos meses por quinta vez? Si no puede ganar uno este año, intente de nuevo el próximo. Nuestro problema es, en primer lugar, que no nos damos cuenta de que somos sacerdotes del evangelio, y en segundo lugar, no perseveramos en nuestra práctica. Tal vez algunos digan: "En una ocasión Pedro habló, en el día de Pentecostés, y tres mil fueron salvos, y luego, unos cuantos días después, cinco mil fueron añadidos". Hay tal historia en la Biblia, pero hoy, ¿quién puede decir: "Yo hablo y gano tres mil"? Eso no es la manera ordenada por Dios. Dios no dijo que si una mujer era fiel y que si creía en Él, un día de repente le daría tres mil hijos. Creo que Adán produjo muchos hijos, pero no creo que produjera una docena por año. Algunos han dicho que debemos llevar fruto cada mes como el árbol de la vida en la Nueva Jerusalén. Hablar así es una cosa, pero practicarlo es otra. No confiaría en esa manera. Sería bueno si cada uno de nosotros ganara a una persona en tres años. Si en tres años cada miembro de la iglesia trajera una persona al Señor y a la vida de la iglesia, la iglesia tendría un aumento de treinta y tres por ciento cada año.

Pero, ¿cuántos de entre nosotros siquiera hacen esto? Nuestra manera de predicar el evangelio es demasiado vieja y carece de frescura. Todavía recuerdo la historia de

D. L. Moody. Una vez hizo un voto de que no se acostaría sin haber predicado el evangelio por lo menos a una persona cada día. Entonces, una noche, casi a la medianoche, se dio cuenta de que aquel día no había predicado el evangelio a nadie. Salió pero nadie estaba en la calle. Sólo pudo encontrar a un policía, así que trató de persuadirlo para que creyera en Jesús. Pero el policía se ofendió mucho y se enojó. No obstante, más tarde tuvo interés en lo que había sucedido y descubrió quién era el hombre que le había predicado. Finalmente, ese policía fue salvo.

Si usted tuviera esta clase de paciencia, esta clase de espíritu, indudablemente, dentro de tres años ganaría uno. Si usted tuviera un espíritu como el de D. L. Moody, aun dentro de tres meses ganaría uno. Sería fácil que usted ganara cuatro por año. Hoy en día, la mayoría de nosotros no estamos viviendo en pueblos pequeños, sino en grandes ciudades. Estas grandes ciudades son grandes viveros de peces. A veces tengo la impresión de que los peces están anhelando ser pescados, pero no hacemos nada, no nos movemos. Así que, debemos tomar esta nueva manera. Somos sacerdotes del evangelio. Debemos tocar a la gente. Debemos ganar a la gente. Debemos traer a la gente a Cristo. Cada año debemos producir uno o dos hijos espirituales para que los podamos presentar al Señor como presente, como ofrenda, como sacrificio.

Desde que vi esto y comencé a hablar acerca de la nueva manera, ha habido mucha oposición. Pero, gracias al Señor, la mayoría de las iglesias y de los santos en el recobro han aceptado la nueva manera. Sin embargo, aceptar la nueva manera es una cosa, pero practicarla es otra. Debido a esto, tengo la carga de rogar a todos ustedes que están en esta reunión y a todos los demás santos que están en el recobro por todo el mundo, que practiquen la nueva manera. Todos tenemos que aprender a practicar la nueva manera para que el Señor tenga la manera de seguir adelante entre nosotros hoy en día, a fin de que se lleve a cabo Su economía neotestamentaria, la cual es la edificación del Cuerpo de Cristo.

En Lucas 14 el Señor dice: "Vé por los caminos y por los vallados, y fuérzalos a entrar, para que se llene mi casa"

(v. 23). ¿Ha usted compelido, es decir, forzado, alguna vez a alguien para que crea en el Señor Jesús? Algunas personas son demasiado espirituales, diciendo: "No podemos salvar a la gente. Que el Señor lo haga. No obligue a la gente. No fuerce a la gente". No obstante, el Señor Jesús nos dice que debemos "forzarlos a entrar". Parece más espiritual decir: "Sólo espere. Deje que el Señor lo haga". Pero conforme a la Biblia, esto no es correcto.

Hay muchas cosas que podemos ver en el Nuevo Testamento las cuales no practicamos. Conforme al Nuevo Testamento, en primer lugar debemos ver que somos sacerdotes del evangelio y que necesitamos ofrecer a Dios algunos sacrificios. Por favor, no diga que usted sólo es hermana, que usted es viejo, que es débil, que está enfermo o que no es un predicador profesional. El Señor Jesús nunca le permitiría aceptar ninguno de estos pretextos. En segundo lugar, como sacerdote del evangelio, usted debe tomar medidas con paciencia. No es muy fácil hacer que una persona sea salva, ni tampoco es fácil criar a una persona. He oído que algunos han traído a muchos al Señor, pero que no han podido traer a ninguno a la vida de la iglesia. Si éste es el caso de usted, se debe a que lo hizo sin paciencia y sin fe. Si usted tiene paciencia y fe, sin duda al menos uno de ellos será traído al Señor e introducido en la vida de la iglesia. Si usted no tiene la paciencia ni la fe, cuando vaya a visitar a la gente, ellos ciertamente no creerán. Tal vez usted piense: "Esta persona es muy superficial. No es necesario traerlo a la vida de la iglesia. Y aquel es muy tosco". Cuando usted quiera salvar a una persona, usted debe amar a esa persona. Sin amor, sin cuidado, usted no puede traer a la gente al Señor. No importa si alguien es cojo, lisiado, ciego o sordo, usted debe amarlo. Anteriormente a algunos de los santos entre nosotros no les gustaban tales personas. Les gustaban "personas perfectas", así que no tenían la paciencia ni la fe para traer personas al Señor. Debemos aprender a ejercitar nuestra paciencia y fe. Dios nos ha comisionado para que seamos sacerdotes, pero no tenemos la paciencia y fe para practicar continuamente el sacerdocio. Ahora tenemos que tomar el sacerdocio y practicarlo con paciencia y con fe para que con el tiempo ofrezcamos algunos pecadores salvos como sacrificios a Dios. Debemos practicar esto por medio de esforzarnos con perseverancia, longanimidad, paciencia, amor, cuidado y fe.

Una hermana ciega de los Estados Unidos, Fanny Crosby, escribió el himno "Rescata a los que perecen, cuida a los moribundos" (*Hymns,* #921). Aquel himno realmente me inspira. Pero que ustedes canten tal himno es como tener trueno sin lluvia. Sólo cantan; no salen para rescatar a nadie. Los Testigos de Jehová tienen la paciencia para dedicar más de seis mil horas a fin de ganar una sola persona. Nosotros tenemos el evangelio puro, el evangelio más alto, no obstante no tenemos el aumento porque no salimos para conseguirlo con paciencia y fe. Usted debe ir. Tal vez en una semana no gane nada. Tal vez en un mes no gane nada. Pero para el final de un año, ganará uno, al menos ganará una gotita de agua. Sin embargo, esto no es insignificante. Usted tiene que cuidar a esta persona como si fuera un tesoro. Es muy bueno que el Señor nos haya dado un nuevo comienzo. Como sacerdotes del evangelio, todos tenemos que salir y practicar nuestro sacerdocio neotestamentario.

Nutrir y cuidar a los nuevos creyentes

El segundo paso es alimentar o nutrir a los nuevos creyentes; esto es mucho más difícil que ganar a los pecadores. Dar a luz a un hijo es difícil, pero no tan difícil como criarlo. Día y noche la madre y el padre sacrificarían todo por ese hijo. Sin embargo, entre los cristianos, hay muy pocos que están dispuestos a hacer esta obra. A veces trajimos a alguien al Señor, pero después de dos meses murió prematuramente porque no recibió cuidado. El Nuevo Testamento contiene mucho acerca de este asunto de alimentar. En los mensajes siguientes veremos la manera en que Pablo nutría o alimentaba. Pablo dice que cuidaba a los creyentes como una madre lactante cuidaría con ternura a sus propios hijos y que los exhortaba y los consolaba como el padre a sus propios hijos (1 Ts. 2:7, 11).

Debemos aprender a alimentar, a nutrir, a los nuevos creyentes que hemos traído al Señor. Ellos son exactamente como bebés recién nacidos que necesitan ser alimentados, nutridos. En el Evangelio de Juan, el Señor Jesús habló con Pedro acerca de alimentar a los corderos (21:15). La mayoría de los estudiantes y los maestros de este Evangelio concentran su enseñanza y su comunión directamente en el asunto de vida. Sin embargo, después de que Juan pareció terminar su Evangelio en el capítulo veinte, añadió un capítulo más. En este capítulo adicional el Señor preguntó a Pedro: "Pedro, ¿me amas? Si me dices que me amas, tienes que hacer una cosa: apacienta Mis corderos". Todas las madres saben que alimentar o nutrir a un niño pequeño no es un asunto sencillo. Cuando miramos la situación de hoy, entre los creyentes que no son pastores ni predicadores, ¿quién está haciendo tal obra de alimentación? Uno no puede apacentar a los corderos de vez en cuando. Hay que hacerlo de modo regular, tal como nutrir a un bebito. Uno tiene que hacerlo, no sólo a diario, sino muchas veces al día y en tiempos fijos. Entonces el bebé será nutrido; si no, tal vez muera.

Incluso entre nosotros hoy en día, no podemos ver que haya mucha alimentación. Por lo tanto, no estamos sirviendo al Señor conforme a las Escrituras. ¿Cree usted que la palabra del Señor, "Apacienta mis corderos" sólo se habló a Pedro, pero no a usted? No lo creo. Pedro estaba allí delante del Señor como representante de todos nosotros. Cualquier cosa que el Señor le habló a él, lo habló también a nosotros. Por lo tanto, debemos aprender a entrar en la práctica de apacentar a los corderos y esforzarnos por hacerlo. No importa quiénes seamos, mientras seamos creyentes, el Señor nos encarga que apacentemos Sus corderos. Un día, todos compareceremos ante el Señor en Su tribunal para dar cuenta a El de nosotros mismos en cuanto a este asunto (Ro. 14:10, 12).

Perfeccionar a los creyentes y profetizar para la edificación del Cuerpo de Cristo

El tercer paso, después del asunto de alimentar, es el perfeccionamiento de los santos. Hoy en día no hay casi ninguna obra de perfeccionamiento que esté siendo llevada a cabo en los creyentes conforme a la verdad de Efesios 4:12. El último punto principal es profetizar para que la iglesia, es decir, el Cuerpo de Cristo, sea edificada. Por lo general, esta práctica no existe hoy en día.

Por medio de todo lo que hemos hablado arriba, podemos ver que tanto el cristianismo como nosotros no estamos practicando estos cuatro pasos. La manera en que predicamos el evangelio no es muy bíblico. El apacentamiento de los corderos casi no existe. Se ha descuidado el perfeccionamiento de los santos. No hay casi ninguno que haya sido perfeccionado. En el sentido estricto de la palabra, no se encuentra tal cosa como profetizar para la edificación de la iglesia, es decir, para la edificación del Cuerpo de Cristo como organismo. La mayoría de los cristianos están edificando una congregación para tener una fachada, una exhibición. ¿Dónde está la edificación orgánica del organismo del Dios Triuno, el Cuerpo de Cristo? Esta edificación orgánica sólo puede ser llevada a cabo por medio de que todos los santos se esfuercen para profetizar, es decir, hablar de parte del Señor, en las reuniones de la iglesia. Pero hoy en día, no hay tal cosa.

CUATRO PRINCIPIOS PARA NUESTRO SERVICIO ESPIRITUAL

Ahora tendremos comunión acerca de los principios del servicio espiritual que debemos rendir a Dios. Hay cuatro principios que todos tenemos que ver.

Nuestro servicio debe llevarse a cabo en el Cuerpo

En primer lugar debemos ver que tenemos que servir a Dios como miembros del Cuerpo que somos. Es por esto que Pablo, después de dar tantas enseñanzas en los once primeros capítulos de Romanos, llevó a los santos al asunto del Cuerpo en el capítulo 12. El dijo: "Así que, hermanos, os ruego por las misericordias de Dios, que presentéis vuestros cuerpos en sacrificio vivo, santo, agradable a Dios, que es vuestro culto racional" (v. 1). Basado en esto, continuó hablando acerca del servicio en el Cuerpo (vs. 4-5). Dijo que todos somos miembros de un solo Cuerpo. Considere usted los miembros de su propio cuerpo; ninguno es independiente. Cada uno, ya sea grande o pequeño, está moviéndose, actuando, funcionando en el cuerpo. Mire la situación de hoy. No es necesario decir que no vemos el Cuerpo, ni siquiera podemos ver a un verdadero grupo de cristianos que sirvan juntos. Hay muchas opiniones, conceptos y diferentes puntos de vista. ¿Quién está equivocado? y ¿quién tiene la razón? Finalmente todos no sólo están equivocados, sino también separados del Cuerpo. Supongamos que la mano de usted esté limpia, pero ha sido separada del cuerpo. Sería mejor estar sucio y permanecer en el cuerpo, que estar limpio y separado.

Nuestro servicio debe ser en nuestro espíritu y por medio del Espíritu Santo

El segundo principio de nuestro servicio espiritual es que debemos servir en nuestro espíritu y por medio del Espíritu Santo. Sin estos dos espíritus, nuestro servicio no es nada. Pablo dice: "Porque testigo me es Dios, a quien sirvo en mi espíritu en el evangelio" (Ro. 1:9). También dice que somos "los que en espíritu servimos a Dios" (Fil. 3:3). Sabemos esto, pero no lo practicamos. Ser llenos del Espíritu y tener el derramamiento del Espíritu no depende de nuestros sentimientos. Depende de cuán dispuestos estamos para tomar la cruz de Cristo. Debemos tomar la muerte de Cristo; entonces el Espíritu seguirá al Cristo crucificado. En esto se encuentra nuestro poder.

También debemos aprender a no servir por medio de nuestra capacidad o habilidad natural. Debemos aprender a recurrir al Señor, a confiar en El y a recibir Su muerte y a poner esta muerte en nuestra experiencia diaria. También debemos tener la oración adecuada y suficiente. Entonces seremos personas llenas del Espíritu. El Espíritu nos llenará por dentro y nos vestirá por fuera. Seremos personas que tienen al Espíritu actuando en nuestro espíritu y obrando a través de nuestro espíritu, y usaremos el poder del Espíritu por medio de ejercitar nuestro espíritu. Esto es lo que se necesita en estos cuatro pasos: en la predicación del evangelio, en la nutrición de los nuevos creyentes, en el perfeccionamiento de los santos y en el asunto de profetizar. Por eso, muchos santos no pueden profetizar porque no tienen mucho del Espíritu y no saben cómo usar su espíritu, cómo ejercitar su espíritu. Si practicaran el ejercicio del espíritu para tocar al Espíritu Santo, con el tiempo les sería fácil profetizar.

Nuestro servicio debe ser por medio de la vida

Otro principio es que nuestro servicio debe ser por medio de la vida, no de las capacidades o dones. Debemos aprender a ministrar vida a otros. Cada vez que conocemos a alguien, debemos aprender cómo ejercitar nuestro espíritu para dispensar en tal persona al Cristo vivo junto con Su palabra viviente como vida. Tanto la alimentación como la nutrición implican que se imparte el suministro de vida. La alimentación de un niño llevada a cabo por su madre es una clase de dispensar de vida. Asimismo, los asuntos de perfeccionar y de profetizar sólo pueden ser llevados a cabo por el Espíritu y con la vida.

Nuestro servicio debe tener como fin la edificación del Cuerpo de Cristo

Finalmente, nuestro servicio debe tener como fin la edificación del Cuerpo de Cristo y no nuestra propia obra. No importa cuánto tiempo hayamos estado sirviendo en el recobro del Señor, es posible que no hayamos proporcionado mucha edificación al Cuerpo de Cristo.

Todos necesitamos ver estos cuatro principios para nuestro servicio espiritual a Dios. Nuestro servicio debe ser: en el Cuerpo, en nuestro espíritu y por medio del Espíritu Santo, por la vida, y para la edificación del Cuerpo de Cristo.

EL EJERCICIO Y LA PRACTICA DE LA MANERA ORDENADA POR DIOS

MENSAJE DOS

EL EJERCICIO Y LA PRACTICA DE LA PREDICACION DEL EVANGELIO EN LA MANERA ORDENADA POR DIOS

Lectura bíblica: Lc. 10:1-6; Mt. 28:18-19; Lc. 14:21-23; 2 Ti. 4:2a; Hch. 8:4, 29; 16:6-7

En este mensaje vamos a considerar el ejercicio y la práctica de la predicación del evangelio según la manera ordenada por Dios. Alabamos al Señor que, desde que la manera ordenada por el Señor fue introducida en el recobro, la mayoría de los santos y de las iglesias la han recibido y están perseverando en ello. Sin embargo, nuestra experiencia y práctica de la nueva manera es débil. Puede ser que aceptemos la manera ordenada por el Señor, pero no tenemos mucho ejercicio ni mucha práctica en ello. Lo que necesitamos hoy no es meramente saber qué es la nueva manera; necesitamos ejercitarnos en la nueva manera.

Si vamos a jugar cierto tipo de juego de pelota, tenemos que practicar con la pelota una y otra vez. Cuando yo era joven, no sabía montar en bicicleta. Montar en bicicleta no era algo popular setenta u ochenta años atrás en la ciudad donde yo vivía. Sin embargo, cuando yo vivía y trabajaba en Shangai, me di cuenta de que necesitaba aprender a montar en bicicleta. Algunos vinieron a tratar de enseñarme a montar en bicicleta. Les dije que no necesitaba que me enseñaran; todo lo que yo necesitaba era practicar. Primero que todo necesitaba aprender a subirme a la bicicleta. Intenté varios métodos, y algunas veces al intentar, me caí. En todo caso, aprendí a subirme a la bicicleta. Luego, tuve que aprender a pedalear, pero no aprendí por medio de ser enseñado. Me caí una y otra vez, pero seguí subiéndome.

Después de un par de días yo manejaba la bicicleta sin problema. A partir de este mismo principio, si tenemos tal espíritu para practicar la nueva manera, tendremos éxito. Tenemos que ejercitarnos en practicar la nueva manera.

LA PREDICACION DEL EVANGELIO ES LO PRIMERO A PRACTICARSE EN LA MANERA ORDENADA POR DIOS

La primera cosa que debemos practicar en la manera ordenada por Dios en cuanto al servicio neotestamentario es la predicación del evangelio. Predicamos el evangelio para que los pecadores se salven, para traerlos al Señor. Sin embargo, ésta no es la meta. La meta de salvar a los pecadores es edificar el Cuerpo de Cristo. Tenemos la carga de salvar a los pecadores, pero tal carga no consiste sólo en salvar a los que perecen. Si ganar almas es la única meta de nuestra predicación del evangelio, tenemos una vista muy corta. Tenemos que tener la vista de Dios conforme a Su economía. Desde la eternidad pasada Dios ha tenido una economía. En Su economía Dios desea que las personas que El creó sean salvas para la edificación del Cuerpo de Cristo. Lo que Dios desea no es un grupo de pecadores salvos. Dios desea tener el Cuerpo de Cristo. Debemos tener una visión alta y de largo alcance. Con esta vista, debemos tomar la carga de predicar el evangelio. Cuando predicamos el evangelio con esta vista, estamos practicando nuestro sacerdocio. El primer aspecto del sacerdocio neotestamentario es que nosotros prediquemos el evangelio para hacer de los pecadores salvos sacrificios espirituales, a fin de que sean ofrecidos a Dios para Su aceptación (Ro. 15:16; 1 P. 2:5).

LA PREDICACION DEL EVANGELIO EN EL NUEVO TESTAMENTO

El Nuevo Testamento comienza con la predicación del evangelio. Antes de que viniera el Señor Jesús, la obra de Juan el Bautista era no sólo bautizar a la gente, sino también predicar el evangelio. El dijo: "Arrepentíos, porque el reino de los cielos se ha acercado" (Mt. 3:2). Juan no sólo bautizaba a la gente, sino que también predicaba el evangelio para que la gente fuera salva y fuera traída a Cristo. Después de Juan, vino el Señor Jesús. El también predicó el evangelio (Mt. 4:17). Lucas 8:1 dice que el Señor "iba por todas las ciudades y aldeas, predicando y anunciando el evangelio del reino de Dios". Además de las ciudades en la tierra, hay muchas aldeas, pequeños poblados que debemos visitar. El Señor Jesús también envió a los doce a hacer lo mismo que El hizo (Mt. 10:5). Aun esto no fue adecuado, así que El envió setenta a visitar cada ciudad y lugar adonde El estaba por ir (Lc. 10:1). Cuando salimos a predicar el evangelio, no debemos solamente visitar las ciudades. Tenemos que visitar todos los lugares. Incluso que el Señor enviara los setenta, no fue adecuado, de modo que después de Su resurrección El envió a todos Sus discípulos, mandándoles que hicieran discípulos a todas las naciones (Mt. 28:19).

En el Nuevo Testamento, Juan el Bautista salió para llevar a cabo la predicación del evangelio y luego Jesús mismo también lo hizo. Luego Jesús envió a los doce y a los setenta, y ahora nos ha enviado a todos nosotros. El ha enviado a todos Sus discípulos a visitar las ciudades y todos los lugares para hacer discípulos a todas las naciones (Mt. 28:19). Hoy en día el evangelio ha llegado a todas las razas, a todos los pueblos y a todas las naciones. Sin embargo, la meta del evangelio no es sólo salvar pecadores, ganar almas, sino que también es obtener los materiales para la edificación del Cuerpo de Cristo. Mi carga es que todos veamos la urgente necesidad de que todos estemos en el ejercicio y la práctica de la predicación del evangelio en la manera ordenada por Dios.

LLEVAR FRUTO ES EL VERDADERO DISFRUTE DE LAS RIQUEZAS DE CRISTO

Pablo dijo: "¡Ay de mí si no anunciare el evangelio!" (1 Co. 9:16). No predicar el evangelio es un ay. El Señor Jesús dijo que si nosotros, Sus pámpanos, no llevamos fruto, seremos cortados (Jn. 15:2, 6). Ser cortado es perder el disfrute del suministro rico y pleno de la vid. Es por esto que muchos cristianos son tan pobres en el disfrute de las riquezas de Cristo. Han perdido el disfrute pleno de las riquezas de Cristo debido al hecho de que no han llevado fruto. Si no llevamos fruto, seremos cortados.

Aunque no llevemos fruto, de todos modos estamos en el Señor, pero no podemos tener el verdadero disfrute del rico suministro de la savia vital de la vid. En tanto que nosotros no tengamos el disfrute del rico suministro de la savia vital de Cristo, estamos cortados. Si estamos cortados o no, lo podemos determinar por el hecho de si tenemos o no el verdadero disfrute de las riquezas de Cristo. Esto es muy serio. La carencia principal de muchos cristianos consiste en que ellos no llevan una vida que produzca frutos regularmente. Tenemos que levantarnos y ejercitarnos en llevar fruto.

EVITAR LOS DEBATES Y REDIMIR EL TIEMPO A FIN DE SALVAR A LOS PECADORES PARA EL AUMENTO DE LA IGLESIA

Muchos cristianos están peleando, debatiendo y arguyendo. Sin excepción alguna, mientras los cristianos se ocupen en peleas y en debates, el resultado que obtendrán será esterilidad. Aunque a ellos les parezca que están luchando por el Señor y que están defendiendo la verdad, el resultado de su lucha será que no habrá fruto. Muchas veces he visto grupos de cristianos marchando muy bien hasta que empiezan a debatir. Una vez que empiezan a debatir en nombre de la defensa de la verdad, empiezan a decrecer en número.

Cuando vienen los debates, la mejor manera de levantarnos en su contra es "¡Yendo!" No debemos ocuparnos en debatir sino en salvar a las personas. Debemos salir para salvar un buen número de personas. Algunos tal vez digan que estamos equivocados si nos ocupamos de los números. Sin embargo, la Biblia se ocupa de los números. Hasta hay un libro en la Biblia llamado Números. Dios les dijo a Moisés y a Aarón que contaran, que numeraran, al pueblo (Nm. 1:2). Debemos contar las personas en la iglesia en nuestra localidad (Hch. 2:41; 4:4; 21:20). Si hacemos esto, nos percataremos de nuestra negligencia en el asunto de llevar fruto. Nuestra urgente necesidad es hacer que la gente sea salva. En vez de debatir, debemos preferir salvar por lo menos una persona hoy. Cuando bautizamos a alguien en el Dios Triuno, nos sentimos gloriosos. La manera gloriosa es salvar pecadores y contarlos.

Si alguien viene a nosotros para debatir acerca de la verdad, simplemente debemos decir que no tenemos tiempo para eso. Luego, podemos preguntarle si sus padres o sus familiares son salvos. Si ellos no han sido salvos, podemos orar con él por ellos. No debemos debatir en cuanto a lo que es correcto o incorrecto. No hemos sido designados para juzgar, y no tenemos tiempo para debatir. Debemos dedicar nuestro tiempo a salvar a los pecadores y a alimentar y nutrir a los nuevos a fin de ayudarles a crecer.

Debemos ir a visitar a las personas para predicarles el evangelio. El Señor no nos dijo que fuéramos a las personas "correctas" y que no fuéramos a las "incorrectas". ¡El simplemente nos dijo que fuéramos! En primer lugar, debemos ir a visitar los hogares (Lc. 9:4). Luego, debemos visitar cada ciudad y lugar. Finalmente, debemos ir al mundo entero (Mt. 24:14, 28:19; Hch. 1:8).

TOMAR LA CARGA DE PREDICAR EL EVANGELIO POR MEDIO DE SALIR A VISITAR A LA GENTE

Nuestra primera carga en este entrenamiento consiste en que a cada entrenando se le imparta la carga de ir a visitar a la gente para predicarle el evangelio. Debemos tomar esta carga. No tenemos manera de excusarnos. El Señor se envió a Sí mismo primero; luego El envió a los doce y a los setenta; y ahora ha enviado a todos los discípulos. El libro de Hechos narra que gran número de personas fue salvo en Jerusalén por medio de la predicación del evangelio. En el día de Pentecostés, tres mil personas fueron salvas (Hch. 2:41). Luego Hechos 4:4 dice que "el número de los varones era como cinco mil". Hubo miles de personas salvas en Jerusalén, y aún así, no estaban dispuestos a salir. Todos ellos se habían quedado pegados a esa ciudad. Entonces vino la persecución, y esto los forzó a salir (Hch. 8:1). Hechos 8:4 nos dice que aquellos que fueron esparcidos iban por todas partes anunciando las buenas nuevas de la palabra. Debido a la persecución ellos salieron y el evangelio se difundió. Como resultado de que ellos salieran el reino se extendía a muchos lugares, y la iglesia era edificada (Hch. 9:31).

Debemos ser de aquellos que salen. Si no podemos salir todos los días, debemos salir por lo menos una vez por semana. Todos pueden hacer esto. Debemos salir por lo menos una noche o una tarde por semana. Debemos ir primero a nuestra "Jerusalén", lo cual significa que debemos ir a nuestros familiares cercanos, a saber: a nuestros padres, tíos, tías, primos, cuñados, suegros, etc. Luego, debemos ir a Judea, a Samaria, y, por último, a los confines de la tierra (Hch. 1:8).

No sabemos quiénes son los escogidos. El Señor ha escogido un pueblo "de todo linaje y lengua y pueblo y nación" (Ap. 5:9). Sólo el Señor sabe quién es escogido. Lucas 14 dice que debemos ir "pronto por las plazas y las calles de la ciudad" (v. 21), y luego "por los caminos y por los vallados" (v. 23). Esto significa que debemos ir por todas partes. No debemos hacer distinción entre quién tiene una posición alta y quién tiene una posición baja. Mientras sean seres humanos, debemos traerlos al Señor. El Señor dijo que salieran y trajeran "a los pobres, los mancos, los cojos y los ciegos" (v. 21).

Tal vez algunos de los que debaten pueden decir que nosotros forzamos a la gente a creer y a ser bautizada, pero el Señor nos manda en Lucas 14 que 'forcemos' a la gente a que reciba la salvación del Señor (v. 23). Antes de que fuéramos salvos, no estábamos dispuestos a buscar al Señor; tuvimos que ser forzados, compelidos, a recibir Su salvación. Si forzamos a la gente a recibir al Señor, tal vez nos preguntemos si algunos de ellos llegan a ser creyentes genuinos. Pero sólo el Señor sabe quién es cizaña y quién es trigo (Mt. 13:29-30), y el Señor no nos dice que tratemos de discernir tal diferencia. El Señor nos dijo que fuéramos a hacer discípulos a todas las naciones y a bautizarlas en el nombre del Dios Triuno (Mt. 28:19). Como miembros de la iglesia, nuestra primera responsabilidad es levantarnos y ejercitarnos a salir a predicar el evangelio en la nueva manera.

LOS ANCIANOS DEBEN SER LOS PRIMEROS EN PREDICAR EL EVANGELIO

Me gustaría decir una palabra a los ancianos. Si usted es un anciano que predica el evangelio, la iglesia en la cual usted tiene la responsabilidad será una iglesia que predica el evangelio. Por lo tanto, los ancianos deben ser los primeros en ejercitarse para la predicación del evangelio, en practicarla y aun en promoverla. Todo creyente tiene que salir a predicar el evangelio. Yo rogaría a cada iglesia que se levante y se dé a la predicación del evangelio. La predicación del evangelio debe ser promovida en cada localidad.

EL EJERCICIO Y LA PRACTICA DE LA MANERA ORDENADA POR DIOS

MENSAJE TRES

PASOS DEFINIDOS QUE SON NECESARIOS PARA LA PRACTICA DEL SACERDOCIO NEOTESTAMENTARIO DEL EVANGELIO

Lectura bíblica: Ro. 12:1; 1:14; 1 Co. 9:16-17; Lc. 14:21-23

En este mensaje, primeramente voy a tener comunión con ustedes en cuanto a la situación actual entre las iglesias en el recobro del Señor, y luego, voy a presentar algunos pasos definidos, los cuales son necesarios para la práctica del sacerdocio neotestamentario del evangelio.

NUESTRA NECESIDAD DE LEVANTARNOS A PRACTICAR EL SACERDOCIO NEOTESTAMENTARIO DEL EVANGELIO PARA GANAR PERSONAS PARA EL REINO DE DIOS

Para edificar una nación se necesita gente. No se puede construir una nación con sólo un puñado de personas. Dios quiere tener un gran número de personas para Su reino. Algunos tal vez no estén de acuerdo con esto, diciendo que en Lucas 12 el Señor se refirió a Sus discípulos como a una "manada pequeña" (v. 32); pero eso fue cuando el Señor estaba en la tierra, antes de Su muerte y resurrección. Todavía no había ido a la cruz para morir, para efectuar la redención, y todavía no había resucitado. En aquel tiempo El sólo tenía un pequeño grupo de personas con El, principalmente sólo doce; así que era propio que los llamara "manada pequeña". Pero después de Su muerte y resurrección, les hablaba de otra manera. El dijo: "Toda potestad me es dada en el cielo y en la tierra. Por tanto id, y haced discípulos a todas las naciones" (Mt. 28:18-19). Hacer discípulos a todas las naciones es ganarlas para establecer un reino. Para tener este reino se requiere un gran número de personas. Por lo tanto, en el día de Pentecostés, fueron añadidos a la iglesia como tres mil (Hch. 2:41). Poco después de Pentecostés, "el número de los varones era como cinco mil" (4:4). Luego, en Hechos 6 dice que "el número de los discípulos se multiplicaba grandemente en Jerusalén" (v. 7). Tenemos que considerar cómo nuestra propia situación se asemeja a la revelada en la Biblia.

Estamos aquí como testimonio del mover del Señor en la tierra en Su recobro. Hoy en los Estados Unidos hay más de doscientas iglesias. Este es un número bastante alto, pero muy pocas iglesias locales en los Estados Unidos tienen más de doscientos miembros. Solamente en el sur de California, hay veinticinco iglesias, pero cada iglesia tiene sólo un número reducido de santos. Hemos tenido un número tan bajo por casi veinte años. Durante ese tiempo, la falta de aumento en número ha sido bastante preocupante. Esta falta de crecimiento ha sido el caso no sólo de las iglesias en el recobro del Señor, sino también en el cristianismo en general. Cuando yo vine a este país en 1958, se me dijo que la mitad de los estadounidenses eran cristianos. Hoy en día, después de treinta y un años, el número ha aumentado sólo un poco. Los líderes de las grandes denominaciones están preocupados por la falta de aumento. En Gran Bretaña casi todas las grandes denominaciones han estado decreciendo en los últimos quince años.

En los últimos años en los Estados Unidos, los bautistas del sur han empezado a adoptar la manera de tocar a las puertas en su predicación del evangelio. Han hecho esto porque se han dado cuenta de que la manera en que ellos predicaban el evangelio no ha funcionado muy bien.

Recientemente un hermano me mostró un artículo de un periódico, que decía que hace veinte años en Fort Lauderdale, Florida, se estableció una iglesia con diecisiete personas. Pero ahora tiene diez mil miembros. En veinte años, ellos aumentaron de diecisiete a diez mil miembros. El artículo indica que ellos lograron esto por medio de tocar a las puertas, por medio de visitar a la gente en su propio hogar.

Al hacer cualquier cosa, si no hay beneficio ni mejora, entonces el método usado es incorrecto. Ninguno de nosotros debería estar conforme con el número actual en las iglesias. Hace quince años el número de santos en el sur de California era mayor que hoy en día. Esta carencia de crecimiento me molestó a tal punto que en octubre de 1984 dirigí toda mi atención a este asunto. En aquel tiempo, fui a Taipei con el propósito de estudiar este asunto. Gradualmente fui descubriendo que nuestra manera era errónea. La manera de obrar del cristianismo está equivocada, y la nuestra también lo está, puesto que proviene hasta cierto punto de la de ellos. Aunque se ha tenido cierto progreso, nuestra manera ha estado, y sigue estando, en la misma categoría que la del cristianismo. En cuanto a la predicación del evangelio, no hay mucha diferencia entre la manera en que nosotros lo hacemos y la manera en que ellos los hacen.

Comparto esto debido a que tengo la carga que todos nos despertemos y dejemos de estar conformes con la actual situación de las iglesias. Debemos estar ya hartos de reunirnos para ver las mismas caras reunión tras reunión. Necesitamos miembros nuevos. Si en esta reunión hubiera un buen número de nuevos, todo el mundo estaría entusiasmado. La razón por la cual son tan pocos los que son salvos y bautizados en nuestro medio, y la razón por la cual la mayoría de aquellos que han sido bautizados no permanecen en la vida de la iglesia, es que nuestra manera está equivocada.

¿Cuál ha sido el resultado de nuestra vieja manera? Tenemos que admitir el hecho de que no hemos tenido el aumento adecuado en las iglesias. Algunas iglesias locales eran mucho más grandes a mediados de los años 70 que hoy en día. Esto es una vergüenza al Señor, y nosotros nos deberíamos sentir avergonzados. No debemos estar conformes y no debemos engañarnos a nosotros mismos. Es una vergüenza que permanezcamos en el recobro día tras día y año tras año con poco o ningún aumento. Mi carga es que todos nos despertemos y nos levantemos a practicar el sacerdocio neotestamentario del evangelio para ganar personas para el reino de Dios.

LOS CUATRO PASOS PRINCIPALES DE LA MANERA ORDENADA POR DIOS

El Señor me mostró la nueva manera, y yo se la presenté a los santos, empezando en Taiwan. Desde entonces, la nueva manera ha afrontado oposición, ha sido despreciada, menospreciada, se han burlado de ella y ha sido calumniada. Incluso hoy algunos de nosotros no usaríamos la expresión *la nueva manera*. Parece que mencionar la nueva manera es una vergüenza. Esto no es correcto.

A pesar de que algunos han dicho que la nueva manera, la manera ordenada por Dios, es errónea, nadie se ha atrevido a condenar ninguno de los cuatro pasos principales de la manera ordenada por Dios. Nadie puede condenar la predicación del evangelio por parte de los sacerdotes neotestamentarios, que consiste en visitar a las personas en sus hogares. Ellos pueden decir: "¿Qué hay de nuevo en eso de predicar el evangelio? Eso ya lo hemos hecho bastante". Pero aquello era un método muy viejo, y esto es la manera ordenada por Dios y revelada en las Escrituras. Esto es nuevo. Aun la expresión *sacerdotes neotestamentarios del evangelio* es nueva para nosotros, aunque claramente es mencionada en Romanos 15:16.

Servir a los pecadores por medio de visitarlos donde están es la manera ordenada por Dios de predicar el evangelio. En Hechos 8 vemos que por aquel entonces había miles de creyentes en Jerusalén, pero el Señor permitió que viniera sobre ellos una gran persecución de manera que fueran esparcidos por todas partes para que predicaran el evangelio. Ellos no tenían grandes reuniones. Sencillamente iban a visitar a las personas y compartían con ellas las buenas nuevas de la palabra (vs. 1, 4).

El, segundo paso de la manera ordenada por Dios es alimentar los corderos, cuidar de los recién nacidos. Tenemos que alimentarlos adecuadamente día tras día, para que ellos puedan vivir y crecer. Con toda seguridad nadie podrá decir que esto está mal. El tercer paso es el perfeccionamiento de los santos según Efesios 4:12. No practicamos esto, pero está en la Palabra.

El último paso de la manera ordenada por Dios es profetizar para la edificación de la iglesia como se revela en 1 Corintios 14. Esto simplemente no se practica hoy en día. Muchos todavía consideran que profetizar es únicamente predecir, pero 1 Corintios 14 no se refiere a ese tipo de profecía. Profetizar, de acuerdo con 1 Corintios 14, es hablar de parte del Señor, proclamar al Señor y ministrar a Cristo a otros para que puedan crecer en Cristo para la edificación del Cuerpo de Cristo. ¿Quién se puede oponer a una práctica tan maravillosa? Estos son los cuatro pasos principales que he condensado de mi estudio de los últimos cuatro años y medio. Estos cuatro pasos son lo que llamamos la nueva manera. Esta nueva manera es la que Dios ha ordenado para que le sirvamos.

LA PRACTICA PERSISTENTE DE LA MANERA ORDENADA POR DIOS

Aunque usted tal vez no se oponga a la nueva manera, puede ser que no la practique con persistencia. Usted no puede salir a visitar gente sólo por un período de tiempo y esperar ganar un número considerable para el Señor. En un lugar cálido y seco como el sur de California, usted no puede regar sus flores o su antejardín sólo una vez o dos veces en uno o dos meses. Eso no serviría de nada.

Los Testigos de Jehová publicaron algunas estadísticas para los doce países en los cuales ellos hicieron la mayoría de sus prosélitos durante 1978 y 1988. En Japón, invirtieron más de seis mil horas para conseguir una persona. Si ellos trabajaran diez horas al día por un año, tal labor ascendería a sólo tres mil seiscientas cincuenta horas. Ellos invirtieron más de dos años, laborando por muchas horas todos los días, para conseguir una persona. Su persistencia ha producido resultados. Nosotros amamos al Señor y nos encanta ver que la gente se salve. Estamos en pro de la predicación del evangelio. En un año, en trescientos sesenta y cinco días, ¿no podremos acaso traer una persona al Señor? Esto es apenas lógico y justo. Muchos de nosotros, sin embargo, hemos estado en la iglesia por años; así y todo, nadie ha sido salvo por intermedio nuestro. Esto se debe a que nuestra manera de predicar el evangelio ha sido errada.

Si fuéramos a visitar a la gente dos veces por semana, dos o tres horas en cada ocasión, para predicarle el evangelio, podríamos tener unas quince personas bautizadas después de dos meses. Pero supongamos que ninguno fuera traído a la vida de la iglesia. ¿Cesaríamos de salir? Dejar de ir a visitar a la gente para llevarle el evangelio significa que no tenemos la persistencia, la paciencia ni la fe para ser sacerdotes neotestamentarios del evangelio. En un año, quizá sólo podamos traer uno, de entre los muchos bautizados, a la vida de la iglesia. Esto tal vez parezca demasiado pobre, pero si cada miembro de una iglesia trae un nuevo a la vida de la iglesia en un año, la iglesia se duplicará.

Todos nosotros debemos activar nuestra persistencia, nuestra paciencia y nuestra fe para visitar y predicar el evangelio a la gente. En Lucas 14, el Señor nos dijo que cuando todavía había lugar en Su salvación, El envió Sus esclavos a traer gente para llenar Su casa. El los envió primero "por las plazas y las calles de la ciudad", y luego los envió "por los caminos y por los vallados", no sólo a invitarlos, sino a "forzarlos a entrar" (vs. 21-23). Debemos forzar las personas a que crean en el Señor Jesús.

Si bautizamos varias personas y aún así no traemos ni uno a la vida de la iglesia, tenemos que ejercitar la persistencia del Señor, Su paciencia y Su fe. Debemos decir: "Si no logro traer uno este año, traeré uno el año que viene. Si no traigo uno el año entrante, entonces traeré uno el año que sigue". Finalmente, ganaremos a alguien para el testimonio del Señor. Si cada santo gana un nuevo cada tres años, la iglesia tendrá un aumento del treinta y tres por ciento anual. Según lo que he estudiado, ninguna iglesia en la tierra ha tenido jamás un incremento constante del treinta y tres por ciento por muchos años. Tomar el camino de la predicación persistente del evangelio visitando a la gente no sólo es provechoso sino también prevaleciente. Todos debemos ir y ejercitarnos en practicar esta manera ordenada por Dios de predicar el evangelio. Sea que nos estemos reuniendo con veinte, con cien o con mil, debemos practicar el sacerdocio neotestamentario del evangelio por medio de salir a visitar a la gente con persistencia, paciencia y fe. Entonces, con certeza, traeremos algunos a la vida de la iglesia, y muchos otros también creerán y serán bautizados en el nombre del Señor Jesús.

LOS PASOS DEFINIDOS QUE SON NECESARIOS PARA PRACTICAR EL SACERDOCIO NEOTESTAMENTARIO DEL EVANGELIO

Necesitamos ver los pasos definidos que se necesitan para practicar el sacerdocio neotestamentario del evangelio. Tal vez estemos de acuerdo con la nueva manera, pero eso no significa mucho. También tenemos que ejercitarnos y practicarla.

El liderazgo de los ancianos y su acción de estímulo

El primer paso definido que se necesita para practicar el sacerdocio neotestamentario del evangelio depende de los ancianos. Los ancianos de cada localidad deben ejercer su liderazgo en la predicación del evangelio. Como sacerdotes neotestamentarios del evangelio, ellos deben predicar el evangelio, y ellos deben fomentar en su iglesia local una atmósfera de predicación del evangelio. Los ancianos deben ser los primeros en crear una atmósfera tal que la iglesia se convierta en una iglesia predicadora del evangelio, según la manera ordenada por Dios. Todos los ancianos deben olvidarse de la vieja manera y tomar la nueva manera. Deben salir ellos mismos a practicar el sacerdocio neotestamentario del evangelio.

La determinación y consagración de los santos

Presentar nuestros cuerpos a Dios en sacrificio vivo

Los santos deben determinarse y consagrarse. Debemos tomar la firme determinación de que vamos a practicar el sacerdocio neotestamentario que Dios nos ha dado. Por causa de nuestra determinación, tenemos que consagrarnos, presentar nuestros cuerpos en sacrificio vivo a Dios (Ro. 12:1). La mejor manera de ejercitarnos y de practicar es predicar el evangelio a nuestros familiares más cercanos, o sea, a nuestros padres, abuelos, tías, tíos, etc. Haciendo esto aprenderemos.

Orar y ser avivados

Entonces tenemos que orar desesperadamente. En nuestra oración, el Señor resplandecerá sobre nosotros. Seremos expuestos bajo Su iluminación, y veremos nuestras faltas, nuestros defectos e imperfecciones. Podemos, entonces, hacer una confesión completa, y seremos avivados por el Señor. No debemos quedarnos en nuestra situación pasiva. Tenemos que ser agresivos y tomar la iniciativa en la vida espiritual.

Ir a visitar a los pecadores en días específicos

Después de ser avivados por medio de la oración, debemos ir a visitar a los pecadores en días específicos para redimir nuestro tiempo. Debemos apartar un cierto día y hora cada semana y usarlo sólo para nuestro sacerdocio del evangelio. No debemos decir que no tenemos tiempo. En tanto que tengamos tiempo para otras cosas, ciertamente tendremos tiempo para visitar a los pecadores.

Ejercitar la persistencia, la paciencia y la fe

Entonces, tenemos que ejercitar la persistencia, la paciencia y la fe. Si no ganamos a nadie en un año, debemos agradecer al Señor por darnos otro año. Tenemos que ser persistentes. Todavía tenemos que predicar el evangelio. Si hablamos Cristo a otros semana tras semana, de cierto ganaremos a alguien. Con el tiempo alcanzaremos la meta. Todos tenemos que ejercitarnos en la predicación del evangelio con persistencia, paciencia y fe.

La participación y la oración de las iglesias

Practicar el sacerdocio neotestamentario del evangelio requiere la participación y la oración de las iglesias. Las iglesias deben participar en la labor de los santos de visitar a los pecadores con el evangelio. Las iglesias deben también tener reuniones de oración para orar desesperadamente por esto. Es una gran cosa que la iglesia participe en la salvación de los pecadores y ore por ello.

EL EJERCICIO Y LA PRACTICA DE LA MANERA ORDENADA POR DIOS

MENSAJE CUATRO

PUNTOS PARA EL CUMPLIMIENTO DEL SACERDOCIO DEL EVANGELIO

Lectura bíblica: Mt. 28:19; Jn. 15:16; 1 Co. 15:58; 2 Ti. 4:2

VENIR AL SEÑOR E IR A SALVAR PECADORES

En nuestro himnario hay un precioso himno que dice:
"Me iré y...¿las manos vacías?"
¿Me iré a encontrar así a mi Salvador?
Ni una sola alma con que saludarle,
¿Me iré acaso con las manos vacías? (*Hymns*, #930)

La historia detrás de la escritura de este himno lo toca a uno bastante. Hace varios años, cierto santo estaba a punto de morir, y estaba lleno de remordimiento por no haber traído a nadie al Señor. Un siervo del Señor le dijo a este santo que escribiría un himno que sirviera de ayuda a otros en los años por venir para que se levantaran y aprovecharan el tiempo que tuvieran mientras vivieran, para salvar a los pecadores. El asunto de salvar a los pecadores es algo que todos nosotros debemos considerar. Si fuéramos a encontrarnos con el Señor este mismo día, ¿cuál sería nuestra condición en cuanto a este asunto?

Durante los últimos cuatro años y medio el Señor me ha guiado a presentar este asunto de predicar el evangelio. No tenía la intención de producir una doctrina o un concepto. Mi carga, que creo proviene del Señor, consiste en que me di cuenta de que hoy en día la mayoría de los cristianos, incluyéndonos, no tienen la carga real y sincera por salvar a los pecadores. Tal vez algunos tengan el deseo, pero no tienen la manera apropiada de ejecutar su carga. Por consiguiente, el resultado ha sido pobre.

Empecé a estudiar la Palabra para ver la manera que Dios había ordenado para la predicación del evangelio. Como resultado de tal estudio ya hemos visto que la manera que Dios ha ordenado consiste en que los creyentes vayan a la gente. En el Nuevo Testamento la palabra "id" es una gran palabra. Otra gran palabra es "venid". Di uno o dos mensajes cruciales acerca de estas dos palabras mientras estaba en Shangai, hace más de cuarenta años. Dije que en el Nuevo Testamento hay dos palabras que son cruciales. El Señor dice: "Venid a mí" (Mt. 11:28; Jn. 6:37; 7:37). Después, luego de venir al Señor, El nos dice "id" (Mt. 28:19). El desea que vengamos a El y que luego vayamos a otros. Después de la palabra "venid" está la palabra "id".

En realidad, la predicación de la buena nueva es la propagación misma de Cristo en Su persona y en Su maravillosa obra de redención. En tanto que lo prediquemos a El, mediante el poder del Espíritu Santo, no debe haber oposición contra tal propagación ni crítica de la misma. Si no hubiera habido oposición en estos últimos tres años, hoy en día muchos miles de pecadores habrían sido traídos al Señor, y habría habido un gran avivamiento entre nosotros. En lugar de eso, este asunto de visitar a los pecadores para predicarles el evangelio ha venido a ser, para los opositores, una cuestión sobre la cual debatir. ¡Qué vergüenza!

En el Nuevo Testamento, el asunto primordial es venir al Señor y venir a El continuamente. Necesitamos venir a El. Luego, después de venir a El para tocarle, ¡El nos dirá que vayamos! Cuanto más venimos a El, más nos moverá El a ir. Tal vez suceda que El nos mueva a ir a otro país o a nuestros padres. Mi experiencia ha sido que cada vez que vengo al Señor, siempre me manda a ir.

El nos manda que vayamos con El mismo. Tenemos que ir con Cristo a nuestros familiares y a toda persona. El reino de Dios se extiende al nosotros ir y al nosotros predicar. Este es el principio neotestamentario ordenado por Dios, pero si no estamos dispuestos a ir, Su principio no puede llevarse a cabo.

El nunca le ha mandado que Sus ángeles hagan esto porque la predicación del evangelio está plenamente basada en el principio de encarnación. Dios vive con el hombre, y el hombre obra con Dios. Sin la mezcla de Dios con el hombre, sin la encarnación de la persona divina en la persona humana, Dios no puede realizar Su propósito. En Hechos 10 un ángel fue a la casa de Cornelio y le dijo que enviara hombres a Jope para traer a Pedro (Hch. 10:3-6). Esto se hizo con el fin de que Pedro pudiera venir a Cornelio para predicarle el evangelio. Como una persona joven, al leer esta porción, me preguntaba: "¿Por qué el ángel no le predicó a Cornelio?" Más tarde, vi el principio de que nosotros somos salvos por medio de hombres, no de ángeles. Como hombres, debemos no sólo ir a predicar el evangelio, sino también orar por aquellos a quienes les vamos a predicar. Si nosotros no salimos, ni predicamos, ni oramos, los hombres no pueden ser salvos.

No necesitamos orar para ver si es la voluntad del Señor que prediquemos el evangelio. Si estamos considerando casarnos, entonces sí debemos orar mucho. Sin embargo, tocante a la predicación del evangelio, el Señor simplemente nos dice que vayamos y que hagamos discípulos a todas las naciones (Mt. 28:19). Pablo dijo que debemos predicar el evangelio "a tiempo y fuera de tiempo" (2 Ti. 4:2). Esto quiere decir que nosotros debemos predicar el evangelio sea que la oportunidad sea conveniente o inconveniente, y sea que seamos recibidos o rechazados. Si el tiempo es oportuno o si es inoportuno, tenemos que predicar la palabra. El Señor dijo: "Vé por los caminos y por los vallados y fuérzalos a entrar" (Lc. 14:23). Debemos salir para traer gente para el Señor.

Una vez que salgamos para predicar el evangelio, seremos avivados, y veremos que la iglesia en nuestra localidad será avivada. Es el diablo el que se opone a la predicación del evangelio. Si él logra impedir por otros cinco años que prediquemos las buenas nuevas, el resultado será muerte. Tal es su meta. En estos últimos años los santos en Taipei se han convencido de que necesitan predicar el evangelio. Todos ellos tienen el mismo sentir de ir a predicar el evangelio. A causa de esto, los tres mil que asistían a la mesa del Señor hace cinco años son ahora cinco mil.

PUNTOS PARA EL CUMPLIMIENTO DEL SACERDOCIO DEL EVANGELIO

No es necesario esperar a otros

Tengo la carga de que todos seamos movidos a ir y a predicar el evangelio, pero a fin de que prediquemos el evangelio en una forma efectiva, necesitamos adiestrarnos en ciertos puntos prácticos para el cumplimiento del sacerdocio del evangelio. Quizá algunos digan que ellos no saben cómo predicar el evangelio. Si éste es el sentir que tenemos, debemos salir de todos modos a predicar el evangelio. ¡No debemos esperar! Tal vez muchos de nosotros estemos animados con esto. Si hemos visto la necesidad que tenemos de predicar el evangelio y tenemos la carga, debemos orar y tener comunión con algunos a nuestro alrededor. Quizá ellos tengan la misma carga. Entonces podemos ir. No hay nada malo en que vayamos. No tenemos que esperar que los ancianos hagan algo. Es más, los ancianos no tienen que esperar que alguien más haga algo. Todo aquel que tenga la carga debe simplemente ir a predicar el evangelio.

Un hermano dio un testimonio en cuanto a cómo laboraba su abuelo visitando a la gente por causa de Cristo. Su abuelo trabajaba en una panadería en Alemania. El empezaba a trabajar a las cuatro de la mañana, y trabajaba más de diez horas al día. Al regresar a casa, se bañaba y se arreglaba, tomaba su Biblia y se iba a visitar a la gente. Hacía esto casi todos los días. Iba a los incrédulos y a los creyentes. Tal era su costumbre. Por medio de salir a visitar gente, él ayudaba a un gran número de santos cada año. Yo pienso que sin duda, algunas personas fueron salvas por medio del contacto que él tuvo con ellos.

Si usted puede ganar una persona cada año, ¡eso sería maravilloso! En la predicación del evangelio, tenemos que ser como los agricultores. Todos los agricultores saben cómo confiar en Dios. Ellos tienen que trabajar paciente y persistentemente, pero no importa qué tanto trabajen, sin la bendición de Dios, una sola tormenta puede destruir toda su labor. Tenemos que salir a visitar a la gente como si furéamos agricultores. Debemos laborar con paciencia y poner toda nuestra confianza en Dios.

No necesitamos esperar a nadie. Debemos simplemente ir. Puede que algunos santos digan: "Predicar el evangelio es bueno, pero no creo que yo deba ir". Tal vez no lo digan públicamente, pero en lo profundo de su ser tienen ese sentimiento. De ahí que no debemos esperar a otros. Si decidimos esperar a otros, el cielo y la tierra podrían pasar sin que ellos tomaran la carga de predicar el evangelio. No debemos esperar; más bien, deberíamos unirnos con dos o tres hermanos a nuestro alrededor. Sería bueno tomar a uno joven y a uno viejo para que vayan con nosotros.

¿A dónde iremos? ¡Podemos ir a cualquier parte! Podemos ir a visitar a la gente por medio de tocar a sus puertas. Esto de "tocar a las puertas" es salir nosotros por fe. Si ganamos a uno en un período de un año, estaría muy bien. En toda la historia es difícil hallar una iglesia que haya crecido a un ritmo del treinta por ciento anual. Pero si cada uno de nosotros ganáramos uno cada tres años, la iglesia en que estemos tendría un aumento del treinta y tres por ciento anual. Si seguimos yendo a las puertas de la gente por tres años, creo que ganaríamos por lo menos una persona. En vez de razonarlo, deberíamos simplemente ir a predicar el evangelio.

Sería bueno que le diéramos al Señor dos tardes o dos noches a la semana. Es perfectamente posible hacer eso, especialmente en este país. Muchos de nosotros no tenemos que trabajar el sábado ni el día del Señor. Podemos ofrecer parte de estos dos días al Señor. Además, los otros días de la semana tal vez trabajamos ocho horas diarias, lo cual nos deja tiempo libre en las noches. Si le damos al Señor dos noches de la semana dedicándolas a visitar gente, tendremos todavía cinco noches para otros asuntos. Debemos salir cada semana con regularidad y consistencia. Esta salida nuestra no es para nuestro placer sino para el de El. Puede que sea un sufrimiento para nosotros, pero será un placer para El. Si estamos desesperados por vivir de esta manera, traeremos a algunas personas al Señor. Quizá no ganemos a nadie la primera semana, pero en las siguientes al menos uno será traído al Señor.

No tenemos que tratar de ganar muchos. Lo mejor es no tratar de bautizar a más personas de las que podemos cuidar adecuadamente. Todos conocemos el principio que Dios puso en la naturaleza. Se requiere nueve meses para engendrar un niño. Una madre sólo puede tener un parto en un año. Por lo tanto, debemos brindar el mejor cuidado a aquel que hemos bautizado. Esto es más provechoso que tener una gran cantidad de bautismos, si no tenemos la manera apropiada de cuidarlos.

En un cierto período de tiempo, quizá dos o tres semanas, o aun dos meses, veremos dos o tres bautizados. Entonces debemos dedicarles tiempo, cuidándolos como a nuestros niños. Debemos darles de comer, nutrirlos y cuidarlos con ternura. Cuidarlos con ternura los hará felices. Tal vez necesitemos cuidarlos por uno o dos años. Entonces ellos crecerán. Produciremos fruto, y nuestro fruto permanecerá. Llevar fruto que permanezca es una labor a largo plazo. No depende del azar, sino de la diligencia, la paciencia, la persistencia, la fe, la oración y el esfuerzo. Si amamos al Señor y deseamos vivir para Su reino, iremos con persistencia y regularidad a predicar el evangelio y a cuidar de los nuevos que ganemos.

Desde el mismo comienzo del recobro del Señor en la China continental, el hermano Nee predicaba el evangelio mucho. El era un estudiante en una pequeña universidad que tenía unos quinientos estudiantes. Después de que él empezó a ver el recobro, la primera cosa que hizo fue predicar el evangelio. El le predicaba a todo el mundo, y su predicación llegó a todos los estudiantes. Luego después de que yo vine al recobro nosotros solíamos ir por las noches a las calles a predicar. Mucha gente fue traída. Al comienzo del recobro, la predicación era muy elevada y muy prevaleciente.

Cuando fuimos a Taipei, imprimimos suficientes folletos para cada ciudadano en Taipei. Después imprimimos carteles evangelísticos con grandes caracteres y los fijamos en la estación del tren, en las paradas de los autobuses, en las esquinas, en fin, en todos los sitios clave. Los carteles tenían frases como "Dios ama al mundo" y "Cree en Cristo". Formábamos equipos evangelísticos. Cada día del Señor por la tarde, íbamos a un parque en Taipei que tenía un área con unos tres mil asientos. Cada día del Señor por la tarde llenábamos ese lugar y recopilábamos más de cuatrocientos nombres. El siguiente día, el lunes, por la noche los santos nos reuníamos y clasificábamos la información de dichos nombres según la dirección. Luego, distribuíamos esos nombres entre los santos para que éstos pudieran cuidar de ellos. Centenares de personas fueron salvas en este esfuerzo, y muchos de ellos hoy en día son ancianos de las iglesias. Algunos de ellos en la actualidad hasta tienen nietos en la vida de la iglesia. En los últimos años hemos estado demasiado callados. En aquellos días en la vida de la iglesia, sacudimos toda la ciudad con el evangelio. Con el tiempo, todos en Taipei sabían que había un grupo predicando el evangelio.

Yendo por equipos

Cuando salimos a predicar el evangelio, debemos ir en equipos de tres. Después de muchos años de experiencia y de estudio de la Biblia, hemos encontrado que ésta es la manera más económica y efectiva de predicar el evangelio. Primero necesitamos ser estimulados y luego tomar un par de santos para formar un equipo a fin de salir a visitar a la gente.

No es necesario esperar que los ancianos anuncien una reunión de oración para orar por esto o que preparen un formato con nombres y reglamentos para los equipos. Debemos olvidar todo esto y simplemente ¡ir! Entonces tal vez los ancianos y los demás nos seguirán y predicarán el evangelio. No debemos tratar de "unificar" la iglesia en la práctica de la predicación del evangelio. Desde 1949 hasta 1955 en la iglesia en Taipei la atmósfera evangelística fue bastante elevada, sin embargo la iglesia completa no estaba "unificada" en la práctica de predicar el evangelio.

Al salir como equipo, es mejor que haya tanto hermanos como hermanas. Es mejor que haya como mínimo un hermano para que bautice a los que crean, y es mejor tener por lo menos una hermana para que si una mujer es bautizada, la hermana pueda cuidar de ella. Un equipo de tres, dos hermanos y una hermana, un hermano y dos hermanas, sería excelente. Nuestros experimentos y pruebas en Taipei han mostrado que esto producirá resultados. Necesitamos ir en la manera en que hemos sido entrenados. Yo puedo ir a tocar el piano por dos años, sin embargo, si no recibo entrenamiento, pasará el tiempo y todavía no sabré tocar el piano bien. A fin de predicar el evangelio con eficacia, debemos orar y laborar para aprender el secreto de predicar el evangelio.

Nuestra preparación

Con el fin de prepararnos para predicar el evangelio, primero tenemos que consagrarnos, o entregarnos, al Señor. Debemos decirle al Señor: "Señor, Tú me salvaste. Te pertenezco. Tú me redimiste. Tú me adquiriste. Tú me compraste. Soy propiedad Tuya. Soy un activo Tuyo. Te pertenezco, así que te doy todos Tus derechos. Aquí estoy". Después debemos orar y prepararnos en el uso de algún material para predicar el evangelio a alguien. Sería bueno que usáramos versículos bíblicos, pero en todo caso necesitamos recibir entrenamiento para poder hablarle a alguien. Es posible que prefiramos usar *El misterio de la vida humana*. Usar este folleto no es cosa sencilla. Tenemos que compenetrarnos con dicho folleto hasta que podamos casi recitar cada párrafo y cada sección. Podemos practicar en casa con los miembros de nuestra familia. Treinta y ocho mil personas han sido conducidas al Señor por medio del uso de *El misterio de la vida humana*. Debemos darnos a ser entrenados. Si nos humillamos, podemos ser entrenados.

Incluso, tenemos que aprender a tocar puertas. Esto significa que nuestro toque debe sonar "dulce". Cuando las personas que están en la casa abren la puerta, la primera frase que salga de nuestra boca debe hacer que ellos abran la puerta de par en par, y la segunda frase debe abrir el corazón de ellos. La actitud nuestra o el tono de voz que expresemos puede hacer que ellos cierren la puerta. Podemos practicar el tocar puertas en casa. El esposo puede tocar a la puerta, y luego dejar que la esposa critique lo que él hace. No es demasiado practicar esto así. Cuando una jovencita está aprendiendo a tocar el piano, se sienta horas enteras al piano. Ella es constantemente corregida por su instructor. Este está siempre indicándole como poner los dedos, como sentarse al piano, etc. De otro modo, ella no puede aprender a tocar el piano correctamente.

De la misma manera, nosotros debemos darnos para ser entrenados en cómo hablar con la gente y en cómo traer a la gente al Señor. Debemos aprender cuándo traerlos al Señor y qué palabras decirles. Debemos ejercitarnos y practicar. Tenemos incluso que aprender a recibir instrucción particular de nuestros compañeros. Esto significa que tenemos que aprender a ser corregidos. A medida que practiquemos semana tras semana, mejoraremos. Debemos considerar si la gente será atraída o no por la manera en que les hablamos. Debemos estudiar y ser pacientes, siempre aprendiendo y siempre intentando. Jamás debemos estar decepcionados o desanimados. Más bien, debemos siempre esforzarnos por estar animados.

Tratar de concretar una cita antes de visitar a otros

Es muy útil hacer todo lo posible por concretar una cita con aquellos a quienes usted va a visitar, por intermedio de otros que los conozcan. Usted puede hacer una cita por intermedio de los familiares, los compañeros de estudio o los colegas de usted. Después de predicar el evangelio a su colega, usted puede pedirle que lo ponga en contacto con los familiares o vecinos de él. Entonces usted puede llamar por teléfono a esta persona antes de ir a visitarla, de modo que pueda conocerla por teléfono. Tenemos que aprender a adoptar muchos modos de ir a la gente para lograr que sean salvos. Esto es exactamente igual que negociar.

Evitar ofender a otros

La iglesia en nuestra localidad puede no estar entusiasmada por predicar el evangelio, pero tal vez nosotros sí lo estemos. Nosotros los que estemos animados a predicar el evangelio debemos cuidarnos de tener una actitud que ofenda a aquellos que todavía no estén entusiasmados. En la iglesia, tenemos que ser muy generales en nuestra actitud, pero debemos ser muy fieles en nuestra labor. Ni debemos estar en contra de tocar puertas ni estar demasiado a favor. Siempre debemos ser generales en nuestra actitud. No hay ninguna necesidad de vanagloriarnos, más bien, debemos siempre ejercitarnos en no ofender a otros. Todo lo que hagamos, debe ser hecho en una manera sabia y apropiada.

Traer nuevos a las reuniones de la iglesia

Debemos traer a los nuevos a las reuniones de la iglesia inmediatamente. Al principio en Taipei, fuimos muy cautelosos en cuanto a traer a los nuevos a las reuniones de la iglesia, debido a que éstas se habían envejecido. Esta era una preocupación válida, pero también en cierto modo, una pérdida. Si usted bautiza a alguien y durante unas pocas semanas solamente va a la casa de él, se hace más difícil luego, traerlo a una reunión de la iglesia. Esto puede crear en él un hábito de amar y preferir tener reuniones de hogar. Si usted sale hoy y alguno es bautizado, usted debe decirle, a modo de sugerencia, que al día siguiente usted lo va a llevar a una reunión de la iglesia. Usted debe hacer todo lo posible para ayudarle a llegar a la reunión de la iglesia. La mejor manera es llevarlo personalmente. Este es el cuidado adecuado de un recién bautizado.

Invitar a los incrédulos a las reuniones de la iglesia

También es bueno invitar a los inconversos a las reuniones de la iglesia. Podemos comunicarles cuándo habrá reuniones de la iglesia en nuestra localidad. Podemos ofrecernos a llevarlos y a asistir a la reunión con ellos. Es bueno dejarles algunos folletos u otra literatura que contenga la dirección del lugar de reunión de la iglesia. Luego, cierto día, el Espíritu

Santo obrará en ellos poniendo la carga en ellos de ir a la reunión de la iglesia.

Pablo dijo que nuestra labor en el Señor no es en vano (1 Co. 15:58). Si laboramos para el Señor en muchas maneras, algunos resultados se verán. Puede usted visitar a alguien esta semana, y tal vez parezca que nada ha sucedido. Después quizá otro equipo evangelístico lo visite y él sea bautizado. Algo así aconteció en Taipei. Un hombre fue finalmente convencido por el quinto equipo que lo visitó. El se bautizó, plenamente convencido de que un sexto equipo vendría si él lo hubiera seguido posponiendo. El fue convencido por la persistencia de los santos. El los rechazó cuatro veces, pero recibió al Señor cuando el quinto equipo vino a visitarlo. Este es un buen ejemplo en cuanto a nuestra necesidad de ir y seguir yendo. Tenemos que ir hasta que los inconversos sean convencidos y sojuzgados. No sólo debemos ir a ellos, sino también invitarlos a venir a las reuniones. Debemos invitar a todo el mundo. Debemos seguir yendo hasta que sean convencidos y sometidos. Tarde o temprano recibirán al Señor y serán bautizados. Debemos estar muy ejercitados para ver esto realizado.

Tener reuniones de hogar con los que sean bautizados, inmediatamente después de su bautismo.

Después de traer a alguien al Señor y de bautizarle en el Dios Triuno, debemos empezar a tener reuniones de hogar con él inmediatamente. No debemos demorarnos en tener las reuniones de hogar.

Dar testimonio de los casos positivos en las reuniones de la iglesia, sin contar largas historias

Después de traer algunos al Señor, es bueno que testifiquemos de los casos positivos en las reuniones de la iglesia a fin de animar a otros. Tales testimonios en las reuniones de la iglesia convencerán a los otros. No obstante, estos testimonios no deben ser muy largos, o se volverán aburridos. Si hablamos sólo uno o dos minutos, otros también tendrán tiempo de testificar, y un mayor número de santos será convencido por muchos testimonios.

EL EJERCICIO Y LA PRACTICA DE LA MANERA ORDENADA POR DIOS

MENSAJE CINCO

COMO TENER EXITO EN EL CONTACTO CON LOS PECADORES

Lectura bíblica: Jn. 15:16; Ro. 15:16

En el Nuevo Testamento el primer llamado que el Señor nos hace es: "Venid" (Jn. 1:39; Mt. 4:19). Después de que comenzamos a seguir al Señor, el primer encargo que El nos hace es: "Id" (Jn. 15:16; Mt. 28:19). El Señor nos manda que vayamos y llevemos fruto. Para poder llevar a cabo esto es necesario que tengamos contacto con los pecadores. No obstante, según mi observación, muy pocos cristianos tienen éxito al tener contacto con los pecadores. En este mensaje vamos a tener comunión en cuanto a la manera de tener éxito en el contacto con los pecadores.

ENTENDER NUESTRA SOLEMNE RESPONSABILIDAD DE IR Y LLEVAR FRUTO

Para llevar fruto debemos primero tener en claro que si hemos sido salvos por el Señor, también hemos sido comisionados por El. En la Biblia esto es un asunto serio. Nuestro Señor es también nuestro Amo. Un día el Amo vendrá y establecerá un tribunal, y nos llamará a venir a El para ser juzgados (Ro. 14:10; 2 Co. 5:10). En Mateo 25:14-30, nosotros somos Sus esclavos, y El es el Amo. El ha dado a cada uno de nosotros ciertos talentos como capital con el cual negociar para El, y El requiere que produzcamos ganancia. El siervo negligente vino a su señor y le dijo: "Señor, te conocía que eres hombre duro, que siegas donde no sembraste y recoges donde no esparciste; por lo cual tuve miedo, y fui y escondí tu talento en la tierra; aquí tienes lo que es tuyo" (vs. 24-25). El no perdió nada de lo que le pertenecía a su señor, y aún así, fue reprendido. Su señor le dijo: "Siervo malo y negligente, sabías que siego donde no sembré, y que recojo donde no esparcí. Por tanto, debías haber dado mi dinero a los banqueros, y al venir yo, hubiera recibido lo que es mío con los intereses" (vs. 26-27).

Esta parábola en Mateo 25 se aplica a cada uno de nosotros. Nosotros fuimos redimidos; fuimos "comprados por precio". En consecuencia, somos Sus esclavos y El es nuestro Amo (1 Co. 7:22-23). La primera cosa que el Amo quiere que nosotros, Sus esclavos, hagamos es que invirtamos el talento o capital que El nos ha dado, es decir, que negociemos para El. La ganancia de hacer negocios para el Señor es el fruto. Nosotros no sólo somos esclavos, también somos pámpanos, ministros y sacerdotes. Como esclavos, tenemos que usar lo que el Señor nos ha dado para negociar para El; como pámpanos de la vid, tenemos que llevar fruto; como ministros de Cristo, tenemos que ministrar a Cristo impartiéndolo en otros; y como sacerdotes neotestamentarios del evangelio de Dios, tenemos que ocuparnos diariamente del evangelio. Todos debemos darnos cuenta de nuestra solemne responsabilidad delante del Señor de ser fieles en cada uno de estos aspectos.

A la gente mundana hoy en día le parece que el Señor está en silencio. Ellos han oído de Cristo; han oído de Jesús; pero eso les trae sin cuidado. Dicen: ¿Dónde está Cristo? ¿Dónde está Jesús? Ustedes predican y hablan de El. Pero, ¿dónde está El?" Quizá los incrédulos hablen en estos términos, y es posible que muchos creyentes tengan sentimientos similares. Interiormente, ellos quizá digan: "Cristo dijo que El vendría pronto, pero ya han pasado casi dos mil años y todavía no está aquí." Debido a semejante pensamiento, la mayoría de los cristianos hoy día llevan vidas mediocres. Al hacer esto, desobedecen o desatienden el mandato del Señor de salir a salvar a los pecadores.

A muchos cristianos les encanta Juan 15 porque este capítulo enseña cómo permanecer en la vid, cómo disfrutar las riquezas de Cristo. Sin embargo, en el versículo 16 el Señor dice: "No me elegisteis vosotros a mí, sino que yo os elegí a vosotros, y os he puesto para que vayáis y llevéis fruto, y vuestro fruto permanezca". El Señor no nos escogió sin un propósito. Nos escogió con el propósito de designarnos. El nos ha puesto para tres cosas: primero, debemos ir; segundo, debemos llevar fruto; y tercero, nuestro fruto debe permanecer. En este asunto no tenemos opción; el Señor requiere que aceptemos la designación.

No importa cuánto hayamos hablado de esto, hay algunos que piensan: "¡Eso está muy bien! No hay nada malo en predicar el evangelio. Si el Señor ha puesto en ese hermano la carga, ese hermano debe ir. Pero yo no tengo la carga de ir. Con seguridad si el Señor quisiera que yo fuera, El me pondría la carga". Tal vez no digamos eso, pero es posiblemente lo que hay en nuestro corazón. Un día cuando estemos frente al tribunal de Cristo, tendremos que dar cuenta de lo que hayamos hecho. Si no hemos sido fieles, tendremos que decirle al Señor por qué no llevamos fruto, y el Señor nos reprenderá. Posiblemente nos recuerde este mensaje acerca de Juan 15:16 y nos pregunte por qué no tomamos la comisión de llevar fruto.

Puede ser que algunos digan que están muy ocupados y que no tienen tiempo. Esto no es cierto. Si nuestra casa se estuviera quemando, nosotros no diríamos: "Estoy muy ocupado. No tengo tiempo de ocuparme del incendio". Tenemos tiempo para lo que a nuestro juicio es más importante. Sin embargo, por encima del hecho de que tengamos tiempo o no, sea a tiempo o fuera de tiempo, no tenemos opción. No nos toca a nosotros decidir. El es el Señor, y nos ha ordenado, y aún lo sigue haciendo, que vayamos y llevemos fruto. El no nos pasará ésta. Esto es muy serio. Si no llevamos fruto, seremos cortados del disfrute de las riquezas de la vid (Jn. 15:2a, 6).

**SER SOBRIOS Y ESTAR DESESPERADOS
POR IR Y LLEVAR FRUTO**

Si vemos que hemos sido comisionados por el Señor, tendremos un corazón para tener un contacto exitoso con los pecadores. Debemos ser sobrios, personas con empeño. Todos tenemos que trabajar en algo para poder sobrevivir. Las hermanas, como esposas y madres, tienen que ocuparse de sus familias. Pero si ellas ven que han sido comisionadas por el

Señor, sus corazones no estarán completamente ocupados con sus familias. Aunque se ocupen de sus responsabilidades apropiadamente, su deseo profundo debe ser ir a visitar a la gente llevándole el evangelio, tener contacto con los pecadores para ganarlos.

El Señor está hambriento de pecadores. En Juan 4 El dijo a Sus discípulos: "Yo tengo una comida que comer, que vosotros no sabéis" (v. 32). La comida del Señor es ganar a los pecadores. Cuando El ganó a esa mujer inmoral, ella fue Su comida. Aquello satisfizo Su hambre. Tenemos que entender que el Señor tiene hambre y espera ser satisfecho.

La carencia de predicación del evangelio hoy día en el cristianismo es una vergüenza. A los cristianos les gusta hablar de muchas cosas bíblicas pero no de llevar fruto. En Juan 15 el objetivo de permanecer no es meramente permanecer. Permanecer tiene como fin llevar fruto. El Señor Jesús dijo: "Todo pámpano que en mí no lleve fruto, lo quitará" (v. 2). Ser quitado es ser cortado de la vid. Muchos cristianos ya han sido cortados; no tienen el disfrute de las riquezas de Cristo. Tal vez algunos digan: "Yo no he traído ni una sola persona al Señor durante seis años, no obstante, disfruto mucho al Señor". Tal aseveración se basa en sus sentimientos no en los hechos. El hecho es que ellos no han llevado fruto. El llevar fruto es la verdadera evidencia de que disfrutamos genuinamente al Señor. Su Palabra nos dice claramente que si no llevamos fruto, seremos cortados.

Tenemos que entender que hemos sido comisionados por nuestro Señor, y además tenemos que ser sobrios y estar desesperados por llevar fruto, y por mantener nuestro fruto. Esto depende de que el Señor en Juan 15:16 nos ha designado. Esta designación indica que El ha preparado un medio ambiente para que nuestras necesidades sean satisfechas a fin de que llevemos fruto que permanezca. El Señor ha preparado y ordenado todas nuestras circunstancias para que podamos cumplir aquello para lo que fuimos designados. El versículo 16 es como si una madre estuviera diciéndoles a sus hijos: "He cocinado para que ustedes coman". Si ellos no comen, pierden la oportunidad. El Señor ha designado; El ha hecho todos los arreglos. Especialmente a quienes vivimos en los Estados Unidos, ¡qué designación tan buena hemos recibido! No hemos sido puestos para vivir solos en una montaña. Hay gente por todas partes. Más aún, El nos ha dado a muchos de nosotros trabajos de sólo ocho horas diarias y de sólo cinco días a la semana. Cada noche tenemos tres o cuatro horas y cada fin de semana tenemos dos días. Todo esto corresponde con lo que el Señor ha preparado y con Su designación. Además, el Señor nos ha dado muchos familiares. Hay un medio ambiente y unas circunstancias que son perfectos para que ganemos a las personas. Cuando estemos frente al Señor no tendremos excusa pues, por Su designación, El ha preparado el medio ambiente y todas las circunstancias necesarias para que llevemos fruto. El único problema es que nosotros no vamos. Tenemos que considerar esto con mucha seriedad. No es cuestión de meramente cumplir nuestra tarea; es un asunto de vida o muerte. Debemos ser sobrios, poner empeño, y estar desesperados por ir a traer a la gente al Señor.

ORAR POR LA SALVACION DE LOS PECADORES

A fin de tener éxito en nuestro contacto con los pecadores, debemos ser aquellos que oran en todo tiempo (1 Ts. 5:17; Lc. 18:1). Mientras trabajamos debemos estar orando por uno o dos de aquellos con quienes trabajamos. Debemos orar: "Señor, acuérdate de éstos por quienes tengo carga. Tú deseas que todos los hombres sean salvos. Acuérdate de ellos y visítalos con Tu salvación". Debemos ser personas que oran día y noche sin cesar. El deseo de Dios de que el hombre sea salvo requiere nuestra oración para poderse efectuar (1 Ti. 2:1, 4).

APRENDER A HABLAR CRISTO, A HABLAR POR EL ESPIRITU Y A HABLAR SEGUN LA DIRECCION DEL ESPIRITU

Al tener contacto con los pecadores, tenemos que aprender a hablar Cristo. Esto no es fácil. Es fácil hablar en cuanto a cosas comunes, pero se requiere mucho ejercicio para hablar Cristo. No sólo tenemos que hablar Cristo en una forma general, sino que también tenemos que aprender a hablar Cristo en una manera particular. El enemigo es muy sutil. En cualquier ocasión que compartamos el evangelio con un pecador, tarde o temprano el pecador tratará de impedir que hablemos. Cuando hablemos Cristo, nuestras bocas nunca deben ser tapadas por los incrédulos. No es posible aprender esto fácilmente, y requiere mucha práctica. Cada vez que salgamos a predicar el evangelio, debemos haber practicado de antemano en nuestra casa el hablar Cristo durante diez minutos como mínimo. Tenemos que practicar el hablar Cristo. Si todo el tiempo practicamos hablar Cristo, será más fácil para nosotros y seremos ricos en hablar Cristo. Entonces, no importa cómo nos respondan los pecadores, podremos hablar Cristo a ellos en una manera particular de modo que ellos sean salvos. Algunas veces puede ser necesario que les contemos una corta historia acerca de Cristo, pero no tiene que ser una larga historia. Si practicamos, podremos aprender a hablar Cristo a los pecadores.

Tenemos que aprender a hablar por el Espíritu. Si hemos de hablar, tenemos que hablar por el Espíritu. Hablar Cristo y hablar por el Espíritu nos salvará de toda clase de conversación sin sentido. Pero yo no puedo decirles lo que deben decir. El Señor dice: "Mas cuando os entreguen, no os preocupéis por cómo o qué hablaréis; porque en aquella hora os será dado lo que habéis de hablar. Porque no sois vosotros los que habláis, sino el Espíritu de vuestro Padre que habla en vosotros" (Mt. 10:19-20). Cuando hablamos a la gente, nuestro corazón debe siempre estar mirando al Señor. No debemos hablar otra cosa que Cristo, y sólo debemos hablar por el Espíritu. Estos son los principios que rigen. Si seguimos estos dos principios, el Espíritu nos guiará a hablar las palabras adecuadas.

Ahora que hemos sido comisionados por nuestro Señor a ir y llevar fruto, necesitamos todos estos aspectos como preparación. Debemos ser sobrios, poner empeño y estar desesperados en nuestro deseo por llevar fruto. Debemos orar continuamente por la salvación de los pecadores, y debemos aprender a hablar Cristo, a hablar por el Espíritu, y a hablar según nos guíe el Espíritu. Podemos practicar estas cosas de dos modos. Primero, podemos hablar Cristo por el Espíritu en nuestro hogar. Podemos hablar Cristo al aire, y podemos hablar al aire por el Espíritu. Mientras hablamos, debemos aprender a acudir a El para recibir la dirección del Espíritu. Todos podemos practicar esto. La otra manera de practicar es ir a los familiares cercanos y hablarles Cristo a ellos por el Espíritu, bajo el guiar del Señor. Practicando esto aprenderemos mucho.

LA MANERA DE IR Y LLEVAR FRUTO

En equipo

Cuando salimos a tener contacto con pecadores, no debemos ir solos sino siempre en equipo. Según nuestro estudio, sería mejor que el equipo constara de tres personas, dos hermanos y una hermana o un hermano y dos hermanas. Puesto que vamos a bautizar gente, debe haber un hermano para que bautice. Además, el equipo ideal consistiría en un hermano de edad avanzada, un joven y uno de mediana edad. Es muy útil tener estos diferentes niveles en edad. Tal vez sea difícil conformar este equipo ideal, pero debemos hacer lo que esté a nuestro alcance. Una vez que hayamos formado el equipo, cada miembro debe aprender a tomar su propia responsabilidad particular.

Con la coordinación adecuada

Cuando salimos a predicar el evangelio, tenemos que saber de antemano cómo tocar la puerta o hacer sonar el timbre apropiadamente. Si vamos a donde un pecador y tocamos el timbre de la puerta bruscamente, esto podría ofenderlo, y tal vez no nos abra la puerta. Aun si abre la puerta, él quizá no nos hable porque lo hemos incomodado o perturbado. Tenemos que aprender a hacer las cosas en una forma tal que a la gente le agrade. Nadie nos puede enseñar esto; tenemos que aprenderlo en la práctica.

Los integrantes del equipo deben ser francos unos con otros para determinar quién es el mejor para cada responsabilidad. ¿Quién es el mejor para tocar el timbre de la puerta? No debemos ser demasiado corteses o demasiado humildes, sino francos y honestos unos con otros, y no debemos ofendernos por lo que digan los otros miembros del equipo. Uno en el equipo es el mejor en tocar el timbre en una forma que no ofende a la gente. Otro puede ser el mejor en saludar a la gente que sale a la puerta. Esto tenemos que aprenderlo como equipo. Todos nacimos con diferentes disposiciones y semblantes. Debemos dejar que uno de nosotros los salude con una sonrisa en el rostro que hará que todos queden contentos. Entre los tres del equipo, uno puede ser el mejor en tocar el timbre, otro puede ser el mejor en saludar a la gente con un gesto amable, y el tercero tal vez sea muy perspicaz para responder a las personas. Esto es un equipo que tiene la coordinación adecuada. En principio debemos practicar de esta forma. Estos pasos pequeños echan los cimientos de nuestro contacto con los pecadores.

Responder de acuerdo con el Espíritu

Si queremos tener éxito, tenemos que aprender a responder a las personas de la manera apropiada. El modo en que contestamos es muy importante. Si nuestra respuesta es apropiada, el hombre será salvo. Si nuestra respuesta no es adecuada, tal hombre puede perderse. Es un asunto de vida o muerte. Por causa de esto tenemos que orar muchas veces: "Señor, ayúdanos en nuestra respuesta a la gente". Si oramos mucho y confiamos en el Señor, el Espíritu Santo ciertamente nos dará las mejores palabras en el momento oportuno. Todo depende de cómo nos guíe el Señor. Algunas veces el Espíritu nos guía a decir: "Nosotros no somos mormones ni testigos de Jehová", porque en ese instante las personas estaban pensando que nosotros posiblemente éramos mormones o testigos de Jehová. Ellos están hartos de ese tipo de personas. Tenemos que aprender a no hablar de una forma común. Al seguir el guiar del Espíritu, podemos contestarle a las personas correctamente. Entonces, lo que hablemos no los ofenderá, sino que estimulará un interés dentro de ellas.

Controlar la situación

Después de que entremos en la casa de alguien no debemos ser tímidos ni temerosos. No tenemos por qué temer. Si no nos piden que nos sentemos, uno de los miembros del equipo podría decir: "Sentémonos; nos gustaría leer con ustedes este pequeño folleto titulado *El misterio de la vida humana*". Cuando entremos en sus casas no debemos dejar la situación en manos de ellos. Tenemos que aprender a tomar control de la situación en una manera agradable. Entonces nos será fácil hablar. Podemos pasar directamente al folleto *El misterio de la vida humana*. Para usar este pequeño libro, tenemos que familiarizarnos bastante con su contenido, y no debemos seguirlo en una manera legal ni tenemos que leer palabra por palabra. Debemos presentarles los puntos expuestos en este folleto de una manera llena de vida, que impacte y que atraiga. Luego, cuando estén listos, podemos guiarlos a invocar el nombre del Señor. No debemos hablar demasiado y no debemos malgastar ni un segundo.

Mientras estemos hablando a una persona, debemos discernir qué tipo de persona es. Hace como treinta años en Taipei, clasifiqué a los seres humanos en más de treinta categorías. Algunos nacieron contumaces, y otros nacieron humildes. Algunas personas están de acuerdo con cualquier cosa. Por la forma en que hablan, usted puede percibir que éstos son livianos. Para los tales, si se van al infierno o al cielo, si son bautizados o no, si creen en Buda o en Jesús, es todo la misma cosa. No debemos tener confianza alguna en este tipo de persona. Incluso si está dispuesto a bautizarse, quizá no deberíamos hacerlo. Posiblemente estemos desperdiciando nuestro tiempo con el tal. Tenemos que ejercer mucho discernimiento en este asunto.

Seleccionar a aquellos que son promisorios, para levantarlos

Cuando vayamos no debemos estar deseosos de hacer que mucha gente sea bautizada. No debemos producir demasiados hijos. Si bautizamos a veintiuno, éstos nos agotarán. No podremos levantar ni uno de ellos apropiadamente. Si cada uno de nosotros bautiza solamente a tres, podemos invertir toda nuestra energía para criar a estos tres hijos en una manera adecuada.

Cuando hablamos a la gente, debemos ejercitarnos en percatarnos del tipo de personas que son. Entonces el Espíritu nos guiará a saber qué hacer. No debemos estar muy deseosos de hacer que se bauticen. Si nadie es bautizado esta noche, todavía tenemos el día de mañana. Si nadie es bautizado esta semana, todavía tenemos la semana que viene. Si nadie es bautizado este mes, tenemos el mes siguiente. Aun si no bautizamos a nadie este año, tenemos el año entrante. Tenemos que tener esta actitud. Nuestra meta es, primero, hacer que la gente sea salva, y segundo, introducir a los salvos en la vida de la iglesia para la edificación del Cuerpo de Cristo como un testimonio vivo. A través de nuestras experiencias hemos aprendido que traer la gente a Cristo no es tan difícil como traer los salvos a la vida de la iglesia. Si pudiéramos traer a la vida de la iglesia uno de cada veinte bautizados, sería maravilloso. Si saliéramos más o menos una vez cada semana, tal vez sólo cuarenta y cinco semanas en el año, fácilmente podríamos bautizar a veinte o treinta. Entonces, si pudiéramos traer a la vida de la iglesia uno de esos veinte o treinta, sería maravilloso. Esta es una palabra de experiencia. No debemos estar ansiosos, pero aprendamos a ejercitar nuestro discernimiento.

Si practicamos con ahínco, después de tres o cuatro semanas de estar saliendo, con seguridad podremos lograr bautizar dos o tres. Aunque nuestro discernimiento no es siempre acertado, en principio, tenemos que ejercer discernimiento con respecto a estos dos o tres. Si nos damos cuenta de que ninguno de estos tres es muy promisorio, debemos proseguir a bautizar algunos otros hasta que tengamos dos o tres que consideremos promisorios. Entonces debemos dejar por un tiempo de ir a salvar gente y usar nuestro tiempo para cuidar de estos recién bautizados. Debido a que es difícil traer a alguien a la vida de la iglesia, debemos hacer esto en una manera selectiva. Por supuesto, tenemos que entender que nuestra selección puede no ser muy exacta. Mientras estemos seleccionando tenemos que confiar en que el Señor nos guiará. Luego, podemos concentrar nuestra labor y nuestro tiempo en alimentar y criar a estos cuantos como si fueran nuestros propios hijos, y podemos tener la esperanza de que ellos serán traídos a la vida de la iglesia. Si en un año sólo traemos a la vida de la iglesia dos de treinta bautizados, eso será realmente maravilloso.

Si recibimos esta comunión y la ponemos en práctica por equipos, cada equipo podrá bautizar como treinta personas en un año. Yo creo que unos dos o cuatro de éstos pueden ser traídos a la vida de la iglesia. No espero que todos los miembros de la iglesia salgan a predicar el evangelio de esta manera. Algunos no tienen muy buena salud o tienen otras razones. Después de mucho estudio, creo que en tanto que un tercio de los miembros de la iglesia practiquen el visitar a la gente para predicarle el evangelio, tendremos éxito. De ciento cincuenta hermanos que se reúnan, cincuenta deben tener la carga y sentir la responsabilidad de salir de esta manera.

La necesidad de instrucción

Visitar a la gente de esta forma no es fácil. No podemos hacerlo conforme a nuestra forma natural. Es algo que tenemos que aprender. A fin de hacer algo con destreza, debemos ser entrenados. Si deseamos jugar baloncesto, no podemos hacerlo de una forma natural. Necesitamos ser instruidos. Si deseamos tocar el piano, necesitamos ser instruidos y entrenados. De igual manera, para tener éxito en la predicación del evangelio tenemos que ser entrenados. En Filipenses 4 Pablo dice: "Lo que aprendisteis y recibisteis y oísteis de mí, esto haced" (v. 9). Ya que Pablo era una persona dedicada absolutamente a Dios, él no sólo recibió la visión, sino que también puso en práctica lo que vio. Luego, él entrenó a Timoteo, diciendo: "Esto te escribo...para que si tardo, sepas cómo conducirte en la casa de Dios" (1 Ti. 3:14-15). Timoteo no sabía cómo andar, cómo conducirse, en la casa de Dios, así que Pablo tuvo que instruirlo. Todos los capítulos de 1 Timoteo están llenos de instrucciones. Pablo instruyó a Timoteo en forma detallada. Ciertamente Timoteo tenía que ejercitarse. Cuando éste hablaba a una hermana joven, tenía que practicar la manera correcta (5:2). Cuando hablaba a un hermano joven, tenía que hablar de un modo diferente (5:1). Hoy día deseamos aprender del Señor de modo que podamos ser útiles en Su mano. Con el tiempo el Señor ganará un pueblo por medio del cual El pueda consumar Su economía neotestamentaria de edificar Su propio Cuerpo. Entonces El vendrá.

Dedicar tiempo inmediatamente a los nuevos creyentes

Después de que bautizamos a alguien, debemos quedarnos con él para conversar. Si el tiempo lo permite, debemos conversar con él por dos horas. No debemos irnos de su casa rápidamente. Luego que una madre da a luz un hijo, debe inmediatamente nutrir con leche a este pequeño. Debemos quedarnos el mayor tiempo posible para darles a los nuevos el primer alimento. Después debemos regresar en no más de tres días. Si hacemos esto, de seguro criaremos a algunos de estos nuevos creyentes. Al criarlos debemos procurar traerlos a la vida de la iglesia. Si impartimos el alimento adecuado y el tierno cuidado a los nuevos, habrá una gran probabilidad de que ellos sean traídos a la vida de la iglesia.

Esta es la manera en la cual tendremos éxito en nuestro contacto con los pecadores. Cuando digo éxito, lo que quiero decir es que no sólo los traemos a Cristo y los bautizamos, sino que también los levantamos como creyentes genuinos que crecen en vida, y los traemos a la vida de la iglesia. Espero que todos procuren tomar este camino y que practiquen lo que hemos compartido en este mensaje.

EL EJERCICIO Y LA PRACTICA
DE LA MANERA ORDENADA POR DIOS

MENSAJE SEIS

LA GLORIA Y EL GOZO
DE LOS CREYENTES EN LLEVAR FRUTO

Lectura bíblica: Jn. 15:8-11; 1 Ts. 2:7, 11, 19-20

El primer punto crucial en el mover del Señor sobre la tierra es la predicación del evangelio. Estamos poniendo de relieve no sólo la predicación del evangelio, sino también la manera ordenada por Dios de predicar el evangelio. Hoy en día la predicación del evangelio entre los cristianos está prácticamente en bancarrota. Se supone que los Estados Unidos es el principal país cristiano de la tierra. Debe de haber como ciento veinte millones de cristianos en los Estados Unidos, y muchos programas cristianos están emitiendo sus ondas por los aires. Sin embargo, muy pocos de estos millones de cristianos tienen la carga de salir a predicar personalmente el evangelio de Cristo. Esta es la situación actual entre los cristianos en este país.

EL PADRE ES GLORIFICADO
CUANDO NOSOTROS LLEVAMOS FRUTO

Tal vez nos guste el asunto de permanecer en la vid, permanecer en Cristo, que se halla en Juan 15. Quizá deseemos ser aquellos que disfrutan las inescrutables riquezas de la vid. No obstante, Juan 15:8-11 no recalca solamente esto de permanecer; también recalca el asunto de llevar fruto. Si llevamos fruto, el Padre será glorificado. El Padre no va a ser glorificado simplemente porque nosotros permanezcamos. El será glorificado sólo si llevamos fruto. Sólo el llevar fruto puede liberar la vida divina del Padre. Cuando llevamos fruto, la misma vida divina que está en el Hijo, la vid, es liberada.

Mientras permanecemos en el Hijo, absorbemos la vida que está contenida en la vid. Participamos de las inescrutables riquezas de la savia vital de la vid. Tarde o temprano la vida que hemos estado absorbiendo será liberada. Cuando esta savia vital es liberada, el resultado es el llevar fruto. Llevar fruto es el producto, el resultado, de nuestro disfrute de Cristo. Es esta emanación de savia vital lo que expresa a Dios. Al liberar la savia vital, el Padre es glorificado.

Un ejemplo de una emanación tal puede verse en el clavel. Si el clavel no florece, entonces su gloria, su belleza, queda oculta. Cuando el clavel florece, la vida interior del clavel ha sido liberada. Esta es la glorificación del clavel. No podemos apreciar la belleza del clavel si éste no ha florecido. El clavel está oculto, y la belleza de su vida no se ha expresado todavía. Una vez que florece, su vida es expresada; su vida es glorificada. El florecimiento es la glorificación del clavel. De la misma manera, que llevemos fruto es la glorificación de Dios.

A lo mejor algunos de aquellos que están en el cristianismo digan que ellos glorifican a Dios haciendo algo bueno. No se dan cuenta de que el Padre no quiere que simplemente hagamos cosas buenas ni que nada más lo expresemos cumpliendo deberes cristianos éticos. El quiere que lo expresemos llevando fruto para que la vid aumente y se extienda. El aumento y la extensión de la vid es la glorificación del Padre. ¿Han notado ustedes cuán particulares son las palabras del Señor en esta porción de Juan 15? El dice: "En esto es glorificado mi Padre" (Jn. 15:8). "En esto" se refiere al llevar fruto. Si llevamos mucho fruto, el Padre es glorificado.

En Juan 15:9 el Señor Jesús dice: "Como el Padre me ha amado, así también yo os he amado; permaneced en mi amor". A los cristianos nos gusta hablar del amor. Nos gusta decir que Dios nos ama. Desde joven se me enseñó a cantar el himno que dice: "Cristo me ama bien lo sé, la Biblia lo dice así". Aquí el Señor Jesús dice: "Como el Padre me ha amado, así también yo os he amado". ¿Qué clase de amor es éste? El Padre ha amado al Hijo en que el Hijo lo expresa a El. El Padre está alegre y gozoso porque el Hijo es Su expresión. El Hijo ha amado a los discípulos según el mismo principio. El Hijo quiere que los discípulos sean Su expresión. Tenemos un ejemplo de este principio en el libro de Génesis. Cuando Dios creó al hombre a Su propia imagen (Gn. 1:27), esto fue una expresión de Su gran amor.

Dios amó al Hijo de modo que el Hijo pudiera expresar a Dios, y el Hijo nos ha amado de modo que lo podamos expresar a El. "Como el Padre me ha amado, así también yo os he amado; permaneced en mi amor" (Jn. 15:9). Permanecer en Su amor nos hace Su expresión. El nos menciona Su amor y luego nos manda que lo expresemos a El. Llevar fruto es expresar al Hijo. El Hijo nos manda que llevemos fruto, lo cual significa que el Hijo nos ama a lo sumo. ¡Qué privilegio! Qué derecho el que nos ha dado el Hijo, que podemos llevar Su fruto. Tal como el Padre le encargó al Hijo que lo expresara, el Hijo nos encarga a nosotros que lo expresemos a El. Nos encarga que permanezcamos en Su amor, no sólo que permanezcamos en El. No es suficiente simplemente permanecer en El. Tenemos que permanecer en Su amor.

Permanecemos en Su amor engendrándolo a El en las personas para Su expresión. Nuestra predicación del evangelio tiene como objetivo llevar fruto, engendrar a Cristo en la gente, haciéndola fruto de Cristo, expresión de Cristo. Cuando ponemos a Cristo dentro de un pecador, éste llega a ser la misma expresión de Cristo. Los versículos 8, 9 y 10 del capítulo 15 de Juan están relacionados. Si guardamos los mandamientos del Señor, permaneceremos en Su amor (v. 10), llevaremos fruto (v. 8), y el Padre será glorificado (v. 8). Cuando llevamos mucho fruto, el Padre es más glorificado.

LOS NUEVOS CREYENTES
SON NUESTRA GLORIA Y NUESTRO GOZO

En Juan 15:11 el Señor dijo: "Estas cosas os he hablado, para que mi gozo esté en vosotros, y vuestro gozo sea cumplido". Ser pámpanos de la vid divina y llevar fruto que exprese la vida divina es un asunto de gozo, una vida de gozo. Muchos santos han tenido la experiencia de entrar en un éxtasis cuando han bautizado a alguien en el Dios

Triuno. Han testificado que después de traer una persona al Señor, no pudieron dormir durante toda esa noche a causa de que el gozo del Señor había llegado a ser su gozo.

En 1 Tesalonicenses 2:19-20 dice: "Porque ¿cuál es nuestra esperanza, o gozo, o corona de que me gloríe? ¿No lo sois vosotros, delante de nuestro Señor Jesucristo, en Su venida? Vosotros sois nuestra gloria y gozo". En Juan 15:11 el Señor se refiere a que nuestro gozo es completado. En 1 Tesalonicenses 2 Pablo se refiere a nuestro gozo una vez más. ¿Qué es nuestro gozo? Nuestro gozo es el fruto que llevamos. Estas dos porciones de la Palabra están relacionadas. En 1 Tesalonicenses 2:19-20 debe tener como referencia Juan 15:11.

¿Cuál es nuestro gozo? ¿Cuál es nuestra gloria? ¿Cuál es nuestra corona con que nos gloriamos? El gozo de Cristo es nuestro gozo. La glorificación del Padre es nuestra glorificación. En Juan 15 y en 1 Tesalonicenses 2 tenemos estas dos palabras: gloria y gozo. Para Pablo el fruto que él llevó era su gloria y su gozo.

Cuando el Señor Jesús venga, y usted se presente delante de El, ¿quién va a estar al lado suyo y en favor suyo? ¿Qué va a decir usted? Supongamos que usted nunca ha traído a nadie al Señor. Esto significa que usted nunca ha llevado fruto. Usted diría: "Señor, mira, aquí está Tu talento. Aquí está en mi bolsillo. No lo perdí. Lo he guardado". Decirle semejante cosa al Señor cuando El venga, sería una vergüenza para nosotros, no una gloria ni un gozo (Mt. 25:24-30). La carga que yo tengo es transmitir a ustedes la manera ordenada por Dios. Si ustedes toman la manera ordenada por Dios, serán personas nuevas, personas que llevan fruto.

LA MANERA EN QUE DIOS HA ORDENADO QUE PREDIQUEMOS EL EVANGELIO COMO PARTE DE NUESTRA VIDA CRISTIANA DIARIA

¿Quién predica el evangelio en estos días de la forma que Dios ha ordenado? Algunos cristianos predican el evangelio, pero su predicación en gran parte es llevada a cabo de una manera vieja y tradicional. Hay una necesidad urgente de que parte del pueblo del Señor sea traída al entendimiento de que debemos ser predicadores del evangelio que imparten a Cristo en otros, haciéndolos así parte de Cristo, la expresión de Cristo, que es la glorificación del Padre. Esto debe llegar a ser una parte normal de nuestra vida cotidiana. La predicación del evangelio no debe ser un asunto esporádico. Debemos predicar el evangelio regularmente como parte de nuestra vida cristiana. Aunque hemos tenido comunión respecto de esto por casi cinco años, no son muchos los que han entrado en semejante vida cristiana en la cual se predique el evangelio con regularidad. Nuestra carga principal es dejar la manera vieja y tradicional de predicar el evangelio, y tomar la manera ordenada por Dios de predicar el evangelio como parte de la vida cristiana.

Esta manera ordenada por Dios de predicar el evangelio como parte de nuestra vida cristiana es muy viable. Depende de si la tomamos o no, y de si hemos oído la palabra que el Señor nos ha hablado. Su palabra para nosotros es que permanezcamos en El a fin de que llevemos fruto para que El sea expresado y aumentado. Que el Señor nos dé semejante encargo es el más grande amor. Si el presidente de los Estados Unidos le pidiera a usted que lo representara, ¿cómo se sentiría usted? Un encargo tal lo haría sentir a usted muy honrado. El encargo hecho a usted sería una expresión del amor de él para con usted. Usted no le diría que está muy ocupado ni que simplemente usted no tiene interés en representarlo.

Desde que empecé a hablar de la manera ordenada por Dios en estos últimos cinco años, muchos asuntos útiles han sido descubiertos. Pero ¿quién entre nosotros tiene interés en ver que la manera ordenada por Dios sea llevada a cabo? En los Estados Unidos Dios ha ordenado la situación para que los hijos de Dios vivan una vida apropiada conforme a Su Palabra, pero la mayoría de los hijos de Dios de este país han abusado del arreglo de Dios. Muchos estadounidenses sólo tienen que trabajar ocho horas a diario, lo cual les deja por lo menos dos o tres horas libres en la noche para hacer otras cosas. También hay muchos que están libres dos días cada fin de semana. Al ver cuánto tiempo libre tenemos, ¿no podríamos apartar sólo dos o tres horas dos días a la semana? Muchos de nosotros podemos hacer esto. Si vivimos una vida normal y programamos nuestro tiempo, fácilmente podemos apartar dos sesiones de dos horas cada una para llevar fruto. Esto es guardar el mandamiento de Aquel que nos ama, quien nos ha exaltado a tal grado que podamos ser Su expresión.

Esto es lo que enseña el Nuevo Testamento, sin embargo hoy día no hay muchos cristianos en la tierra que vivan una vida tal. Aun si una tercera parte de los santos de una localidad tienen esta práctica, la situación será gloriosa. Podemos empezar nuestra labor en el evangelio con nuestros familiares más cercanos. Ellos son nuestra "Jerusalén". De nuestros familiares más cercanos, el círculo de nuestra predicación del evangelio puede ser ampliado a Judea, a Samaria, y luego a lo último de la tierra (Hch. 1:8).

Tiene que haber un punto de partida. Tenemos que ser muy definidos al salir a predicar el evangelio. Tenemos que planear con anticipación. No debemos estar inseguros en ningún punto. Es más, no debemos tener una planeación demasiado ambiciosa que se salga de la realidad. Si tratamos de salir todos los días, probablemente no vamos a cumplir. A largo plazo, lo mejor tal vez sería salir sólo dos días en la semana. Ese es un presupuesto más práctico para aquellos hermanos y hermanas que tienen un trabajo regular, y para las hermanas que tienen familia que cuidar en casa. Establezca usted un plan para salir dos veces por semana, en dos días definidos, cada vez por dos o tres horas. Cumpla ese plan con regularidad, constancia y decisión, a menos que esté demasiado enfermo como para salir. No haga caso de sus emociones y sencillamente salga. Prográmese a sí mismo de esta manera.

Cuando usted salga debe hacerlo siempre de una manera muy regulada. Es muy bueno si lo hace en el Cuerpo. Visite a la gente en equipo. Aun si a quien va a visitar es uno de sus familiares cercanos, sería muy bueno que uno o dos santos fueran con usted, especialmente si su familiar conoce a uno de los santos. Quizá tenga oídos abiertos a dicho hermano.

Una vez que usted ha bautizado a dos o tres, debería considerar pasar más tiempo con ellos. Tal vez, por un lapso de tiempo, usted no tenga manera de salir para traer más nuevos al Señor. Más bien, usted a lo mejor necesita dedicar todo su tiempo a cuidar a sus dos o tres nuevos. Probablemente usted necesitará un año para levantar una persona en el Señor. Es muy similar a criar hijos. Todas las madres saben que criar hijos no es ni rápido ni fácil.

Tal vez usted empiece a darse cuenta de que los dos o tres sobre los cuales está laborando no son muy promisorios. No debe hacerlos a un lado, pero sí debe considerar si es provechoso o no dedicarles tanto tiempo. Si no es provechoso, usted debe salir y hallar otros dos o tres. Laborar en el evangelio es como el trabajo de un agricultor. Cuando uno cultiva, tiene que discernir el suelo, la tierra. Puede ser que no crezca nada en cierta parcela de tierra. Si tal es el caso, el agricultor tiene que dejarla y trabajar en la parcela que sí produzca. De todas maneras nosotros tenemos que procurar ser muy cuidadosos porque nuestro discernimiento no es siempre confiable.

Si durante todo el año tenemos este tipo de práctica, ciertamente cada año podremos traer a la vida de la iglesia a uno por lo menos que sea promisorio. Todo depende del grado al que nos demos a este tipo de vida. Si de veras nos entregamos a esto, podría darse que cada uno de nosotros trajera a la vida de la iglesia tres personas cada año. No necesitamos ser servidores de tiempo completo para lograr semejante resultado. Simplemente depende de nuestra labor regular. Debemos laborar regularmente cada semana y cada año, por encima del clima y de otros factores. Debemos aprender a predicar el evangelio igual que un niño aprende a tocar el piano. Sin entrenamiento nada se puede aprender.

Después de ganar a las personas debemos dedicarles el tiempo adecuado para nutrirlas, cuidarlas con ternura y criarlas como nuestros hijos espirituales. Pablo se comparó a una madre que nutre y cuida (1 Ts. 2:7) y a un padre que exhorta (1 Ts. 2:11). El era tanto una madre como un padre para sus hijos espirituales. La escasez nuestra ha sido que no criamos a los hijos. Después de que hemos dado a luz los hijos, muchas veces nos hemos olvidado de ellos. Debemos tomar la nueva manera al cuidar de nuestros hijos espirituales. No piensen por favor que dicha práctica comprende toda la vida de la iglesia. El hecho de que salgamos dos veces por semana, dos o tres horas cada vez, debe ser sólo una pequeña parte de nuestra vida de la iglesia. Además de lo anterior, debemos asistir a las reuniones del día del Señor por la mañana, a la reunión de oración, y a las otras reuniones de la iglesia. Salir a visitar a la gente dos veces por semana es solamente parte normal de nuestra vida de la iglesia.

Esfuércense por estar entrenados en salir. Tengan comunión con los santos de su localidad. Si ustedes se reúnen en equipo, hallarán la mejor manera de hacer que la gente se abra a ustedes y la mejor manera de responder a las preguntas de la gente. Si ustedes hacen esto regularmente durante un año con un espíritu y una actitud humildes, vacíos y dispuestos a aprender, llegarán a ser verdaderos expertos en la predicación del evangelio.

El cristianismo por muchos años ha estado orando por un avivamiento. Nosotros no debemos orar de esa manera. Debemos orar: "Señor, levanta a un tercio de los santos para que prediquen el evangelio. Haz que éstos se determinen y tomen la carga de practicar esta nueva manera como su deber, como parte de su vida cristiana diaria". Si en cada iglesia una tercera parte de los hermanos se levantan en esta manera, habrá un verdadero avivamiento entre nosotros en sólo un año. Este tipo de avivamiento no se produce por emoción, sino por el hecho de llevar fruto. Si dos terceras partes de los santos se levantan en esta manera, veremos un incremento anual del ciento por ciento, por lo menos.

De nosotros, un buen número, resuelva tomar esta manera ordenada por Dios de predicar el evangelio, y practíquela formando equipos que salgan regularmente para visitar a la gente a fin de que sea salva. Tenemos que ir a ellos una y otra vez para tener reuniones de hogar con ellos y para nutrirlos, cuidarlos con ternura y alimentarlos. Después de un corto tiempo llevaremos fruto que permanece, como resultado de que vayamos en la manera ordenada por Dios.

EL EJERCICIO Y LA PRACTICA DE LA MANERA ORDENADA POR DIOS

MENSAJE SIETE

FLEXIBLES EN LA MANERA DE PONERNOS EN CONTACTO CON LA GENTE EN LA PREDICACION DEL EVANGELIO

Lectura bíblica: Lc. 14:15-23; 1 Co. 9:19-23

LOS CUATRO PUNTOS PRINCIPALES DE NUESTRO SERVICIO NEOTESTAMENTARIO

Nuestro servicio al Señor en el Nuevo Testamento incluye la predicación del evangelio y las reuniones regulares, para la realización del propósito de Dios. Después de mucho estudio he descubierto que hay cuatro pasos en este servicio neotestamentario.

El primer paso es la predicación del evangelio por los sacerdotes neotestamentarios a fin de salvar a los pecadores para la satisfacción de Dios (Ro. 15:16). El segundo es alimentar a los nuevos creyentes. Inmediatamente después de su bautismo, debemos comenzar a alimentar, a nutrir, a los nuevos. Juan 21:15 dice: "Jesús dijo a Simón Pedro: Simón...¿me amas más que éstos? Le respondió: Sí, Señor; tú sabes que te amo. El le dijo: Apacienta mis corderos". Aquí el Señor específicamente nos dice que alimentemos Sus corderos, los nuevos creyentes. Apenas una madre da a luz un hijo, ella empieza a nutrir, a alimentar, a su pequeño. Sin la nutrición adecuada, el niño recién nacido morirá.

El tercer paso en nuestro servicio neotestamentario es perfeccionar a los santos. No es suficiente sólo alimentar a los santos que acaban de nacer de nuevo; también tenemos que perfeccionarlos. Después de que alcanzan cierta medida de crecimiento, ellos deben ser perfeccionados para que puedan edificar el Cuerpo de Cristo de la misma manera que lo hacen las personas dotadas. El Señor ha dado dones a Su Cuerpo —apóstoles, profetas, evangelistas y pastores y maestros— "a fin de perfeccionar a los santos para la obra del ministerio, para la edificación del cuerpo de Cristo". Esto se revela claramente en Efesios 4:11-12.

El cuarto paso consiste en que todos los santos deben ser entrenados a fin de que sean introducidos en la práctica de profetizar de parte del Señor en las reuniones de la iglesia. Este punto se revela claramente en 1 Corintios 14. Según dicho capítulo, profetizar no significa predecir ni pronosticar, sino hablar de parte del Señor, proclamar al Señor y hablar el Señor mismo de modo que podamos ministrarlo o dispensarlo en otros. Al tenerse el verdadero profetizar, la gente no recibirá meras doctrinas o enseñanzas, sino que lo que hablemos ministrará en otros a Cristo, el suministro de vida.

Así que hay cuatro pasos en nuestro servicio neotestamentario, que se revelan en la Biblia: predicar el evangelio, alimentar los corderos, perfeccionar a los santos y profetizar para la edificación de la iglesia.

REEMPLAZAR LA REUNION DE PREDICACION DEL DIA DEL SEÑOR POR EL PROFETIZAR ORGANICO DE LOS SANTOS

En 1 Corintios 14:26 revela que cuando la iglesia se reúne, cada uno de los asistentes tiene algo del Señor que compartir con otros. Esto es muy distinto a una reunión en la que un predicador o ministro presenta un mensaje a una congregación. Después de cierto tiempo este tipo de reunión, en donde un hombre habla y todos los demás escuchan, matará el desarrollo de las funciones espirituales dentro de cada miembro. En consecuencia, tenemos que seguir, desear con celo, y procurar el don sobresaliente de profetizar (vs. 1, 12, 39).

Hoy día, entre los cristianos, no vemos la práctica del profetizar orgánico para la edificación de la iglesia, y no existe constancia alguna de semejante práctica corporativa en la historia cristiana. El hermano Nee, hace más de cincuenta años, vio la necesidad de que se tuvieran reuniones de la iglesia en mutualidad. En 1937 él compartió los mensajes que se publicaron en The Normal Christian Church Life [La vida cristiana normal de la iglesia]. En dicho libro, el hermano Nee dice que las reuniones grandes del día del Señor por la mañana, en las cuales un hombre habla y los demás escuchan, no tienen cabida en las reuniones de la iglesia. En 1948 el hermano Nee dio los mensajes contenidos en el libro Church Affairs [Los asuntos de la iglesia]. En aquel entonces él era más radical. El decía que la reunión de predicación del día del Señor, en la cual una persona habla y los demás escuchan, es conforme a "las costumbres de las naciones" (2 R. 17:8, Reina Valera, 1977). El nos exhortó a todos a que con persistencia resistiéramos esta tradición que no está en la Biblia, y a que laboráramos para derribarla.

Por un lado, tener un orador edifica a los santos; pero por otro, tener sólo un orador anula y aniquila la función, habilidad y capacidad espirituales de todos los creyentes. Debido a esta práctica, muchos cristianos han sido completamente anulados en su función y capacidad espirituales. Son muy pocos los que saben hablar por el Señor. Esta es la situación en el cristianismo hoy en día, y nuestro caso es muy similar.

Empecé un estudio exhaustivo del servicio neotestamentario en octubre de 1984. En mi estudio recordé las palabras del hermano Nee. En 1948 él firmemente repudió la reunión grande del día del Señor en la cual se escucha un mensaje, y nos pidió que hiciéramos un gran esfuerzo por derrocar esta dañina tradición. Yo había oído todas estas cosas, y con todo, en 1949, cuando salí de la China continental y fui a Taiwan, no puse estas cosas en práctica. Más adelante, sentí mucho no haberlo hecho y le pedí al Señor que me perdonara. Entonces comencé a hacer sonar la trompeta, diciendo que la reunión matutina del día del Señor, en la cual uno habla y los demás escuchan debía ser anulada.

Aunque toqué la trompeta de este modo en Taiwan en 1984, durante más de tres años no sugerí que la iglesia en Taipei abandonara las reuniones del día del Señor en las cuales se daba un mensaje. Todos ellos fueron afectados y profundamente impresionados que las mejores reuniones eran: primero, la mesa del Señor, y luego, la reunión del día del Señor para escuchar mensajes. En todos ellos se había dejado una profunda impresión de que las mejores reuniones tenían lugar el día del Señor y eran: primero, la mesa del Señor y, luego, la reunión matutina en la cual se daba un mensaje. A ellos les gustaban estas reuniones porque cada día del Señor los mensajes que se daban durante dichas reuniones siempre los nutrían. Haber detenido este tipo de reunión habría causado daño a la iglesia. Más bien, dediqué más de tres años para entrenar a los hermanos y hermanas. Luego en noviembre de 1987, los ancianos en Taipei decidieron que ya era tiempo de suspender la reunión de predicación del día del Señor, y comenzaron a practicar el profetizar orgánico según se revela en 1 Corintios 14.

PONERNOS EN CONTACTO CON OTROS POR MEDIO DE IR HASTA DONDE ESTAN

En este mensaje no es mi intención promover un avivamiento. En más de sesenta años de experiencia cristiana, me he dado cuenta de que tomar el camino de grandes avivamientos no sirve de nada. Lo que sí sirve es la manera ordenada por Dios según se revela en el Nuevo Testamento. La manera ordenada por Dios de predicar el evangelio consiste en que cada creyente sale a visitar a la gente para predicarle el evangelio directa y personalmente. El Nuevo Testamento nos ordena "¡ir!" (Mt. 28:19; Mr. 16:15). Tenemos que acercarnos a la gente, visitándola donde esté. Visitar a las personas para predicarles el evangelio no es sólo tocar a sus puertas; es llegar hasta ellas dondequiera que estén. El Señor Jesús mismo salía para acercarse a las personas (Mt. 4:18-22; 9:9; Jn. 4:1-42), y a los doce también los envió a hacer lo mismo (Lc. 9:1-6). Luego El envió setenta a toda ciudad y lugar para hallar los hogares de los hijos de paz (Lc. 10:1, 4-5). Físicamente, como una sola persona, el Señor no podía ir a muchas aldeas a visitar a tanta gente, así que mandó los setenta a hacer esta labor de visitación.

El principio básico al predicar el evangelio es que uno vaya a la gente; no le pida a la gente que venga a usted. Si usted va a ellos, verá que esto hará una gran diferencia. Vaya a la casa de un pecador a visitarlo. Siéntese con él y converse con él. Tome la iniciativa de orar con él, sugiriéndole que ore con usted. Entonces, usted podría decirle: "Puesto que usted ha orado al Señor Jesús y ha creído en El, usted está ahora en posición de ser bautizado, ahora podemos bautizarlo en su bañera". Esto es completamente diferente de invitar a la gente a venir a usted. Muchos santos han tenido bastante éxito en la predicación del evangelio siguiendo esta manera ordenada por Dios.

FLEXIBLES EN NUESTRA PREDICACION DEL EVANGELIO

Tenemos que ser flexibles en nuestra forma de ponernos en contacto con la gente en la predicación del evangelio. ¿Qué significa ser flexible? Los seres humanos son muy legalistas. Muy fácilmente convertimos todo en un legalismo. En el entrenamiento de tiempo completo en Taipei, debido a que hay tantos enormes edificios de apartamentos, les dimos instrucciones a los entrenandos de que siempre siguieran hacia el lado izquierdo después de tocar una puerta o de salir de una. En ese tipo de edificio puede haber más de ochenta unidades en cada piso; así que ese tipo de instrucción ayudó a los entrenandos a ser eficientes con el uso de su tiempo. Pero en los Estados Unidos no tenemos tantos edificios de apartamentos de ese tipo. Mucha gente vive en casas unifamiliares. Practicar rígidamente este "voltear siempre a la izquierda" tal vez no ayude mucho en los Estados Unidos puesto que la situación es muy diferente.

La mejor manera en que los santos pueden visitar hogares es formando equipos. Lo ideal sería que un equipo estuviera compuesto de tres personas, uno de edad avanzada, uno joven y uno de mediana edad, donde se tuviera una hermana y dos hermanos, o bien un hermano y dos hermanas. Pero en los Estados Unidos muchos han tomado esto como un legalismo. Debido a que no pueden conseguir un hermano de edad o uno joven, no forman un equipo. En consecuencia, nada se hace debido al legalismo. Todos tenemos que aprender a ser flexibles. Esto no significa que estoy invalidando lo que compartí antes. Si ustedes practican estas cosas, ellas serán de ayuda; pero todo depende de la situación.

DIFERENTES FORMAS DE LLEVAR EL EVANGELIO A LA GENTE

No piensen que la única manera de visitar a la gente llevándole el evangelio es ir en equipos de tres. Hay muchas maneras de visitar a la gente. En este mensaje voy a presentar varias maneras de llevar el evangelio a la gente.

Visitar a nuestros familiares más cercanos

La primera y la mejor manera es visitar a nuestros familiares más cercanos. Supongamos que usted va a visitar a su abuelo. Aunque su abuelo lo quiere a usted, quizá no esté dispuesto a escucharle. Debe llevar con usted algunos hermanos de edad. De esta manera cuando usted va a visitar a su abuelo, él escuchará a los hermanos y será salvo y bautizado. Lo que usted no logré en veinticinco años de predicarle, lo consiguieron estos hermanos en una corta visita.

Usted también tiene muchos otros familiares a los cuales debe llevar el evangelio. Usted debe hacer una lista de sus familiares e ir a visitarlos uno por uno. Usted no tiene que tocar a la puerta de los extraños. Un extraño quizá le dé con la puerta en la nariz. Estas serían "puertas frías". Más le vale que vaya a las "puertas cálidas". Sus familiares no le cerrarían la puerta en su cara. Usted tiene derecho a visitarlos. Hay muchísimas "puertas cálidas", muchos familiares que visitar con el evangelio.

Visitar a nuestros vecinos

El segundo grupo de personas que tenemos que visitar es nuestros vecinos. Todos tenemos vecinos junto a los cuales quizá hayamos vivido por muchos años. Somos cristianos que amamos al Señor y que estamos en Su recobro.

Somos buscadores de Cristo y deseamos vivir, permanecer en, disfrutar y experimentar a Cristo; con todo y eso, después de muchos años, nuestros vecinos de al lado tal vez todavía no sean salvos.

¿Es ésta una situación correcta? El Señor dice: "El que permanece en mí...éste lleva mucho fruto, [pero] todo pámpano que en mí no lleva fruto, [el Padre] lo quitará. No me elegisteis vosotros a mí, sino que yo os elegí a vosotros, y os he puesto para que vayáis y llevéis fruto, y vuestro fruto permanezca" (Jn. 15:5, 2, 16). El Señor dijo: "Os he puesto". Ya que somos pámpanos de la vid, hemos sido escogidos y también hemos sido puestos. Nuestra designación, nuestro futuro y nuestro destino es llevar fruto. Es por esto que Pablo dijo: "Porque me es impuesta necesidad; y ¡Ay de mí si no anunciare el evangelio!" (1 Co. 9:16). Todos necesitamos este tipo de entendimiento.

Tal vez algunos digan: "Siempre y cuando yo sea salvo, sé que iré al cielo con el Señor". Ciertamente ellos irán al cielo, pero allí el Señor les preguntará: "¿Cuánto fruto me produjiste?" Si no llevamos fruto, existe el peligro de que perdamos el disfrute de Cristo en esta edad. Entonces, en el futuro en la venida del Señor, El nos pedirá cuentas (Ro. 14:10, 12). Si no le hemos producido ganancias al Señor, El dirá de nosotros: "Al siervo inútil echadle en las tinieblas de afuera" (Mt. 25:26-30). Esta palabra en Mateo 25 es muy seria.

El Señor me ha puesto la carga de advertirles a todos los hermanos y hermanas de lo solemne que es esta responsabilidad nuestra de llevar fruto, y de la seriedad de las consecuencias de no hacerlo. Si no les advirtiera, sería responsable delante del Señor, y la sangre de ustedes estaría en mi mano (Ez. 3:18-19; Hch. 20:26-27). Si no llevan fruto, serán cortados del disfrute de las riquezas de Cristo hoy en día, y en el futuro serán declarados culpables de ser siervos malos, negligentes e inútiles, y serán echados en las tinieblas de afuera. Esta es la necesidad que ha sido impuesta sobre ustedes de predicar el evangelio.

No debemos desanimarnos; el Señor todavía nos permite vivir. Aun como un hombre viejo que soy, creo que el Señor me va a dar más años para vivir a fin de que lleve más fruto. Todo lo que necesitamos es traer una persona al Señor y a la iglesia en un año. Algunos creen que es muy difícil producir un fruto por año. A éstos yo les respondería que trataran de salir, durante cincuenta y dos semanas, solamente una vez por semana. Si en cincuenta y dos semanas no logran traer ni uno, no deben preocuparse; el Señor les está enseñando a ser pacientes. Deben continuar saliendo durante otras cincuenta y dos semanas sin estar preocupados por no ganar a ninguno. Simplemente deben cumplir su obligación una vez en la semana. Si después del segundo año no han traído a nadie, todavía tienen un tercer año. Si en tres años sólo producen un fruto, no deben considerarlo algo insignificante.

Según lo que he estudiado de la historia, nunca ha habido una iglesia sobre esta tierra que haya tenido un incremento anual del treinta y tres por ciento. Si cada santo, cada tres años consiguiera que una persona fuera salva, esto producirá un aumento anual del treinta y tres por ciento. Nunca ha habido en la historia una iglesia con un aumento semejante, de ahí que no menospreciaríamos el ganar solamente uno en tres años. Si todos pudiéramos hacer tal cosa, esto sería maravilloso.

Muchas hermanas no tienen un trabajo, sino que permanecen en casa para cuidar de sus niños. Una hermana puede desarrollar una muy buena relación con sus vecinos de modo que éstos sepan que ella es una persona buena y correcta, y que ella está educando muy bien a sus hijos. Tal vez les guste que sus niños vayan a la casa de esta hermana, y quizá ella pueda comenzar una pequeña reunión, a manera de clase, con unos cinco niños. El mejor tiempo es por la tarde, cuando los niños regresan de la escuela. A muchas madres les gustaría tener una buena vecina que cuidara de sus niños, y sus niños necesitan a los otros pequeños como amigos. Con el tiempo, ella podría tener más niños, quizá unos quince. Por medio de esos niños, las puertas de esos hogares se abrirán a ella.

Hay muchas maneras de ponerse en contacto con otros. Si a usted no se le ocurre alguna manera, ore: "Señor, quisiera que me dijeras qué debo hacer. Estoy desesperado. Tengo que traer alguien a Ti. Tienes que proporcionarme la manera". Es posible que el Señor le diga que salga al frente de su casa y se pare allí todas las tardes de cinco a seis. Usted no hace nada allí excepto observar a los vecinos cuando regresan del trabajo. Esto puede parecer extraño, pero después de una semana probablemente alguien se detenga a conversar con usted. Esta es su oportunidad.

En una gran denominación en Seúl, Corea del Sur, entrenaron a las hermanas para que tuvieran contacto con sus vecinos. Seúl es una gran ciudad de unos diez millones de habitantes. Ellos tienen grandes y altos edificios de apartamentos. Muchas señoras van a la tienda de abarrotes con sus niños. Ellas tienen que comprar sus artículos y traerlos a casa mientras tratan de cuidar a sus niños. Esa denominación descubrió que había tal necesidad, así que enviaron algunas hermanas a esperar, junto a los ascensores de los edificios, a las madres que regresaban de la tienda de abarrotes. Al tomar una de éstas el ascensor, las hermanas le dirían: "¿Puedo ayudarle? Permítame llevarle este paquete. Yo me encargo de este niño". Aquello abrió muchas puertas a esas hermanas.

Visitar a nuestros amigos, colegas y compañeros de estudio

Podemos también visitar a nuestros amigos, a nuestros colegas y a nuestros compañeros de clase. Todos nosotros tenemos amigos, colegas y compañeros de clase. Si usted enseña en una escuela, los demás maestros y el personal en administrativo son sus colegas. Si es un estudiante, usted tiene muchos compañeros de clase. Primeramente, debemos tratar de establecer una buena atmósfera entre nosotros y nuestros colegas o compañeros. Luego, podemos hablarles de Cristo y hacer una cita para visitarlos. Podemos pedirles que nos concedan tiempo para hablarles. Es probable que ellos traten de evadir el asunto, pero si somos persistentes, a la larga, ellos nos concederán el tiempo para que los visitemos.

Entonces, cuando los visite, sería bueno llevar un hermano con usted.

Usar el teléfono para concertar citas

Todos nosotros tenemos que aprender a usar el teléfono sabiamente. El teléfono puede ser muy útil. Hoy en día hay algunos vendedores que usan el teléfono para vender, y ganan más de un millón de dólares al año. Ellos están constantemente llamando a la gente, persona tras persona. Podemos usar el teléfono para concertar citas con las personas para hablarles de Cristo. Podemos usar el directorio telefónico para llamar por teléfono a las personas. Simplemente escoja un nombre y al recibir respuesta diga: "Amigo, encontré su nombre en el directorio telefónico. Yo soy un cristiano y amo al Señor Jesús; me gustaría conversar con usted unos minutos". La mayoría lo va a rechazar, pero quizá tres de cien lo escuchen. Entonces usted puede visitar a esos tres.

Casi todos los días mi buzón de correo está lleno de propaganda. Esto me es una molestia, y yo tiro toda esa propaganda. Un día pregunté: "¿Por qué estas empresas gastan su dinero en imprimir y enviar todas esas cosas?" Entonces descubrí que si ellos reciben una respuesta del uno por ciento solamente, no perderán ni un centavo. Por lo general, ellos obtienen una respuesta del tres por ciento, y así ganan dinero. No debemos esperar que en cada casa haya un hijo de paz. De hecho, en la mayoría de las puertas nos esperan lobos (Lc. 10:3). En una noche podemos tocar en veinticinco puertas y no encontrar más que lobos que nos rechazan. Esto le ha sucedido a muchos santos, pero cuando llegan a la última puerta logran entrar y hallan un hijo de paz. No sabemos cuándo vamos a encontrar un hijo de paz. Tal vez no logremos encontrar ni uno en ciento cuatro semanas. Sin embargo, quizá después de esto, un día después, hallemos un hijo de paz. Simplemente tenemos que ejercitar nuestra persistencia, nuestra paciencia y nuestra fe. No creo que se pueda dar el caso de que una persona salga con continuidad y regularidad una vez por semana, cincuenta y dos veces, y que aún así, no consiga ni un sólo pez. Si usted es persistente, con seguridad logrará atrapar un pez. Los testigos de Jehová y los mormones no tienen manera de concertar muchas citas debido a su mala reputación. No muchos estarían dispuestos a concederles una cita. Pero nosotros somos diferentes; nosotros somos cristianos. Podemos llamar a la gente por teléfono y decirle: "No soy mormón ni testigo de Jehová; soy cristiano y amo al Señor". Con seguridad algunos responderán de una forma positiva, y esto abrirá algunas puertas.

Concertar citas comprando algún artículo

Si un hermano va a una papelería, y no hay más clientes en ese momento, él compra algo y, por supuesto, el dependiente estará contento. Usted no debe derrochar una oportunidad semejante para hablarle a la gente. Tal vez sea conveniente tener una tarjeta personal con su nombre, dirección y teléfono impresos y con algo que indique que usted es un verdadero cristiano. Entonces, en casos como ése, puede darle al dependiente su tarjeta personal y decirle: "Me gustaría hablar con usted por unos minutos acerca de Cristo". No hable mucho porque ese es tiempo de trabajo de esa persona. Dos minutos serían suficiente. Luego dígale: "¿Puedo ir a visitarlo?" Esta es la manera de fijar una cita comprando algo. Si usted va a comprar tres artículos, no los compre todos en una sola tienda. Compre algo en una tienda, luego vaya a otra tienda y procure concertar otra cita. La compra que usted hace es el anzuelo. Las hermanas tienen que considerar cuántas cosas compran en un mes. Tenemos muchas oportunidades de hablar Cristo a otros.

Todas esas personas están ahí esperándonos. Quizá usted no tenga la intención de comprar nada, pero cuando usted ve un dependiente parado ahí sin nada que hacer, usted tal vez compre un par de calcetines por poco dinero. Usted puede hacer esto para que él abra su corazón. De cierto, esto vale la pena; estamos aquí para Cristo. Además, usted puede comprar los calcetines en una talla que le sirva a ese vendedor. Luego de haber comprado dicho artículo, usted puede decir:

"Amigo, mi intención no es comprar calcetines; es predicar a Cristo. Me gustaría darle este par de calcetines como regalo". Tal vez esto parezca una cosa extraña, pero puede despertar el interés de la gente de tal modo que podemos tocarle con el evangelio.

Debemos reservar parte de nuestro tiempo para ir a la gente. Cualquiera que sea la forma en que vayamos, debemos orar: "Señor, envíame el mejor hijo de paz". Tenemos que creer que el Señor escuchará esta oración. Además, si oramos, el Señor nos dará muchas diferentes maneras de comunicarnos con la gente. No debemos ser legalistas. Tenemos que ejercitar nuestra sabiduría. Cuando las hermanas van al salón de belleza, deben ir con un propósito. Deberían ir más frecuentemente, con la intención de hablarle a alguien. Entonces, todos aquellos que trabajan en el salón de belleza abrirían sus puertas a estas hermanas. De este modo, podemos conseguir que muchas puertas se nos abran calurosamente. Los seres humanos fueron hechos por Dios con este propósito. En tanto que nosotros podamos tocarlos, ellos podrán ser salvos, pero no crean que esto va a ocurrir de la noche a la mañana. Tenemos que ir a la gente con paciencia, poco a poco. Si somos fieles al Señor cada semana, tenemos que creer que vamos a traer por lo menos dos personas al Señor cada año. Cada uno de nosotros puede hacer esto. Todo depende de nuestra labor, persistencia, longanimidad y paciencia.

Concertar citas vendiendo algo

Algunos de ustedes pueden conseguir los mejores productos que se puedan vender puerta a puerta. Luego, ustedes salen, no a predicar a Cristo, sino como un vendedor. La mayoría de las personas abriría la puerta a un vendedor. Deben vender el producto bien barato. Puede mostrarle a las personas que usted sólo obtiene un descuento del cinco por ciento, y luego descuénteles este porcentaje. Después de cerrar el trato, usted puede decir: "Le vendí este articulo así de barato porque no estoy interesado en vender; lo que me interesa es predicar a Cristo". Dele una de sus tarjetas personales y pídale unos cuantos minutos para conversar. La mayoría de los compradores le concederán unos minutos. Luego de hablarle un poco concerte una cita para volver. Esta es otra manera de llevar el evangelio a la gente.

Lograr la entrada a las áreas cerradas

Ninguna puerta está cerrada por siempre. La gente abre la puerta de su casa casi todos los días, pero nosotros tenemos que encontrar la forma de mantener esas puertas abiertas. Un hermano nos contó que él visitó una zona de clase media alta, y que nadie le abrió la puerta porque nadie lo conocía. Así que él empezó a visitar ese vecindario con regularidad, no para tocar a las puertas, sino simplemente para caminar por allí. Muchos de los residentes lo veían con frecuencia por ese vecindario, y con el tiempo, alguien le comenzó a hablar y le abrió la puerta. Si usted logra que una persona lo invite a su casa, en una o dos semanas muchos de sus vecinos tal vez estén dispuestos a recibirlo.

Otra manera de predicar el evangelio es formar un equipo de unos seis hermanos que canten, e ir a una zona de clase alta. Canten canciones navideñas por todo el vecindario por ahí a las siete de la noche. Posiblemente los residentes estén cenando o terminando de comer. Luego, vayan la segunda noche y canten otra vez. Vayan durante una semana entera para ver qué sucede. Quizá no haya necesidad de tocar en ninguna puerta. Es posible que alguien salga y diga: "Ustedes cantan muy bien. Qué canto tan maravilloso. A todos nos gusta. Nos gustaría saber quiénes son ustedes". De esta forma, algunas puertas se les abrirán.

El camino de la fidelidad y la oración

No debemos estar limitados a ninguna forma particular en nuestra predicación del evangelio. El Señor no nos guiará en una sola manera. En Lucas 14, primero el Señor mandó a sus siervos que fueran por las plazas y las calles de la ciudad (v. 21). El siervo regresó diciendo: "Se ha hecho como mandaste, y aún hay lugar" (v. 22). Entonces su señor le dijo: "Vé por los caminos y por los vallados" (v. 23). El Señor es flexible, y cambia Su dirección. Visitar y hablar a la gente es mucho más fácil en las plazas y en las calles de la ciudad que por los caminos y por los vallados. ¿A quién le podemos hablar en los vallados? Podemos esperar que a alguien se le acabe la gasolina y que se detenga justo en frente de nosotros. Esa sería una buena oportunidad para hablarle a esa persona. Si somos sabios, podemos preparar de antemano algo de agua, así que podemos decirle: "Amigo, ¿tiene usted sed? Beba un poco de agua.

Tal vez pensemos: "¿Cómo puedo yo encontrar una persona en semejante circunstancia cada semana?" En cincuenta y dos semanas podemos encontrar uno. Si salimos una vez por semana a pararnos junto a la carretera, durante cincuenta y dos semanas, esperando que a alguien se le acabe la gasolina, podemos estar seguros de que encontraremos a alguien. Aun si no encontramos a ninguna persona, el Señor ciertamente nos considerará siervos fieles. Tenemos también que orar: "Señor, envíame alguien". El Señor nos responderá; El nos enviará uno. Esta querida persona que está conduciendo su auto tal vez tenga a su primo consigo, así que también conoceremos a su primo.

Predicar por necesidad

Una cosa es segura: Si nos quedamos en casa, no ganaremos nada. Hemos estado en casa por años. ¿A cuántos llevamos el evangelio? Vale la pena procurar cualquier forma por medio de la cual podamos ministrar a Cristo a otros. Sin embargo, nuestra necesidad crucial no es una forma, sino una desesperación por ganar a alguien para Cristo. Tenemos que estar desesperados. No debemos tolerar nuestra esterilidad. Si no llevamos fruto, en Su venida el Señor nos cortará de Su disfrute, nos juzgará y nos castigará. Nos es impuesta la necesidad de predicar el evangelio, y ¡ay de nosotros si no lo hacemos! (1 Co. 9:16). Si estamos desesperados, ciertamente el Señor nos dará un pecador salvo para que lo ofrezcamos como sacrificio a Dios.

Si todos los santos hubieran practicado esto de tocar puertas desde que fue presentado en 1986, creo que todas las iglesias habrían doblado en número al presente; pero el diablo ha estado obrando para dañar a los santos y destruir su fe, poniendo dudas en sus corazones. Tenemos que decirle al diablo que no tenemos tiempo ni oídos para escuchar toda esa palabrería sin sentido. Preferimos estar desesperados y salir para ponernos en contacto con la gente. Yo le creo que nuestro Señor, el Señor a quien servimos, se alegrará al ver esto.

EL EJERCICIO Y LA PRACTICA DE LA MANERA ORDENADA POR DIOS

MENSAJE OCHO

LA UNIDAD DE LA SALVACION DE DIOS

Lectura bíblica: Lc. 19:5, 9; Hch. 16:31; 1 Co. 1:16a

Al considerar el ejercicio y la práctica de la manera ordenada por Dios de predicar el evangelio, debemos incluir la unidad de la salvación de Dios. La mayoría de la gente, cristianos y no cristianos, tiene la idea de que la salvación de Dios está relacionada con individuos. La mente natural piensa que una persona es la unidad de la salvación de Dios. Este concepto es contrario a la economía de Dios, esto es, el plan de Dios. La manera ordenada por Dios consiste en ganar las familias, no meramente individuos. Dios reveló Su unidad de salvación aun en el Antiguo Testamento. Dios no sólo salvó del diluvio a Noé y a su esposa. El también salvó a los hijos y a las nueras de éstos (Gn. 7:7). Ocho personas fueron incluidas como parte de la casa de Noé (1 P. 3:20; He. 11:7). Ese fue el primer tipo completo de la salvación que Dios operó en las personas.

En Exodo 12 el cordero de la Pascua era comido según las familias. Si una familia era demasiado pequeña para el cordero, debía compartir su cordero con una familia vecina (vs. 3-4). Además, la sangre del cordero pascual se untaba en los postes y en el dintel de la casa donde estuvieran, en vez de untarse en los individuos. Tomar la Pascua como individuo es contrario a la economía de Dios. Jesucristo, como cordero pascual, no es sólo para individuos; El es para toda la casa. Si no tomamos la familia como unidad de la salvación de Dios, violamos el principio de la economía de Dios.

Cuando invitemos a la gente a las reuniones de la iglesia, muchos vendrán solos. Si salimos a visitar a la gente en su propio hogar, podremos tener contacto con la familia entera.

De lo anterior, deducimos que al "tocar puertas" nos comunicamos con la familia, no sólo con una persona. Cuando tocamos a la puerta de las personas, estamos observando el principio de la economía de Dios. Es una vergüenza que menospreciemos la manera ordenada por Dios de llevar el evangelio a la gente. Tenemos que tomar esta manera ordenada por Dios de predicar el evangelio, la cual está en consonancia con la revelación bíblica.

EVITAR LOS VIENTOS DE ENSEÑANZAS DIFERENTES

Si en realidad estamos en pro del recobro del Señor, debemos pararnos firmes en contra de toda enseñanza contraria a la verdad. La unidad de la salvación de Dios es la familia, y esto es según la verdad; por ende, debemos defender esta verdad. Tenemos que comprender que somos enviados por el Señor para ponernos en contacto con las familias, es decir, con la unidad completa de la salvación de Dios. Si prestamos atención solamente a individuos más bien que a familias, tal vez nuestro Dios se ofenda. Nuestro objetivo al comunicarnos con la gente debe incluir a toda la familia.

Muchos de nosotros todavía estamos bajo la influencia de enseñanzas erróneas. El apóstol Pablo describe esas enseñanzas como "todo viento de enseñanza" (Ef. 4:14, gr.). Si un viento de enseñanza está errado en una manera obvia, ningún cristiano le hará caso. Si, por ejemplo, alguien nos dice que adoremos ídolos, no le prestaremos atención. En cambio, alguien tal vez nos diga: "Está bien, por supuesto, no debemos adorar ídolos, pero Dios es muy abstracto. Necesitamos un cuadro de Jesús. Un cuadro de Jesús no es un ídolo". Es extraño que todos los "cuadros de Jesús" muestren a una persona tan apuesta. Según la historia, dichos cuadros tienen su origen en la Edad Media. Tales obras de arte son completamente opuestas a la descripción que hace Isaías del Señor Jesús. Isaías 53:2 dice: "No hay parecer en él, ni hermosura; le veremos, más sin atractivo para que le deseemos". El no era apuesto conforme a la manera natural de pensar. Esto prueba que los cuadros en las paredes de algunos hogares cristianos, no son cuadros de Jesús, con todo, hay algunos que incluso adoran tales imágenes. Tales retratos son engañosos, pervertidos y hasta demoníacos.

En 1936 visité una provincia en la parte central de China. Un día una persona muy devota vino a mí y me dijo que un familiar suyo estaba poseído por un demonio. Me preguntó qué debían hacer. Primero le pregunté si había ídolos en su casa. Después de pensarlo me dijo que no había ninguno. Le pedí que se cerciorara si había algún cuadro en la casa que pudiera ser objeto de adoración. Admitió que había un "cuadro de Jesús". Cuando le sugerí que destruyera esa imagen, él estaba indeciso porque era cristiano y no quería ser culpable de destruir un "cuadro de Jesús". Le expliqué que aquello no era un retrato del verdadero Jesús, sino que algún artista había hecho un cuadro bonito y había dicho que ése era el Señor Jesús. En muchos casos la posesión demoníaca es resultado de la adoración de este tipo de artículos de idolatría. Una vez que este hermano vio la verdadera situación, quemó la imagen de idolatría, y el demonio se fue.

Si alguien viniera a usted y le dijera directamente que adore ídolos, usted se rehusaría a hacerlo. Es por esto que ellos vienen en una manera perversa y engañosa. En Manila hay una plaza con una inmensa catedral católica, llamada la plaza del "Jesús negro". Construyeron una estatua, una figura hecha en piedra, y la designaron "el Jesús negro". Ellos dicen que Jesús no es sólo para los blancos sino también para los negros. Uno de los pies de esta estatua está casi completamente desgastado debido a que mucha gente lo ha estado tocando por siglos. Tocar los pies de este "Jesús negro" lo consideran ellos un honor. Esta práctica es el producto de un viento de enseñanza que está fuera de la línea central de la economía de Dios. Efesios 4:14 dice que los vientos de enseñanza están relacionados con las artimañas del hombre y también con la astucia de los hombres. La astucia de los hombres está conectada con un sistema de error. ¿De quién es este sistema? Este sistema es de Satanás. La intención de Satanás es dañar, destruir, la edificación del Cuerpo de Cristo. Esa es su única meta.

Conforme a las Escrituras la principal manera de predicar el evangelio es visitar a la gente. Cualquier otra enseñanza que sea diferente a ésta o que se le oponga es un viento de enseñanza. Invitar gente al lugar de reunión no es la principal manera de predicar el evangelio. La manera que Dios ha ordenado para que nosotros vayamos a predicar el evangelio está primordialmente concentrada en que vayamos a visitar a la gente donde esté.

El Señor Jesús fue el primero en ir a visitar a la gente. Hasta fue a la menospreciada ciudad de Jericó. En la Biblia, Jerusalén es una ciudad bendecida, mientras que Jericó es una ciudad maldecida. Jerusalén está en un monte, el monte de Sion. Jericó está abajo en un valle caliente y polvoriento. En Jericó el Señor Jesús fue a la casa de Zaqueo, un jefe de los cobradores de impuestos. En Lucas 19:5 le dijo a Zaqueo: "Hoy es necesario que pose yo en tu casa". Unos versículos más adelante El le declaró a Zaqueo: "Hoy ha venido la salvación a esta casa" (Lc. 19:9). El Señor se refirió dos veces a la casa en el caso de Zaqueo porque tuvo en consideración la familia como unidad. Si alguien se opone a la verdad de esta unidad de salvación, los santos serán distraídos y desanimados. El resultado de semejante viento de enseñanza es que dicha enseñanza destruye la edificación del Cuerpo de Cristo. Toda oposición a la predicación del evangelio visitando a la gente y tocando puertas es del diablo. Predicar el evangelio yendo a la gente y visitando los hogares para ponernos en contacto con las familias es conforme a las Escrituras.

LA NECESIDAD DE CONOCER Y DE PRACTICAR LA VERDAD

Mi carga es hablar la verdad. Desde que empezó mi ministerio en este país en 1962, se han establecido más de mil cien iglesias en la tierra. Antes de 1962 ya había un centenar de iglesias, y la mayoría de ellas estaba en el Lejano Oriente. Ahora hay más de mil doscientas iglesias en el globo terrestre. Cada iglesia ha sido producida por medio de la proclamación de la verdad. Si hemos de continuar en la manera ordenada por Dios, tenemos que conocer la verdad y tenemos que tomar el camino de la verdad.

Poner en práctica la verdad requiere mucha sabiduría. Cuando vamos a visitar a la gente con el evangelio puede darse el caso de que una señorita de diecisiete años reciba al Señor. ¿Debemos bautizarla inmediatamente? Debemos recurrir al Señor para que El sea nuestra sabiduría a fin de tener el discernimiento adecuado. En algunos casos bautizar a una persona joven puede llevar a los padres a recibir al Señor. No obstante, no debemos bautizar precipitadamente a una persona joven. Tal vez sea necesario confirmar el asunto con los padres, para que no se ofendan. La misma situación podría suscitarse si una señora es salva sin que el esposo esté presente. Podría ofender al esposo que nosotros tratáramos de bautizar a su esposa inmediatamente. Si ejercemos sabiduría, toda la familia estará abierta a recibir al Señor y a ser bautizada. Tenemos que regularnos muy bien, ser muy corteses y muy sabios.

Si no ejercitamos tal sabiduría, no conseguiremos el hogar como unidad de la salvación de Dios. Tenemos que ir con miras a edificar algo a largo plazo. Con el tiempo, edificaremos una reputación adecuada no sólo en nuestro vecindario, sino también en toda la ciudad. Este fue ciertamente el caso de Taipei. Hoy en día, los habitantes de Taipei tienen muy en alto a los santos y están muy abiertos a que los santos visiten sus hogares para que les prediquen el evangelio de Cristo. Después de cierto tiempo este tipo de relación positiva debe ser edificada en los vecindarios de las ciudades de los Estados Unidos.

Espero que entre nosotros muchos salgan frecuentemente a visitar a la gente con el evangelio. Puede ser provechoso ir cantando. Debe haber una buena atmósfera para la predicación del evangelio en cada vecindario. También puede ser útil que algunos santos se muden a un nuevo vecindario después de cierto tiempo para que esta atmósfera sea creada también allí. Si salimos a predicar el evangelio en diferentes formas, veremos un resultado provechoso en unos pocos años. Todo depende del camino que tomemos. Espero que todos tomen la carga de predicar el evangelio y estén dispuestos a recibir entrenamiento para practicar esto de una manera apropiada y positiva. Con el paso de los años se edificará algo provechoso, y la gente se dará cuenta de que hay un grupo de cristianos que aman al Señor y que salen a visitar a otros para la extensión del evangelio de Cristo.

Más aún, cuando vamos a visitar a la gente en su propia casa por causa del evangelio, debemos hablarle y comportarnos de una manera que edifique una atmósfera y una situación en la cual podamos tener contacto con la familia entera. Y nuestros detalles al hablar y al comportarnos deben ser expresados de una manera que estimule su respeto, de tal manera que ellos esperen que nosotros le hablemos a toda la familia.

EL EJERCICIO Y LA PRACTICA DE LA MANERA ORDENADA POR DIOS

MENSAJE NUEVE

MUCHO FRUTO Y FRUTO QUE PERMANECE

Lectura bíblica: Jn. 15:5, 8, 16; 1 Ts. 2:19-20

Oración: Señor, volvemos otra vez a Ti. Creemos que Tú nos has reunido en Tu nombre. Señor, hemos visto Tu hermosura y hemos sido cautivados. Te amamos, y por tanto, amamos a los pecadores. Porque te amamos, estamos interesados en los pecadores. Señor Tú amaste al mundo y viniste para salvar a los pecadores. Nosotros también queremos tener ese amor y esa carga. Recurrimos a Ti para esto. Señor, atráenos para que corramos en pos de Ti. Señor, derrota al enemigo y rescátanos de su usurpadora mano y del engañoso mundo. Señor, estamos aquí porque Tú has estado con nosotros. Te conocemos y te amamos. Amén.

PASAR POR MUERTE Y RESURRECCION PARA LLEVAR MUCHO FRUTO

En este mensaje voy a seguir compartiendo en cuanto al sacerdocio neotestamentario del evangelio. En Juan 15:5 el Señor dice: "Yo soy la vid, vosotros los pámpanos; el que permanece en mí, y yo en él, éste lleva mucho fruto". Debemos prestar mucha atención a las palabras "mucho fruto". Aquí el Señor no sólo se refiere a *fruto*, sino a *mucho fruto*. Solamente llevar fruto no es suficiente; tenemos que llevar mucho fruto. En el versículo 8 el Señor dice: "En esto es glorificado mi Padre, en que llevéis mucho fruto". Llevar fruto no es suficiente para glorificar al Padre, para expresarlo. Para expresar al Padre, para glorificarlo, tenemos que llevar mucho fruto.

Esto puede verse en el caso de un clavel. Antes de que florezca, su belleza y su gloria no están expresadas. Pero cuando florece, el clavel es glorificado y su belleza es expresada. Cuando Cristo fue crucificado en la cruz, todos Sus opositores le menospreciaron. El fue inmolado, pero a los tres días resucitó de los muertos. En resurrección se le apareció a María junto a la tumba y le dijo: "Vé a mis hermanos, y diles: Subo a mi Padre y a vuestro Padre, a mi Dios y a vuestro Dios" (Jn. 20:17). A través de Su muerte y en Su resurrección El fue glorificado; y en la glorificación del Hijo, el Padre fue también glorificado. En Su muerte y resurrección, El llevó mucho fruto; El produjo a Sus discípulos como Sus muchos hermanos para expresar y glorificar al Padre.

Hoy en día, al escogernos y designarnos, El nos envía a que vayamos y llevemos fruto. Sin embargo, llevar fruto requiere el proceso de muerte y resurrección. El Señor Jesús pasó por dicho proceso; El abrió el camino. Hoy en día debemos seguirlo a El permitiendo que seamos inmolados. No podemos practicar el sacerdocio neotestamentario del evangelio de una manera natural; más bien, tenemos que pasar por el proceso de muerte y resurrección. Cuando oímos de tocar puertas en las casas de otros para predicar el evangelio, tal vez consideremos que eso es algo fácil o común y que cualquiera puede hacerlo. No obstante, si seguimos saliendo a visitar a la gente semana tras semana, con el tiempo, pasaremos por muerte.

Salir solamente una o dos veces, o treinta o cuarenta, no servirá. Un árbol frutal que lleva mucho fruto ha pasado por muchas pruebas y sufrimientos. No es cosa simple ni fácil salir a tocar a las puertas de otros y hablarles del Señor Jesús. Por un lado, para un árbol es fácil llevar fruto debido a la vida en él, la cual produce fruto. Por otro, un árbol sólo puede producir fruto una vez por año. Que usted vaya a tocar puertas para predicar el evangelio durante tres meses, puede ser fácil. Pero que usted salga consistentemente por años, puede agotarlo. No creo que el Señor le ordene salir todos los días; una vez a la semana sería suficiente. Además, usted no tiene que salir todos los meses; diez meses al año sería suficiente. Usted podría salir durante cuatro meses, y luego descansar uno. Luego, podría salir de nuevo por cinco meses. Si hace esto consistentemente, a la larga tal vez se canse y se desanime.

Llevar fruto no es fácil. Es por esto que el Señor compara nuestra predicación de Él con llevar fruto. Predicar es fácil; pero llevar fruto no es tan fácil. Debemos seguir yendo a predicar el evangelio durante un año entero, no importándonos si llevamos fruto o no. Podemos salir durante cinco meses en el primer semestre del año sin que ganemos a nadie. Luego, en el segundo semestre, después de salir durante cuatro meses y medio sin traer a nadie quizá pensemos que no tenemos esperanza, y desistamos. Tal vez digamos: "Esto no funciona. Olvidémonos del asunto. He desperdiciado mi tiempo". He visto suceder esto muchas veces.

Yo fui salvo en la primavera de 1925. En ese año empecé a salir al campo con pequeños folletos que yo mismo había escrito. Esto lo hice repetidas veces, y con todo no gané fruto alguno. Entonces mi paciencia y perseverancia llegaron a su límite, y simplemente desistí. Los he animado a ustedes a ir a visitar a la gente y a buscar muchas diversas maneras de hacerlo. Pero, ¿qué va a hacer usted si después de salir durante todo un año no ha ganado fruto? Temo que se va a quedar en casa y va a dejar de salir. Tal vez pierda su interés y su confianza y diga: "Esto no funciona". Sin embargo, si después de salir por un año sin conseguir nada, aún sale el siguiente año, estoy muy seguro de que producirá algún fruto el segundo año. Incluso si no consigue nada el segundo año, todavía tiene que salir el tercer año. Me preocupa mucho que algunos de ustedes se lleguen a desanimar y dejen de salir.

No espero que ganen una persona cada año, pero sí espero y tengo plena confianza que en un período de tres años ganen al menos uno. Si cada uno ganara uno en tres años, tendríamos un incremento anual del treinta y tres por ciento. Esto significa que si tenemos noventa que se reúnen, después de un año ellos aumentarían a ciento veinte. Luego, después de otro año, estos ciento veinte aumentarían a ciento sesenta. Según la historia cristiana, nunca ha habido una iglesia que haya tenido un aumento del treinta y tres por ciento anual. Esto parece que fuera lento, pero que cada uno gane una persona cada año es realmente rápido. Si esto hacemos por diez años, tendremos el índice de crecimiento más alto en toda la historia cristiana. Si una iglesia de doscientos cincuenta aumentara en un tercio por año, toda la población de la tierra sería ganada en menos de sesenta años.

LABORAR PERSISTENTEMENTE CON PERSEVERANCIA PARA LLEVAR FRUTO QUE PERMANEZCA

Estas cifras son exactas, pero no tengo la misma confianza en nuestra práctica porque no tenemos paciencia. Nos desanimamos muy rápido y desistimos. Debemos ser diligentes en nuestra intención de llevar fruto. Si sólo salimos una vez por semana, durante cuarenta y cuatro semanas al año por tres años completos, podríamos ganar a seis como fruto que permanece. No quiero decir con esto que sólo va a bautizar a seis, sino que de entre los que usted bautice, seis llegarán a ser fruto que permanece. El Señor Jesús dice: "Os he puesto para que...llevéis fruto, y vuestro fruto permanezca" (Jn. 15:16). El deseo del Señor es fruto que permanezca. El problema es que nosotros nunca hemos desarrollado el hábito de laborar con persistencia por un largo período de tiempo. Esperamos aprender la nueva manera, practicarla durante dos meses y ganar mucho fruto. Si esto no sucede, nos desanimamos. Tenemos que aprender a tomar el camino lento de llevar fruto.

Aprender practicando

He estudiado mucho e incluso he experimentado bastante con la nueva manera. Puedo asegurarles a los santos de todas las iglesias que ellos tendrán mucho éxito si son fieles en salir dos o tres horas a la semana, cada semana, durante cuarenta y cuatro semanas en el año. Al practicar esto los santos, van a aprender muchas cosas. En los últimos sesenta años no he aprendido muchas cosas de otros. He aprendido simplemente por la práctica. Nadie me enseñó cómo escribir las notas de pie de página. Nadie me enseñó a escribir una poesía, una canción o un himno. Hace más de sesenta años empecé a escribir;

escribí un pequeño folleto sobre la maravillosa manera de ganar almas. Aquel escrito fue en cierta medida infantil, pero continué a lo largo de los años practicando y practicando y practicando. Con el tiempo escribí el himno "Glorioso Cristo, Salvador mío" (*Himnos*, #39). Si usted practica persistentemente, finalmente aprenderá la manera adecuada.

La necesidad de que los ancianos animen a los santos

No espero que todos los santos salgan, pero sí espero que los ancianos tomen la carga de estimular a uno de cada tres santos a practicar la predicación del evangelio en esta manera. Dejen que los demás descansen. Algunos son demasiado viejos, algunos son demasiado jóvenes y otros son demasiado débiles, pero todos son hermanos y hermanas amados. Debemos amar a todos los queridos santos, igual a los débiles que a los fuertes.

Si los ancianos son diligentes, tengo la certeza de que pueden estimular a una tercera parte de los santos a predicar el evangelio por medio de ir adonde está la gente. Si ustedes toman esta palabra, no necesitan más enseñanza. Solamente necesitan practicar. Para manejar una bicicleta ustedes no necesitan ninguna enseñanza; sólo necesitan practicar una y otra vez. Finalmente, manejarán muy bien la bicicleta. Es así como yo he aprendido, de modo que tengo la confianza de que ustedes no necesitan más enseñanza; simplemente necesitan practicar. Les aseguro que si continúan practicando con diligencia, pueden ganar a dos hermanos nuevos sólidos en un año. Tal vez no sea necesario que vaya en equipo; usted podría hacerlo solo.

Usted debe ser muy definido y persistente. Si nadie va con usted, de todos modos debe ir de parte del Señor una vez a la semana por dos o tres horas. No se necesita tanta enseñanza. ¡Simplemente vaya! Si hay una puerta, toque ahí. Si hay personas en las calles, hábleles. Practique todas las formas posibles. En un año, usted puede bautizar por los menos a diez, y de éstos, dos serán fruto que permanezca.

Si los ancianos animan sólo a la tercera parte de los santos, en un año este tercio se puede triplicar. Si cincuenta son animados, quizá bauticen a más de quinientos y traigan a la vida de la iglesia por lo menos un centenar como fruto que permanece. No obstante, para hacer esto, estos cincuenta tienen que salir por dos o tres horas cada semana durante diez meses en el año. De otro modo no podemos esperar éxito alguno. Hoy día en los Estados Unidos nos es fácil hacer esto. Tenemos tantas "puertas abiertas" en las cuales podemos tocar, aquéllas de las personas que conocemos. Por medio de estas "puertas abiertas", creo que muchas más puertas se nos abrirán. Una "puerta abierta" abrirá otras dos puertas. No tenemos que preocuparnos por cuántas personas bauticemos; ¡sencillamente laboramos, laboramos y laboramos!

Ganar a toda la familia

Cuando salga a visitar a la gente, no se preocupe por el número, ocúpese de la familia. Nuestra meta no es solamente conseguir individuos. Nuestra meta es ganar a toda la familia. Cuando le hablamos a la gente, nuestras palabras deben abrir el camino para toda la familia. Si ellos son sólo una pareja, debemos tener como meta, no meramente ganar a la esposa o al esposo, sino ganar a ambos. Si la esposa está encinta, debemos tener la intención de ganar también a ese pequeño. Debemos ganar a todos los miembros de la familia.

Este mensaje es muy práctico. Simplemente salgan y practiquen. Salgan diez meses en el año, una vez por semana, dos o tres horas. Intenten esto con paciencia. No estén preocupados por los números; sencillamente presten atención a la práctica continua. Les garantizo que lograrán bautizar a diez, y de los diez dos permanecerán. No se preocupen por los otros ocho. Aunque ellos no vengan a la vida de la iglesia, estarán en la Nueva Jerusalén.

Cuando vayan, procuren siempre ganar a toda la familia. Si usted le predica el evangelio a un joven de diecisiete años de edad, tenga en cuenta a los padres de él. Por bautizar a este muchacho, usted puede arruinar su labor sobre la familia entera. Usted tiene que usar su sabiduría para decidir si debe bautizar o no a este joven. Si usted no lo bautiza, no quiere decir que lo está desechando. Es más bien una especie de preparación para ganar a sus padres y a la familia completa. Si usted sale persistentemente, podría ganar por lo menos dos familias sólidas cada año.

Formar una nueva iglesia local

Tenemos que salir en una manera que esté de acuerdo con la Biblia. En el entrenamiento de tiempo completo, hemos puesto a los entrenandos en equipos de tres. Hemos enviado dos equipos, cada uno de ellos a unas ocho nuevas ciudades y les hemos dado instrucciones de lo que debían hacer. Ellos tienen que ir a esos lugares a tocar puertas para que la gente sea salva y bautizada, pero sin el interés de que logren bautizar un gran número de personas. Después de dieciséis semanas de labor estos seis santos podrían conseguir por lo menos diez o doce que sean fruto permanente. Cuando ellos bautizan a alguien, inmediatamente tienen que nutrirlo antes de salir de la casa de él. Entonces tienen que concertar una cita con él para regresar a visitarlo. Deben visitarlo de nuevo en tres días máximo. Deben comenzar inmediatamente a tener reuniones de hogar con los recién bautizados. Deben regresar frecuentemente y con regularidad para tener reuniones de hogar.

Al llegar el primer día del Señor, deben traer a los nuevos de estas nuevas localidades a una reunión de la iglesia en esa zona para que tengan una impresión de la iglesia. Luego, el siguiente día del Señor, ellos deben reunir a todos estos recién bautizados en sus nuevas localidades. Los seis entrenandos pueden reunirse en el día del Señor para participar de la mesa del Señor con tres o cuatro recién salvos y bautizados en esa nueva localidad. De este modo, después de una o dos semanas se levantará una nueva iglesia. Esto no significa que todos los que vengan a la mesa del Señor van a ser fruto permanente. Por un lado, los entrenandos se reunirán con los nuevos en las reuniones de hogar, en reuniones de grupo pequeño, y en el día del Señor; por otro, ellos seguirán saliendo para traer más nuevos durante el resto de las dieciséis semanas. Debido a que los entrenandos salen por lo menos tres veces por semana, ellos pueden ganar como mínimo ocho en su nueva ciudad, en dieciséis semanas. Luego, cuando ellos se vayan al final de este período de entrenamiento, podrá haber una pequeña iglesia de ocho o doce miembros en esa ciudad, y las iglesias del área pueden dedicar tiempo a ayudarles y a enseñarles. De esta forma estos nuevos pueden tener contacto con las iglesias cercanas para tener comunión. Después de unos dos meses tendremos otro período de entrenamiento, y algunos entrenandos nuevos pueden ir para ayudarles.

Esta es la manera práctica que estamos tomando para formar nuevas iglesias locales. Después de cuatro meses, espero que tengamos siete u ocho iglesias pequeñas nuevas establecidas en las ciudades circundantes. La manera bíblica consiste en que las iglesias locales son fundadas a partir de un pequeño grupo. No mucho después del día de Pentecostés, vino persecución sobre los miles de creyentes que estaban en Jerusalén, y fueron esparcidos (v. l). Hechos 8 nos dice que, con excepción de los apóstoles, todos los santos que estaban en Jerusalén fueron esparcidos. No conocemos los detalles, pero se nos dice que estos miles de santos "que fueron esparcidos iban por todas partes anunciando el evangelio" (v. 4). Adondequiera que ellos iban, predicaban el evangelio, y sin duda alguna, ellos establecían iglesias. Si usted va a una nueva ciudad, y tres o cinco empiezan a reunirse con usted, todos los allí presentes son una iglesia local. Si practican la manera ordenada por Dios, verán la propagación de las iglesias. Con el tiempo, toda ciudad podrá tener una pequeña iglesia.

Mi carga en este mensaje es que ustedes, los que salen a practicar el sacerdocio neotestamentario del evangelio, no molesten ni critiquen a aquellos que no salen. Al mismo tiempo pediría a los que no salen que dejen a los demás en libertad de salir, y que no los critiquen. Entonces el Señor logrará lo que El quiere. Lo que he estado compartiendo con ustedes es sólo una cuarta parte de la vida adecuada de la iglesia. Debemos salir de esta manera sólo una vez a la semana. Así, nos quedan muchos días libres para el resto de la vida de la iglesia, o sea, las reuniones grandes en el día del Señor, la reunión de oración, las reuniones de grupo pequeño, etc. Si practicamos el sacerdocio neotestamentario del evangelio, la iglesia será como una vid, propagándose continuamente en la tierra. Debemos ser sencillos y tomar la manera bíblica, la manera ordenada por Dios. No debemos tratar de hacer demasiado en poco tiempo. Debemos ser equilibrados y constantes. Debemos salir fielmente una vez cada semana por dos o tres horas. Mientras practicamos, aprenderemos a discernir a la gente, a decir las palabras correctas, y a preparar el camino para ganar a toda la familia.

Conducirnos sabiamente

Como joven o como jovencita, usted debe tener el tono adecuado cuando va a hablar con la gente. No hable con la gente de una manera liviana o descuidada. Aunque sea joven, usted debe tener cierta dignidad de modo que ellos lo traten con respeto. Sus palabras deben ganar el respeto de ellos. Entonces depositarán su confianza en usted. Aunque ellos tengan más edad y usted sea más joven, ellos lo respetarán y aceptarán lo que usted les diga. Todos ustedes deben aprender esto; es muy importante. No digan cosas en una forma liviana o apresurada. Si logran que la gente confíe en ustedes, siempre podrán volver a visitarla.

Una vez que usted gane a una persona, no pierda de vista que la meta es ganar toda la familia. Por lo tanto, en sus palabras, en su expresión e incluso en su tono de voz, usted tiene que aprender a expresar sobriedad y dignidad para ganar la confianza de las personas. De esta manera podrá volver a visitarlas. Nunca espere tener un trabajo fácil. Simplemente labore con consistencia y persistencia, y al laborar, haga uso de su sabiduría en cuanto a cómo laborar. Cada día de trabajo debe preparar el camino para el futuro. Ningún agricultor espera sembrar hoy y recoger al siguiente día. Esto está en contra del principio ordenado por Dios en la naturaleza. Usted tiene que ser cuidadoso y diligente para hacer todas las cosas en la forma apropiada para que su cosecha crezca. Con el paso del tiempo usted recogerá una cosecha.

Los ancianos deben hacer todo lo posible por animar a los santos a practicar el sacerdocio neotestamentario del evangelio. Deben poder lograr que por lo menos una tercera parte de los santos haga esto. Si son más los que se levantan, maravilloso. Pero si el Señor hace que una tercera parte de los santos practiquen el sacerdocio del evangelio, el resultado será maravilloso. No debemos tratar de bautizar demasiadas personas apresuradamente. Tenemos que predicar el evangelio y ministrar a Cristo a otros con mucho discernimiento. Entonces gradualmente la iglesia recogerá una cosecha. Después de cinco años, la práctica del sacerdocio neotestamentario del evangelio llegará a ser prevaleciente sobre la tierra.

EL EJERCICIO Y LA PRACTICA DE LA MANERA ORDENADA POR DIOS

MENSAJE DIEZ

APRENDER A SER HUMANOS

Lectura bíblica: Is. 49:15; 1 Ti. 5:1-3

La unidad de salvación de Dios es la familia (Lc. 19:5, 9; Hch. 16:31; 1 Co. 1:16a). Tenemos que aprender a ser humanos a fin de cuidar de semejante unidad. Si permanecemos en nuestro hombre natural, ésta será una tarea muy difícil. En nuestro viejo hombre natural no tendemos a amar a nadie más que a nosotros mismos. No amamos a los de edad avanzada, a los de mediana edad, a los jóvenes, a los niños, ni siquiera a los pequeñitos. Muchos cristianos admitirán que en realidad ellos no amaban a nadie antes de que fueran salvos.

Algunos tal vez aleguen que muchos jóvenes se aman el uno al otro cuando se comprometen en matrimonio. Entonces, ¿por qué tantos se separan o se divorcian después de casarse? Ellos se separan o se divorcian porque el matrimonio deja de acomodarse a sus intereses personales. La separación y el divorcio son expresiones del amor propio. Durante el noviazgo una pareja joven posiblemente se exprese mutuamente un gran amor. Con el tiempo, el amor que verdaderamente sentían, el amor propio, llegó a expresarse. Uno quizá le dice al otro: "Soy tuyo. Te pertenezco". Más tarde se hace obvio que en realidad él sólo se interesa por sí mismo.

EL CUIDADO ADECUADO DE LA UNIDAD DE SALVACION DE DIOS

Para cuidar adecuadamente de la unidad de salvación de Dios, tenemos que amar a cada miembro de la familia. Tenemos que amar a cada hombre y a cada mujer, desde el más viejo hasta el más joven. Puede darse el caso de que los niños de cierto hogar sean traviesos o malcriados. En consecuencia, tal vez no queramos ni verlos. Pero si no tomamos el cuidado adecuado de esos niños, sus padres podrían ofenderse con nosotros y rechazar el evangelio de Cristo. Si hemos de ganar a toda la familia, tenemos que aprender a amar a todo tipo de personas que sea parte de esa familia: fuertes, débiles, sanos, enfermos, jóvenes, viejos y hasta pequeños.

En 1955 y en 1957 invitamos al hermano T. Austin-Sparks a que nos visitara en Taiwan. En aquel entonces, él tenía casi setenta años de edad. Nos dijo que según su experiencia, él había aprendido que toda madre considera que su hija es la más hermosa o su hijo es el más apuesto. Si tiene una niña, es la más hermosa de la tierra. Si tiene un muchacho, es el más apuesto de la tierra. Muchas madres traían sus hijos a que conocieran al hermano Sparks. Si el niño era apuesto, él lo decía a la madre. Pero si no lo era... él se dio cuenta de que ofendería a la madre si le decía tal cosa. La madre también se ofendía si él no decía nada. Así que él resolvía la situación diciéndoles: "¡Qué niño!" Cuando las madres oían esa expresión, quedaban muy complacidas.

Cuando vamos a visitar familias para llevarles el evangelio de Cristo, tenemos que guardarnos de ofenderlos. Debemos más bien aprender a cuidar de sus necesidades. Si no somos sabios, el corazón de los padres puede ser herido, y la puerta de su ser se cerrará para nosotros. Las palabras que digamos después de eso, no encontrarán cabida en ellos ni podrán penetrar.

LA NECESIDAD DE PREPARARNOS PARA VISITAR A LAS FAMILIAS

Todos tenemos que aprender a prepararnos para predicar el evangelio a toda la familia. Aun nuestros ademanes deben inspirar respeto de parte de ellos. Antes de que hablemos algo, nuestras actitudes o acciones deben inspirar en ellos respeto hacia nosotros. Podríamos estar hablándole a un joven mayor de edad, y a la vez afectar a un adulto de la misma familia con nuestras acciones. Esto podría hacer que este último esté abierto a recibir el evangelio. En el momento oportuno, éste puede estar listo para hablar con nosotros debido al respeto que le hemos inspirado por la manera en que hemos llevado a cabo la visita a la familia. A partir de este tipo de ejemplo, podemos ver que se requiere mucho aprendizaje para predicar el evangelio a una familia. Cómo una familia en particular responderá a nosotros depende de nuestro comportamiento, nuestra manera de hablar y las actitudes que expresemos ante todos los miembros de esa familia. Si tomamos en serio las cosas del Señor, tendremos el deseo de ganar a toda la familia para Su propósito. Tenemos que ser muy humanos para con ellos a fin de ganarlos para el Señor.

LABORAR COMO SOLDADOS PARA GANAR LA VICTORIA

Muchos de entre nosotros han sido criados en los Estados Unidos y han sido influenciados por la atmósfera de dejadez tan común en este país. Esto ha debilitado el carácter de muchos jóvenes. Por ejemplo, la Biblia hace una clara diferencia entre hombres y mujeres. Deuteronomio 22:5 dice: "No vestirá la mujer ropa de hombre, ni el hombre vestirá ropa de mujer; porque abominación es a Jehová tu Dios cualquiera que hace esto". A Dios le agrada mantener una clara diferencia entre hombre y mujer. Sin embargo, muchos de los que han sido salvos y que aman al Señor Jesús, han sido influenciados por la manera actual de vivir. Como resultado de semejante atmósfera, la gente ha adoptado muchas cosas impropias y las han introducido en su vida diaria.

Cuando vayamos a un hogar, es posible que haya gente de diferentes edades, hombres y mujeres. Tenemos que aprender a conducirnos apropiadamente frente a cada miembro de la familia. Si no somos estrictos en nuestro comportamiento, podemos perder nuestra posición frente a la familia. El Nuevo Testamento nos compara, a quienes amamos al Señor y estamos laborando por lo que a El le interesa, con soldados (1 Ti. 6:12; 2 Ti. 2:4). Los soldados pelean para ganar la batalla. Ellos nunca pueden dejar de comportarse como soldados.

No deben hablar livianamente ni actuar descuidadamente. Toda su conducta refleja el estricto entrenamiento que han recibido a fin de cumplir sus obligaciones.

APRENDER A COMUNICARNOS CON PERSONAS DE CUALQUIER EDAD

Al entrar en una casa debemos estar preparados para hacer que los corazones de todos los miembros de la familia estén abiertos. Esto quizá requiera que aprendamos una canción sencilla que pueda ser disfrutada por un niño. Si en esa familia hay un jovencito, tal canción atraerá al joven y ablandará el corazón de los padres. Este no es un asunto insignificante, ya que tal acción puede ser la única manera de que ellos sean conmovidos. Si descuidamos al miembro más pequeño de la familia, lo más probable es que ofendamos a los padres o les hiramos sus sentimientos, incapacitándolos así de recibir nuestras palabras.

En los Evangelios, algunos traían sus niños al Señor Jesús. Los discípulos trataron de reprender a aquellas personas, pero el Señor recibió a los niños, los tomó en Sus brazos y los bendijo (Mt. 19:13-15; Mr. 9:36-37; Lc. 9:46-48). Parece que el Señor Jesús se hubiera olvidado de todo lo demás para simplemente ocuparse de estos pequeños. Indudablemente El estaba usando la situación para entrenar a Sus discípulos a ser humanos. Muchos cristianos hoy en día aspiran ser como los ángeles, pero el Señor Jesús no tiene interés en que lleguemos a ser como los ángeles. Todo lo que a El le interesa es que seamos humanos.

Pablo comparte con Timoteo una extensa comunión en cuanto al trato con los diferentes tipos de personas. Primera Timoteo 5:1-3 dice: "No reprendas al anciano, sino exhórtale como a padre; a los más jóvenes, como a hermanos; a las ancianas, como a madres; a las jovencitas, como a hermanas, con toda pureza. Honra a las viudas que en verdad lo son".

ADAPTARNOS A TODA CLASE DE PERSONAS

En la Biblia podemos ver que para el beneficio de otros, nosotros tenemos que aprender a adaptarnos al carácter de ellos, su edad, su temperamento, e incluso a su manera de hacer ciertas cosas. Esta necesidad es particularmente obvia en los Estados Unidos debido a que existe un amalgamamiento de todo tipo de gentes. No debemos olvidar que al salir a predicar el evangelio, no tenemos en mira individuos solamente, sino familias. Esto requiere que nosotros aprendamos a ser humanos.

Uno de los más eficientes misioneros enviados a China fue Hudson Taylor, fundador de la Misión al Interior de la China. Cuando al principio fue él a China como misionero, se estableció cerca de la costa. Su biografía nos dice que en una ocasión, mientras estaba con el Señor cerca de la playa, él recibió la carga de llevar el evangelio a la gente de las provincias del interior de la China. Por lo tanto, a su misión él le dio el nombre de Misión al Interior de la China. Las personas del interior de la China eran muy conservadoras. Para poder ganárselos, Hudson Taylor adoptó la manera de vestir de ellos, aun al extremo de llevar en el pelo la típica trenza china. Esto muestra cuán humano era. Muchos chinos fueron convencidos por esto. Otros misioneros conservaron su vestimenta occidental, y esto ofendió a muchos chinos. Pero el hecho de que Hudson Taylor hiciera a un lado la costumbre occidental de vestirse atrajo a muchos. En su testamento él especificó que a su muerte lo sepultaran en China. Su vida nos demostró la importancia de aprender a actuar en una manera que agrade a otros.

Todo pecador es muy humano. El que seamos humanos proviene de la mano creadora de Dios; así que hoy en día tenemos que ser muy, muy humanos. La persona más humana fue el Señor Jesús. Esto no se aprende fácilmente; pero si aprendemos a ser humanos, ganaremos mucha gente para el Señor. Si yo voy a la casa de alguno de ustedes vestido de una larga bata china y les hablo sólo en chino, ustedes pensarán que no les soy de ningún provecho a ustedes que son estadounidenses. Pero si yo visto como ustedes y hablo claramente inglés americano, ustedes posiblemente se sorprenderían mucho y se impresionarían. La primera vez que se me invitó a Tejas, empecé a oír la expresión "y'all" [pronunciado 'yol']. Más tarde descubrí que significaba "you all" [pronunciado 'iu ol'; ambas expresiones significan 'todos ustedes']. Si usamos la expresión "y'all" cuando hablamos con los tejanos, éstos se pondrán felices con nosotros. El principio consiste en que si ustedes han de hacer que los corazones de las personas se abran, tienen que aprender a ser humanos. Todo lo que ustedes digan, todas las expresiones que usen, todas las palabras que empleen deben tener que ver con ellos. Usted podría ser muy estudiado y muy capaz de compartir las verdades bíblicas, pero si lo que expresa no es humano, sus palabras no son humanas, su actitud no es humana, no le será fácil encontrar a alguien que le escuche.

TOMAR LA MANERA BIBLICA

Tenemos que tomar la manera bíblica. Puede ser que muchos de los que están en el cristianismo no tomen la manera bíblica, pero nosotros tenemos que tomarla. El Señor Jesús le dijo a Zaqueo: "Es necesario que pose yo en tu casa" (Lc. 19:5). Yo pienso que el Señor Jesús se quedó por lo menos una noche en la casa de Zaqueo. Si nosotros fuésemos tan humanos que pasáramos la noche en la casa de alguien, esto podría hacer que toda la familia de esa persona estuviera abierta al evangelio de Cristo. Nuestra estadía allí con ellos podría hacer que toda la familia fuera salva.

Hace unos cuarenta años, pasé mucho tiempo en los hogares de las personas, yendo en bicicleta de casa en casa. Si yo me quedaba a comer con ellos o a cenar, esto tocaba profundamente los corazones de ellos, y así, con corazón abierto, recibían de muy buena gana lo que yo les compartiera. Después de pasar un tiempo así, ellos estaban felices de ir conmigo a las reuniones de la iglesia.

Entretanto que estamos llevando a cabo la manera bíblica, tenemos que entender que ésta está de acuerdo con el modelo que nos dejó el Señor Jesús. La manera bíblica es muy, muy humana. Si aprendemos a ser humanos en todas nuestras acciones, llegaremos a ser accesibles a todas las personas con las que tengamos contacto.

EL EJERCICIO Y LA PRACTICA
DE LA MANERA ORDENADA POR DIOS

MENSAJE ONCE

ESCOGIDO PARA COMENZAR A LLEVAR FRUTO Y SER HECHO DISCIPULO PARA DAR MUCHO FRUTO

Lectura bíblica: Jn. 15:16, 8

Oración: Señor, cuánto te agradecemos que nos haya reunido en Tu nombre una vez más. Tu nombre es el nombre que es sobre todo nombre. Señor, te necesitamos y queremos hablar contigo. Estamos aquí esperando para que nos des instrucción. Señor, somos muy torpes para entender Tus palabras, así que te necesitamos. Somos necios e ignorantes; no tenemos entendimiento. Señor, ten misericordia de nosotros para que se lleve a cabo el cumplimiento del sacerdocio neotestamentario del evangelio. Necesitamos que nos des Tu entendimiento. Abre nuestro entendimiento. Muéstranos el secreto de cómo practicar el sacerdocio neotestamentario del evangelio. Señor, te necesitamos, y necesitamos que Tú nos instruyas. Aquí estamos, Señor Jesús, confiando en Ti. Ven a cada uno de nosotros. Creemos que muchos santos están contentos con esta manera y que están esperando tomarla, sin embargo, hasta ahora no tenemos ningún modelo, ningún patrón. Señor, aquí estamos. Esta noche aún te pedimos que hables con nosotros, que incluso nos hables con paciencia. Gracias, Señor. Amén.

En este mensaje, continuaremos teniendo comunión acerca de llevar fruto. En Juan 15, el Señor revela de modo muy detallado el asunto de dar fruto. Todo este capítulo habla acerca de llevar fruto, y contiene unos de los versículos más difíciles de la Biblia. En el versículo 8, el Señor dice: "En esto es glorificado mi Padre, en que llevéis mucho fruto, y seáis así mis discípulos". ¿Por qué de repente introduce el Señor este término "discípulos"? ¿Qué significa ser los discípulos del Señor? En el título de este mensaje, he usado la forma verbal: ser hechos discípulos. Para que llevemos mucho fruto, tenemos que ser hechos discípulos. El Señor Jesús también usó este término en Mateo 28, cuando dijo: "Id, y haced discípulos a todas las naciones" (v. 19). Lo que se dice en Juan 15 fue hablado inmediatamente antes de Su muerte, y lo que se dice en Mateo 28 fue hablado poco después de Su resurrección. Los discípulos aprendieron directamente del Señor cómo ser discípulos, así que estaban capacitados para hacer discípulos a otros.

LA DIFICULTAD DE DAR FRUTO QUE PERMANEZCA

En el versículo 16 el Señor dijo: "No me elegisteis vosotros a mi, sino que yo os elegí a vosotros, y os he puesto para que vayáis y llevéis fruto, y vuestro fruto permanezca; para que todo lo que pidierais al Padre en mi nombre, él os lo dé". Este versículo habla completamente del asunto de dar fruto. Para dar fruto, primero debemos ser elegidos y luego ser designados. Después debemos ir, llevar fruto y nuestro fruto debe permanecer. Necesitamos considerar cómo llevar a cabo estas tres cosas: ir, llevar fruto y asegurarnos de que nuestro fruto permanezca.

En estos días, estamos saliendo para visitar a la gente con el propósito de llevarlos a Cristo y bautizarlos. Luego tenemos la intención de alimentarlos, tener reuniones de hogar con ellos, tener reuniones de grupo pequeño con ellos e introducirlos en la vida de la iglesia. Solamente bautizar a la gente no es muy difícil, pero alimentarlos, nutrirlos y cuidarlos con ternura no es tan fácil. Traerlos a las reuniones de grupo pequeño es difícil, e introducirlos en la vida de la iglesia como fruto que permanece es más difícil aún. Las personas que tienen árboles frutales saben que cuando la fruta se madura y se pone dulce, puede ser que las aves vengan. Las aves no vienen para comer la fruta nueva, sino para comer la fruta madura. Mientras estamos trabajando, las "aves" malignas están esperando. Esto corresponde con la palabra del Señor en Mateo 13. La primera tierra que sembró era la tierra "junto al camino", pero debido a que la tierra junto al camino se había endurecido, las semillas no pudieron penetrarla, "y vinieron las aves y la comieron" (v. 4). Tenemos que hacer algo para asegurarnos de que nuestro fruto permanezca. Es posible que nuestro fruto esté bien, pero si somos descuidados, el próximo día tal vez sea dañado por el diablo. Hay muchas cosas que debemos hacer para ganar y preservar nuestro fruto. No es tan sencillo como tal vez pensemos. Puede ser que visitar a la gente para predicarles el evangelio parezca fácil, pero en realidad no lo es. Si fuera fácil, los cristianos ya lo hubiera estado practicando por siglos.

EL PROPOSITO DEL SEÑOR Y SU MANDATO

El Señor dijo: "No me elegisteis a mí, pero yo os elegí". Esta elección tuvo lugar en la eternidad pasada. Antes de la fundación del mundo, el Señor nos escogió en Sí mismo (Ef. 1:4). Luego, en el tiempo, nacimos, y finalmente oímos el evangelio y creímos. Por esto sabemos que hemos sido llamados; sin embargo, debemos darnos cuenta de que también hemos sido designados. La palabra griega para esto en el versículo 16 se traduce "puesto". El Señor nos ha puesto en cierta posición y en un ambiente particular. El Señor dijo: "Os he puesto para que vayáis y llevéis fruto". El griego en este versículo tiene dos modos gramaticales. Uno es el modo que indica propósito; el otro es el modo que expresa mandato. En el español, la expresión "para que" denota propósito, y los subjuntivos "vayáis" y "levéis" indican mandatos. Vemos el propósito del Señor, y también tenemos un mandato del Señor. Debemos ir y debemos llevar fruto. Estos son los mandamientos. El Señor nos puso en cierta posición porque El tiene un propósito: *para que* vayáis y llevéis fruto. Sin embargo, esto no sólo es el propósito del Señor, sino que también es Su mandato: que *vayáis* y *llevéis* fruto. Además, el Señor continúa: "y [*para que*] vuestro fruto *permanezca*". ¿Cómo puede permanecer nuestro fruto? Esto depende de nosotros. Tenemos que hacer mucho para llevar a cabo los mandatos del Señor. Debemos ir; debemos llevar fruto; y nuestro fruto debe permanecer. De otro modo, el propósito del Señor no puede ser realizado, y Su meta no puede ser lograda.

Llevar fruto que permanezca no es fácil; no obstante, es el mandato del Señor. Si usted no va, está desobedeciendo el mandato del Señor. Cuando el Señor venga, usted tendrá que presentarse ante El y dar cuentas. Puede ser que el Señor pregunte: "¿Cuánto fruto has llevado?" Tal vez usted diga: "Señor Jesús, fue muy difícil. Nunca salí". En Juan 15, después del asunto de permanecer, es decir, de disfrutar a Cristo, viene el asunto de dar fruto. Puede ser que el Señor diga: "En Juan 15 te encargué que fueras y que llevaras fruto, y que tu fruto debía permanecer". Si usted no va hoy día, un día será juzgado por el Señor. Incluso si usted va, pero no se esfuerza para dar fruto, el Señor lo condenará.

Ir es una cosa, y dar fruto es otra. Casarse es una cosa, dar a luz un hijo es otra. Casarse no es difícil, es un disfrute. Pero dar a luz un hijo es una clase de sufrimiento, una labor. La madre no tiene que sufrir un solo día, el de su parto, tiene que sufrir durante nueve meses. Después de que el hijo nace, ella debe dedicar todo su tiempo y energía para que el bebé crezca y esté sano. Su hijo no sólo debe "permanecer", sino que debe permanecer en una condición adecuada. El Señor Jesús habló de manera detallada acerca de llevar fruto porque no es una cosa sencilla.

NUESTRA ORACION POR FRUTO QUE PERMANEZCA

Ahora debemos considerar el resto del versículo 16: "Para que todo lo que pidierais al Padre en mi nombre, él os lo dé". Otra vez el Señor usa la frase "para que". El Señor nos designó *para que* vayamos y llevemos fruto, *para que* nuestro fruto permanezca, y *para que* todo lo que pidamos en Su nombre, el Padre nos lo dé. El último punto de este versículo no es que meramente oremos de modo general, sino que oremos "en mi nombre". El Señor no tiene la intención de que le pidamos cosas materiales. La intención del Señor es que oremos deliberadamente por fruto que permanezca. Incluso si fuéramos y lleváramos fruto, y laboráramos mucho para conservar el fruto, con todo y eso todavía es posible que nuestro fruto no permanezca.

Después de hacer tantas cosas, una cosa queda por hacer: tenemos que pedir. Tal vez podamos predicar, bautizar a la gente y traerlos a las reuniones de la iglesia, pero nosotros no podemos dar vida. Pablo dijo: "Yo planté, Apolos regó; pero el crecimiento lo ha dado Dios" (1 Co. 3:6). Debemos admitir que somos dependientes del Señor. Podemos y debemos hacer mucho, pero nada de lo que hagamos dará resultado. El resultado viene de la obra directa del Señor. Sin embargo, Su obra directa depende de nuestra labor. Tenemos que ir; tenemos que llevar fruto; y tenemos que trabajar para que el fruto permanezca. No obstante, sin la obra adicional del Señor, lo que hagamos no significa nada.

Lo último que se necesita es que pidamos. Tenemos que orar de un modo particular. Pedir en Su nombre es pedirle que nos dé fruto que permanezca. Debemos orar diciendo: "Señor, salí. Trabajé duro. Prediqué el evangelio a esta persona. Lo bauticé y lo visité con regularidad por más de un año. Incluso lo llevé a las reuniones de la iglesia, pero hasta ahora no hay nada prometedor que yo pueda ver en él. Señor lo que se necesita es que Tú obres. Yo puedo hacer mucho, pero no puedo dar vida. Puedo traer cien a la vida de la iglesia, pero sin que Tú obres también, sin que Tú les des vida, mi labor es en vano".

Esto no significa que nuestra labor no es necesaria. Si Pablo no hubiera plantado y si Apolos no hubiera regado, el Señor no hubiera podido dar vida. Debemos establecer la base con nuestra labor. Entonces el Señor podrá dar vida. Debemos pedirle al Señor que nos dé fruto que permanezca.

**PREDICAR EL EVANGELIO POR MEDIO
DE VISITAR A LA GENTE DONDE ESTE**

Hemos aprendido de la historia de la iglesia, y la Biblia lo confirma, que para predicar el evangelio con eficacia, debemos ir adonde la gente esté. Debemos visitarlos. La primera persona que visitó a la gente para predicarles el evangelio fue el Señor Jesús. Siendo Dios viajó desde los cielos hasta la tierra, e incluso cambió Su forma para ser un hombre, a fin de visitar pecadores (1 Ti. 1:15). Viajó de ciudad en ciudad y de aldea en aldea (Lc. 8:1). El envió a los doce a visitar a la gente (Mt. 10:5). Más tarde envió a setenta para que visitaran a la gente (Lc. 10:1). La palabra del Señor en Juan 15:16 es Su envío de nosotros.

Cuando El dice "os he puesto", se refiere a todos los creyentes. Nos ha puesto en cierta posición con cierto propósito. Debemos (como mandato) ir y llevar fruto, y nuestro fruto debe permanecer. Esta es la manera ordenada por Dios de practicar el sacerdocio neotestamentario del evangelio, y todos debemos ejercitarnos para promoverla porque no es fácil llevarla a cabo.

La vieja manera de tener una gran congregación donde una sola persona habla y los demás escuchan no da buenos resultados. Sólo puede edificar a la gente de manera general. Estuve en cierta asamblea de los Hermanos por más de diez años. Fui regularmente a la asamblea para sentarme y escuchar a fin de ser instruido y mejorado. Aquella pequeña asamblea de Hermanos estuvo allí por más de cincuenta años, pero ninguna iglesia fue levantada por ellos. En nuestro caso a mediados de los años setenta nosotros éramos más de mil santos que nos reuníamos en el condado de Orange, pero hoy día hay mucho menos. Por años nos hemos ocupado en asistir a reuniones, pero sin muchos resultados positivos. Todos debemos darnos cuenta de que permanecer en la vieja manera no sirve. Durante los siglos el cristianismo ha probado esta vieja manera, y ahora ellos reconocen que su manera no sirve. No pueden seguir adelante en tal camino. Cuando llegué a este país en 1958, oí que este país tenía una población de doscientos millones y que la mitad de éstos eran cristianos. Hoy en día es posible que la población exceda doscientos cuarenta millones, y que sólo ciento veinte millones sean cristianos. Después de más de treinta años, sólo ha habido un aumento de veinte millones. Esto es menos de uno por ciento por año. El cristianismo se ha estancado casi completamente. Debido a esto, los bautistas del sur han comenzado a adoptar la práctica de tocar puertas. El invierno pasado comenzaron a hacer esto en Tejas, y este verano lo practicaron en Las Vegas.

SER HECHO DISCIPULO
PARA LLEVAR MUCHO FRUTO

No es que esta manera bíblica, la manera ordenada por Dios, no sirva; es que no somos fieles a esta manera. En Juan 15 el Señor usó la palabra "discípulos". "En esto es glorificado mi Padre, en que llevéis mucho fruto, y seáis así mis discípulos" (v. 8). La razón por la cual no somos fructíferos es porque no hemos dejado que El nos haga Sus discípulos. Necesitamos llegar a ser Sus discípulos. Esto es cambiar nuestra manera, nuestra posición, y nuestro carácter, es decir, dejar de ser naturales. Si visitamos a la gente de modo natural, nuestra visitación será ineficaz. Debemos ser hechos discípulos.

Para tocar el piano adecuadamente, una persona debe estar dispuesta a ser instruida, es decir, ser hecho "discípulo". Además, tiene que practicar muchas horas para ser hecho discípulo. Ser hecho discípulo es salir de la manera natural y tomar otra manera. ¿Estamos dispuestos a ser hechos discípulos? No es cuestión de si podemos o debemos ser hechos discípulos. Depende totalmente de si estamos dispuestos. Todos deben ser hechos discípulos y todos lo pueden, pero muy pocos desean serlo. Es por esto que han pasado casi veinte siglos, y el Señor todavía no ha regresado. En los Estados Unidos muy pocos viven dedicados al sacerdocio neotestamentario del evangelio. Muy pocos están dispuestos a ser hechos discípulos. En todo, tenemos que volver a la Biblia. Es un asunto crucial extender el reino de Dios en esta tierra, o sea, propagar a Cristo en la raza humana, lo cual es predicar las buenas nuevas para salvar pecadores. Si nos metemos de lleno en ello, sin reservación alguna, seremos hechos discípulos. Toda nuestra manera, disposición y carácter naturales deben ser eliminados por la cruz. No debemos ser naturales en ningún aspecto. Es posible que al ir nuestra manera de hablar sea muy natural. En los cuatro Evangelios, el Señor Jesús no habló a la gente de modo natural. Cada palabra que salió de Su boca era nueva, fresca y refrescante. Habló en cierta manera a la mujer samaritana. Habló de otro modo a Nicodemo. Habló aun de otro modo a Zaqueo, un pecaminoso cobrador de impuestos. Esto se debe a que no habló de Sí mismo; más bien, habló la palabra del Padre (Jn. 12:49). Incluso el Señor Jesús tenía que negarse cuando hablaba a la gente, haciendo a un lado todo lo Suyo y tomando la palabra del Padre, el hablar del Padre. El fue el primero en ser hecho discípulo. El fue el discípulo del Padre. Luego, en Mateo 11, el Señor dijo: "Aprended de mí" (v. 29). En griego, el significado radical de la palabra "discípulo" es aprender. Un discípulo es uno que aprende. No obstante, esto no es aprender en el sentido mundano; es aprender por medio de tener nuestro viejo hombre crucificado para quitar todas nuestras cosas viejas y naturales. Cuando salgamos para visitar a todos los que hemos bautizado, no debemos hablar ni una sola palabra que salga de nosotros mismos de modo natural ni tampoco debemos expresar nada sin ser tratados o eliminados por la cruz. De esta manera podremos tener resultados positivos. Predicar el evangelio es la cosa más difícil. Uno no debe ser ligero en predicar el evangelio a los incrédulos. La predicación del evangelio requiere impacto, capacidad y destreza por parte de usted. Hacer que la gente sea salva muestra una destreza de primera clase. Cuando el hermano Watchman Nee tenía diecinueve o veinte años, predicó mucho el evangelio. Un día él habló del evangelio a un estudiante joven que era muy inteligente. Este joven le contestó diciendo: "Lo siento, pero ahora mi padre está sufriendo en el Hades. No quiero ver a mi padre sufriendo allí mientras yo estoy salvo en el paraíso; así que iré donde está él para sufrir junto con él". ¿Cómo contestaría usted a tal persona? El hermano Nee respondió de modo breve y conciso, usando Lucas 16: "El hombre rico que estaba sufriendo rogó que Abraham enviara a alguien para que predicara el evangelio a sus cinco hermanos porque amaba a sus hermanos. ¿No crees que tu padre, aunque está sufriendo en el Hades, todavía te ama? El no quiere que vayas allí para estar con él. Si quieres ir allí, como has dicho, no estás honrando a tu padre. Estás deshonrándole". Esta plática breve convenció a ese joven, y dijo: "Honro a mi padre. Por causa de él creeré en el Señor Jesús. Sólo por causa de él, no iré a su lugar". Este ejemplo nos muestra que todavía hay mucho que aprender en cuanto a la predicación del evangelio.

En nuestro entrenamiento de tiempo completo, damos lecciones acerca de asuntos tales como el Cristo todo-inclusivo, la iglesia, y las verdades básicas de la Biblia. Esto se debe a que necesitamos ser equipados. De otra manera, somos demasiado naturales. Debemos esforzarnos para profundizarnos en las verdades a fin de ser completamente equipados (2 Ti. 3:16-17). No sabemos qué clase de persona enfrentaremos, y no sabemos qué clase de conocimiento será necesario para convencer a tal persona. Sin el conocimiento y la habilidad, perderemos muchas personas.

El hermano D. L. Moody predicaba el evangelio mucho. Una noche, después de predicar el evangelio, estaba hablando con una mujer acerca de Cristo. En cierto momento, un estorbo impidió que la mujer fuera salva en el mismo instante cuando debió haber sido conmovida por el Espíritu y regenerada. Moody testificó que después de este pequeño estorbo, no pudo traerla de nuevo al punto de recibir al Señor. Predicar el evangelio es un asunto fino. Me preocupa que aunque usted vaya con un buen corazón, vaya con un estilo, un carácter y una disposición indisciplinados. Cuando vayamos a visitar a la gente, debemos estar alertas, sin embargo no debemos aparentar ser tan serios porque eso tal vez sea una amenaza para ellos. No podemos ser ligeros. Debemos aprender las maneras de predicar el evangelio, junto con todos los puntos detallados, a fin de poder enfrentar toda situación.

Tal vez usted piense que esto es muy difícil, pero las cosas más valiosas siempre son difíciles de realizar. Ir a visitar a pecadores para predicarles al querido y precioso Salvador que usted tiene es un asunto totalmente en la esfera del espíritu. Si usted no ejercita su espíritu ni se mantiene en su espíritu al hablar, no puede tener éxito. Tiene que aprender por medio de ser hecho discípulo. Usted puede usar el folleto

El misterio de la vida humana, pero depende de qué manera lo usa. Es posible que usted lo use para matar a la gente, o tal vez para vivificarlos. Todo depende de su manera, su habilidad, su espíritu y su disposición.

TENER UN COMIENZO DE DAR FRUTO

Todos debemos darnos cuenta de que hemos sido designados para ir y llevar fruto; así que todos debemos tener un comienzo. Fuimos designados con un propósito y un mandato de que debemos ir. Ir es tener un comienzo. El Señor nos puso en la carrera, así que tenemos que correr. Si nunca tenemos un comienzo, nada cambiará; seguiremos siendo estériles. Debemos aborrecer nuestra esterilidad y esforzarnos para dar fruto. Fuimos elegidos para comenzar a dar fruto. Todos necesitamos un comienzo. Luego, después de ser elegidos y después de comenzar, necesitamos ser hechos discípulos. Tenemos que ir, pero no de manera natural. Ser naturales, aun en el sentido mínimo de la palabra, puede matar nuestro propósito y anular nuestra eficacia. Todos debemos tener un espíritu de aprendizaje. Cualquier cosa que sea vieja o natural debe ser eliminada por la cruz. Tenemos que ser hechos discípulos. Además, necesitamos mucha oración. Cuando oramos, tocamos el Espíritu. Esto nos cambiará, nos hará discípulos y nos eliminará. Sólo el Señor Espíritu puede cambiarnos, así que debemos tener suficiente oración para que seamos hechos discípulos. También necesitamos pedirle al Padre, en el nombre del Señor, que dé vida para producir el fruto que permanezca.

Todos tenemos que tomar a Pablo como nuestro modelo. En 1 Corintios 9:16, Pablo dijo: "Pues si anuncio el evangelio, no tengo por qué gloriarme; porque me es impuesta necesidad; y ¡ay de mí si no anunciare el evangelio!" Debe ser impuesta en nosotros la necesidad de predicar el evangelio. Si no predicamos el evangelio, sufriremos; si predicamos el evangelio, tendremos una recompensa (v. 17). Si amamos al Señor y Su recobro, debemos tener un nuevo comienzo en llevar a cabo nuestro sacerdocio neotestamentario del evangelio de ir y visitar a la gente. Entonces, habrá mucha posibilidad de que demos fruto. Después de esto, debemos ejercitarnos más para ser hechos discípulos de modo que nuestro fruto permanezca.

Si usted es fiel al Señor y fiel en salir una vez a la semana, cuarenta y ocho semanas anualmente, creo que podrá bautizar a cinco o diez. De éstos, probablemente cuatro o seis permanecerán, sin embargo no todo el fruto que permanezca será introducido en la iglesia. Puede ser que sólo dos de ellos sean introducidos en la vida de la iglesia. Los otros sencillamente serán salvos, sin entrar en el recobro. En esto podemos ver que si somos fieles, podremos ganar muchos para el Señor.

No creo que todos los santos que se reúnen con nosotros vayan a visitar a la gente, pero sí creo que la tercera parte de los santos en cada localidad lo harán. Si el Señor anima a la tercera parte de los santos a que prediquen el evangelio, El ganará un buen porcentaje de aumento cada año. Eso despertará el interés de todos los santos en la vida de la iglesia, y la iglesia tendrá la manera de seguir adelante. Para realizar esto, todos tenemos que esforzarnos para levantarnos y luchar contra nuestra esterilidad.

En el mensaje 12 dice el hermano x 1,34:8
El hermano dice que el señor nos dice
aciendo ygual a el asta que un día bamos a ser hijos
de el 1:3 un 4:16 al 17 en to se a perfeccionado y gual
4:16 al 20
a el tenemos esta Relacion intima con Dios y entonses el amor a Dios esta Relvelado   hermano
En la vida de yleer nesesitamos   Lee
tuer un corason amoso y perdonados
de nuestro padre Dios El Espiritu
de pastoreo y de busqueda de nuestro
Salvador Jesucristo Lucas 15:4 20:1 de
pe. 5:23. en el 3 dise el hermano que
El Espiritu es el centro de comundo
2 debemos ser yenos del Espirtu Santo
de esta manera somos yenos del
Espritu Echos 4:31

EL EJERCICIO Y LA PRACTICA
DE LA MANERA ORDENADA POR DIOS

MENSAJE DOCE

LA PREDICACION PRACTICA DEL EVANGELIO

Lectura bíblica: Jn. 15:8, 16

En este mensaje tendremos más comunión en cuanto al evangelio de Cristo. Se espera que este tipo de comunión nos ayude a aprender cómo predicar el evangelio a otros. Al visitarlos debemos ser normales, llenos de vida, y amorosos para con ellos. Aquellos a quienes visitemos deben ser inspirados y conmovidos por nuestras palabras. Algunos predican el evangelio como si le estuvieran leyendo a alguien un artículo de un periódico. El resultado de este tipo de predicación es que no causa impacto.

Otros pierden sus interlocutores dándoles muchas explicaciones en la predicación. Esto genera la oportunidad de que se introduzcan temas secundarios. Si se nos hace una pregunta, debemos limitar nuestra respuesta al asunto en cuestión, impidiendo así que la otra persona entre en otros temas. No crea que es mejor tener una larga plática. Esto podría hacer que se perdiera impacto. Es mejor hablar pocas palabras que vayan directamente al grano para traer a la persona al destino adecuado. De esta manera, somos como acomodadores que guían personas a sus asientos en un auditorio. Tenemos que aprender a purificar nuestra manera de hablar y evitar hablar según nuestra costumbre natural.

USAR EJEMPLOS PRACTICOS

Mi mayor preocupación es que los santos salen diligente y fielmente a hablarle a la gente, pero la mayoría de las cosas habladas son de carácter doctrinal. Todos necesitamos entrenamiento a fin de vencer nuestra inclinación doctrinal.

La persona a la cual estamos visitando podría pedirnos que le explicáramos quién es Dios. Tenemos que aprender a no contestar esa clase de preguntas con una sarta de doctrinas, sino con algún ejemplo práctico. Quizá podríamos decirle que en todo el universo debe de haber uno que es soberano. Dios es este ser soberano. Tenemos que aprender a ir siempre al grano y evitar asuntos secundarios.

He practicado por muchos años la predicación del evangelio. He observado que a muchos pecadores les gusta hacer preguntas que lo desvían a uno a cuestiones secundarias, apartándolo así del punto central. Lo mejor es no hacer mucho caso de sus preguntas. Usted debe detenerse a pensar cuál es la mejor manera de contestar para que los asuntos menores permanezcan al margen. Esto requiere aprendizaje. Si a usted le preguntan algo que usted no puede responder muy bien al momento, debe de todos modos dar alguna respuesta. Sin embargo, usted debe aprender a no contestar precipitadamente.

A alguien que le pregunte quién es Dios, usted le podría decir: "Esta es la pregunta más grande del universo. Los filósofos y los líderes religiosos han considerado desde siempre este interrogante. Una cosa les es clara a todos ellos y es que debe de haber un soberano en el universo". Esto conduce a la persona a un punto concreto. Luego muéstrele que este Soberano se llama Dios. Tal ser no es Buda; no es un ídolo. Es simplemente Dios. Dios es único. Dios es uno y sólo uno. El es quien creó todo el universo, incluyendo al hombre. A estas alturas usted podría llevarlo al punto al que usted quiere llegar. Esto no dejará desviarse del tema. Usted necesita ser entrenado, pero también necesita detenerse a considerar las preguntas. Pregúntese usted mismo cómo responder quién es Dios. Pensar y considerar las cosas de esta manera le ayudará a aprender algunos secretos.

La teología sola no produce resultados. Cuando usted le habla a las personas, la impresión más profunda que les causará, provendrá de los ejemplos prácticos que use. Si usted no es práctico al hablar, creará más interrogantes en aquellos a quienes usted se encuentre. Usted debe responder de una manera muy práctica. Esta es la razón por la cual usted necesita aprender. No aprenda meramente una forma doctrinal como para dar conferencias a otros. Las conferencias no tienen ningún impacto. Simplemente hable de una manera práctica. Por supuesto, lo que comparta debe estar basado en conocimiento bíblico. Pero la clave está en la forma en que usted use su conocimiento de la Biblia. Usted tiene que aprender a convertir sus discursos doctrinales en charlas prácticas. No hable como un maestro de la Biblia ni como un teólogo, sino en una manera práctica, que toque la vida diaria de las personas.

CONSIDERAR COMO USAR
EL MISTERIO DE LA VIDA HUMANA

Usted tiene que considerar si debe usar el libro *El misterio de la vida humana*. ¿Es práctico en las circunstancias en que usted predica el evangelio? Usted debe estudiar la manera de usarlo. Empezar con *El misterio de la vida humana* podría ser bueno para algunas personas, pero no creo que sea apropiado para todas. De manera que, usted debe considerar cómo usarlo para obtener el mayor beneficio. Supongamos que usted quiere usar *El misterio de la vida humana*. Aún así, tiene que estudiar para determinar la manera de usarlo. Tal vez lo mejor sea hablar del siguiente modo: "Amigo, aquí tengo un libro. Habla acerca de algo maravilloso que me gustaría compartir con usted. El tema que trata es el misterio de nuestra vida humana". Este tipo de aplicación es muy fácil de entender.

TOMAR LA PREDICACION
DEL EVANGELIO COMO UNA CIENCIA

Como lo he dicho antes, no debe considerar la predicación del evangelio como una tarea fácil. Más bien, es como una difícil carrera científica. El salón donde se recibe entrenamiento sólo sirve para abrir la puerta a este vasto campo. De ahí en adelante, usted debe entrar por esa puerta y empezar a considerar día y noche cómo efectuar su investigación científica. No es muy adecuado predicar teología o conocimiento bíblico. La única manera que produce resultados es hacer práctico el mensaje. Este es el secreto que todos ustedes deben aprender.

APLICACION PRACTICA DE PUNTOS BIBLICOS

Ustedes deben investigar la manera de hacer prácticos todos los puntos bíblicos. Yo solía usar la vida matrimonial como ejemplo en muchos de mis mensajes. Esto hace que el mensaje sea práctico.

Si usted quiere hacerse entender por ciertas personas, primero que todo, usted debe conocer la verdadera situación de las mismas. Si va a ayudarles a los que están en la escuela secundaria, debe familiarizarse con la verdadera situación de las vidas de ellos. En segundo lugar, usted debe considerar de antemano qué porción de la santa Palabra puede aplicarse a esa situación en particular. Usted debe tener algunos versículos o porciones de la Biblia como base para lo que ha de decir. Los pensamientos más elementales de la Biblia son los mejores. Ninguna lógica puede sobrepasar la lógica de la Biblia. No hay comparación posible. Cuando lo que usted habla está basado en la Biblia, su predicación será poderosa, pero con todo y eso, debe ser práctica. Usted tiene que hablar acerca de la situación práctica, pero con algunas porciones o algunos versículos de la Biblia. Por lo tanto, el tercer punto es aprender a hablar de una manera que sea siempre práctica. Si usted pone atención a estos tres puntos, podrá aprender muchísimo.

PREDICARLES A NUESTROS PARIENTES Y AMIGOS

Es difícil decir si es más fácil hablarle a una persona conocida que a una desconocida. Tal vez tengamos parientes que conocemos desde nuestra juventud. Debido a que los conocemos tan bien, quizá no sepamos cómo dirigirnos a ellos. Nuestra familiaridad con ellos tal vez nos obstaculice la manera en que les hablemos. Algunas veces nos es bastante difícil predicarles el evangelio a nuestros parientes. Puede ser más fácil pedirle a algunas hermanas o hermanos que no conozcan a nuestros parientes, que les hablen a éstos. Puede haber más impacto al hablar ellos.

Tenemos mucho que aprender para poder predicar el evangelio con eficacia. Si hemos de hablar a alguien a quien conocemos desde hace años, podemos ejercitar nuestro espíritu para hablarle como si no lo conociéramos en absoluto. Entonces podemos hablar algo nuevo, fresco y particular para él. Cuando conocemos a alguien tan bien, es difícil algunas veces determinar cuál es el mejor tema que podemos usar. Si la persona es orgullosa, lo mejor es no hablar acerca de ser orgullosos. Sería mejor hablar acerca del Señor Jesús o aun del peligro del lago de fuego. Esto tal vez tenga más impacto. Si conocemos a una persona muy bien, y él sabe que es una persona orgullosa, tal vez no quiera que tratemos ese asunto. Una de las principales razones por las que no siempre somos eficientes al predicar el evangelio a nuestros parientes es que los conocemos muy bien.

LAS PALABRAS DE PRESENTACION SON LAS MAS CRUCIALES EN NUESTRA PREDICACION DEL EVANGELIO

Todos nosotros tenemos que adoptar una actitud y un espíritu de aprendizaje y crear una atmósfera semejante. Supongamos que usted viene a mi casa y yo lo recibo y lo invito a entrar y a sentarse. Ahora, ¿cómo empezaría usted la conversación? Para mí, éste es el aspecto más difícil. Las primeras frases son las más cruciales. Para saber cómo empezar, usted debe orar: "Señor, ¿qué debo decir?" Usted no debe simplemente ir a la gente a quien visita y decirle que a usted le gustaría hablarles acerca del misterio de la vida humana. Esto es demasiado ordinario.

Algunas veces debe empezar en una manera muy delicada y normal. Lo que usted hable debe darles la impresión de que usted es una persona normal. Esta impresión será siempre bien recibida por otros y causará apertura en ellos para con usted. Ellos estarán gustosos de hablar con usted. Usted podría hablar en estos términos: "Yo soy cristiano. ¿Puedo preguntarle, amigo, si usted es cristiano?" Este tipo de introducción es muy amplia y deja lugar para seguir casi cualquier rumbo. Cuando usted inicia su conversación con: "Este es un libro que habla del misterio de la vida humana", ya usted se ha limitado. De ahí en adelante, usted tendrá que hablar del misterio de la vida humana. Después de hablar por un corto lapso usted tal vez descubra que esta persona no es la más apropiada para este tema, pero le será a usted muy difícil cambiar el rumbo de la conversación a esas alturas. Usted estará limitado. Usted podría empezar de una manera general, diciendo: "Yo soy cristiano, ¿es usted cristiano?" De este modo usted puede tratar con la persona en muchas direcciones.

DESARROLLAR LA COSTUMBRE DE PREDICAR EL EVANGELIO

He descubierto que para los cristianos, definitivamente la cosa más difícil de llevar a cabo es la predicación del evangelio. Si quiere tener éxito en este asunto, usted debe darse cuenta de que éste es el punto más difícil. No es fácil tener éxito en la predicación del evangelio. Yo no espero que ustedes tengan un gran éxito. Sólo espero que ustedes salgan con regularidad, preferiblemente una vez por semana. No salgan con demasiada frecuencia. Háganlo con regularidad, continuidad y persistencia. Si hacen esto por el resto de sus vidas, una vez por semana, tengo la plena confianza de que cada año conseguirán dos que sean fruto permanente.

Para realizar esto deben estar dispuestos a aprender. No lo estimen como algo insignificante. No se apeguen a la idea de que todos pueden predicar el evangelio. Ninguno de nosotros puede predicar el evangelio de una manera prevaleciente a menos que seamos entrenados. Tenemos que ser hechos discípulos para poder predicar el evangelio. Si somos hechos discípulos, ciertamente ganaremos fruto.

Debemos estar avergonzados de haber sido estériles por tantos años. Hemos sido estériles porque no hemos tenido el espíritu para aprender a ser entrenados, a ser hechos discípulos. Mi carga es conmover los corazones y los espíritus de todos ustedes, para que puedan ver que éste es un gran problema. Después de que el Señor regrese, nos será difícil presentarnos ante Él si no hemos llevado ningún fruto. Espero que ustedes sean animados a tomar la carga de este asunto en una manera normal.

Cuando las personas llegan a los veinte años de edad, es normal que se casen. Más tarde, ellos tendrán niños y los criarán. Esta es la manera ordenada por Dios para la multiplicación del hombre. Por este método de propagación, toda la tierra es poblada por el hombre. La vida divina se propaga a partir del mismo principio.

No debemos esperar un gran avivamiento. La historia ha demostrado que tales avivamientos no ayudan. Lo que se necesita es una predicación práctica del evangelio. Todos los que amamos lo que al Señor le interesa necesitamos aprender a practicar esta predicación. Entonces podemos durante todo el año llevar la carga de predicar el evangelio, saliendo una vez por semana. Si nos preparamos, tendremos éxito. Pero necesitamos mucho aprendizaje para poder hacer esto. Espero que este aprendizaje pueda ser establecido en el recobro del Señor y que dicha costumbre de predicar el evangelio pueda ser desarrollada gradualmente.

Esto es similar a la manera en que un idioma es adoptado por una raza o pueblo. Con el tiempo, se establece un cimiento con ciertas costumbres. Aquellos que nacen en una familia estadounidense, hablan espontáneamente inglés americano por causa de que hablar inglés americano ha sido puesto como cimiento y como una costumbre en la sociedad estadounidense. Cuando los inmigrantes llegaron a este país, les fue muy difícil al principio aprender inglés. Pero después de dos siglos de estar viviendo en los Estados Unidos, el inglés americano ha penetrado casi todas las familias. Espero que se establezca un cimiento y una costumbre de predicar el evangelio en el recobro del Señor. Cuando tal costumbre sea establecida, les será fácil a todos los hermanos y hermanas en el recobro del Señor llevar fruto. Si hemos de ver una costumbre de predicación del evangelio establecida entre nosotros, tenemos que levantarnos y tomar esta palabra y practicarla semana tras semana, haciendo todo lo posible por aprender en todo aspecto. Esto requerirá que nos ilustremos con el conocimiento de la Biblia y con el hablar práctico y adecuado.

SER FLEXIBLES PARA SUPLIR DIVERSAS NECESIDADES

Nadie puede garantizar que en alguna situación donde se predica el evangelio no habrá problemas. Usted podría preguntarle a una persona: "¿Es usted cristiano?". El podría responder algo así: "A mí no me gusta el cristianismo". Muchos responden de esta manera. En ese caso, ¿qué debe hacer usted? Usted tiene que aprender a cambiar de tema. Usted podría decirle a alguien que usted es cristiano, y ese alguien le podría responder: "Eso es problema suyo". Entonces usted le podría decir: "Sí, es problema mío. Pero, amigo, todos tenemos que darnos cuenta de que toda nuestra vida humana es un problema. ¿Hay acaso algún ser humano que no tenga problemas? Tener esposa es un problema. No tener esposa es también un problema. Tener hijos es un problema. No tenerlos también es un problema. Tener dinero es un problema. No tenerlo es también un problema. En nuestra vida humana todo es un problema". Esta clase de charla práctica debe de convencerlo. Tal vez él no lo admita, pero en su corazón él será convencido. Luego de ese punto usted puede ir al folleto *El misterio de la vida humana*. "Amigo, la vida humana es un misterio. No sabemos de dónde venimos, y no sabemos adónde vamos. Ninguno de nosotros sabe cuánto va a vivir". Esta especie de plática espontánea abrirá un vasto campo para que usted le predique el evangelio.

Un hermano contó una experiencia en la cual fue a visitar, junto con algunos otros hermanos, a un hombre que había venido de la China continental. Los hermanos primero le hablaron un poco de la situación en China. Esto hizo que se abriera. Luego ellos intentaron predicarle el evangelio. Cuando ellos sacaron el libro *El misterio de la vida humana*, él se puso a la defensiva, diciendo que era ateo. El tenía plena fe en el comunismo y no quería que le dijesen nada que tuviera que ver con religión o con asuntos de esa índole.

El les dijo que podían hablar de cualquier otra cosa, pero no de eso. Más adelante les dijo que estaba tratando de adquirir cierta información en cuanto a las computadoras. Sucedió que lo que él quería aprender era precisamente el campo de trabajo de uno de los hermanos. Esto hizo que se abriera aún más y que los invitara a que regresaran. Pero los hermanos comenzaron a preguntarse si valía la pena volver a visitar a este hombre, ya que era un ateo.

Categóricamente vale la pena regresar a visitar a ese hombre. Lo que él ha dicho ha abierto la puerta de par en par para ser ganado. Pero cuando los hermanos vayan la próxima vez, deben sólo hablar de computadoras, de sus dispositivos y programas. Más adelante, se tendrá el tiempo oportuno para predicarle el evangelio. Tal vez ocurra la segunda o la tercera vez que lo visiten. Los hermanos tienen que esperar la oportunidad. Si hay una pequeña rendija, el agua viva puede entrar. Ellos entonces deben aprovechar esa pequeña rendija y hablarle el evangelio.

Tenemos que ir y practicar la predicación del evangelio con mucha paciencia teniendo un espíritu dispuesto a aprender, a ser hecho discípulo. Juan 15 nos dice que hemos sido escogidos para llevar fruto (v. 16). De ahí que tenemos que ser discipulados a fin de llevar fruto (v. 8).

EL EJERCICIO Y LA PRACTICA DE LA MANERA ORDENADA POR DIOS

MENSAJE TRECE

NUTRIR A LOS NUEVOS CREYENTES PARA QUE PERMANEZCAN

Lectura bíblica: Jn. 15:16; 21:15; 1 Ts. 2:7; 1 P. 2:2; Hch. 5:42

NUTRIR Y CUIDAR A LOS NUEVOS CREYENTES PARA QUE PERMANEZCAN

En este mensaje comenzaremos a tratar el segundo paso de la manera ordenada por Dios: nutrir a los nuevos creyentes y cuidarlos con ternura de modo que permanezcan. En Juan 15:16 el Señor dijo: "Yo os elegí a vosotros, y os he puesto para que vayáis y llevéis fruto, y vuestro fruto permanezca". Se nos han encargado tres cosas: debemos ir, debemos llevar fruto y nuestro fruto debe permanecer. Sin embargo, garantizar que nuestro fruto permanezca no es una tarea fácil. Anteriormente en el recobro del Señor, aunque nosotros estábamos deficientes con respecto a la predicación del evangelio, trajimos muchos al Señor y bautizamos a varios de ellos. No obstante, muy pocos de éstos han permanecido. Ahora el Señor nos está enseñando un paso muy crucial. Todos debemos aprender qué hacer para que nuestro fruto permanezca.

En Juan 21:15 el Señor nos encarga que alimentemos a Sus corderos. Esto es hacer algo por el bien del fruto que hemos producido para que éste permanezca. Si amamos al Señor, debemos alimentar a Sus corderos, es decir, a los pequeños, las ovejas jóvenes. El fruto del capítulo quince llega a ser los corderos del capítulo veintiuno. Llevar fruto es multiplicarse o producir los corderos. Pero después de producir a los corderos, todavía debemos tomar la responsabilidad de alimentarlos.

En 1 Tesalonicenses 2:7 Pablo dice: "Antes fuimos tiernos entre vosotros, como la nodriza que cuida con ternura a sus propios hijos". Cuando una madre se acerca a su bebé para cuidarlo o nutrirlo, ella siempre es muy tierna. En este versículo, Pablo no usó la palabra "nutre" sino la frase "cuida con ternura". Cuidar con ternura incluye el nutrimiento, pero indica un cuidado más tierno que la mera alimentación. Cuando una madre cuida con ternura a su bebé, por lo general, lo nutre también. En griego la palabra que se traduce "nodriza" en este versículo significa "una madre lactante".

Cuando un bebé está llorando, la madre no lo reprende ni le pega; mientras más llora el bebé, más tierna es la madre. Cuidar con ternura es hacer todo lo posible para satisfacer la necesidad del bebé. Muchas veces la madre sabe por qué el bebé está llorando, pero otras veces no. Cuando se acerca al bebé y lo carga, tal vez se dé cuenta de que el bebé tiene hambre o que tiene frío. Le dará de mamar al bebé o lo cargará de manera muy cariñosa para quitarle el frío. Todo lo que ella hace viene a ser una clase de cuidado tierno para aquel bebé, a fin de que esté contento.

Después de que bautizamos a una persona, inmediatamente debemos considerarnos como tiernas madres lactantes. Incluso Pablo, el gran apóstol, llegó a ser una madre lactante; él se mostraba muy tierno para con los creyentes nuevos. Después de traer a la gente al Señor y bautizarlos en el Dios Triuno, debemos cuidarlos.

PREPARAR EL AMBIENTE DE LA REUNION DE HOGAR

Después de que una persona nueva ha sido salva y bautizada, debemos comenzar a reunirnos con tal persona en su hogar. La mejor manera de llevar a cabo la reunión de hogar es sencillamente haciendo que este nuevo creyente se sienta feliz. Lo primordial y lo principal que debemos hacer es mantener contento a que este nuevo creyente. Tal vez algún hermano pregunta: "Después de bautizar a alguien y después de que se ha cambiado de ropa, ¿qué es lo primero que le debo enseñar? ¿la primera lección de las *Lecciones de vida* o la primera lección de las *Lecciones de la verdad*?" Usar estas lecciones en tal momento es como darle una especie de "azotaina" a aquel bebé recién nacido. Después de que el bautizado se ha cambiado de ropa y regresa a nosotros, debemos tener una actitud, apariencia y manera tan agradable que haga que esta querida persona también se sienta bien. Si en vez de ser tiernos, somos muy sobrios o estrictos en nuestra manera de ser hacia los nuevos creyentes, es posible que se ofendan y que no quieran que los volvamos a visitar. Mientras el recién bautizado se está cambiando de ropa, debemos aprender a ejercitarnos de tal manera que todo nuestro ser exprese un gozo contagioso. Luego, cuando él venga para reunirse con usted, tal vez usted se ponga de pie y lo salude diciendo: "¡Aleluya! ¡Qué bueno que ha sido salvo! ¡Felicidades!" Esto suavizará el corazón de él y hará que se sienta bien y feliz.

Debemos cuidar con ternura a los nuevos creyentes de modo que se sientan bien. Tenemos que aprender a hablar con ellos de la mejor manera. Todo lo que digamos debe decirse de manera muy agradable. Tal vez comencemos diciendo: "Esta Biblia es muy buena. Mire su encuadernación y cómo fue impresa. Es realmente bella". Tal hablar hará que esta persona se sienta muy bien y estará contento de que hablemos más con él.

¿Cuántos de nosotros hemos ido a una casa con el propósito de tener una reunión de hogar que haga que la gente se sienta bien? Para nutrir y cuidar con ternura a los nuevos creyentes, tenemos que ser finos y tiernos. Algunos hermanos son muy entusiastas y ardientes. Su manera de hablar puede ser muy fuerte o tosca. Esto puede intimidar o asustar un poco a los nuevos creyentes. Otros hermanos son como predicadores, como graduados de una escuela de teología, siempre presentando porción tras porción de la Biblia para instruirlos. Sus gestos dan a la gente la impresión de que son orgullosos. Tal hablar, tal actitud, tal manera, siempre enfría los ánimos de los nuevos creyentes.

Si usted estuviera en un hogar hablando con un hombre, y luego el hijo de él, de cuatro años, entrara en el cuarto,

¿qué haría usted? Esto es una oportunidad. Tal vez usted simplemente extienda la mano y toque suavemente la cabeza del niño y hable con él. Esta es la mejor manera de suavizar el corazón del padre. Usted podría dejar de hablar con el padre y sólo hablar con este niño por unos cuantos minutos. Luego el padre se pondría tan contento que tal vez le diría a usted algo con respecto a su hijo. Cuidar a la gente de tal manera tierna no es fácil de aprender.

Supongamos que tres santos han traído a un viejito al Señor y lo han bautizado. ¿De qué manera deben reunirse con él? Mientras el hombre todavía se está cambiando de ropa, tal vez uno de los tres, una hermana joven, comience a cantar un canto acerca del gozo de la salvación. Muchas veces cantar un himno o un canto es la mejor manera de comenzar, pero usted tiene que cantar el canto apropiado, y tiene que cantarlo con la voz apropiada. Tiene que ser agradable y natural en su modo de cantar. Es difícil que yo les enseñe esto. Esto es algo que ustedes deben aprender por medio de la práctica. Pueden practicarlo hablando y cantando para sí mismos en casa, y también pueden practicarlo cada vez que estén con los nuevos creyentes.

Predicar el evangelio y ganar a la gente por medio de estar con ellos de una manera que los haga felices requiere mucho aprendizaje. En realidad, tal aprendizaje no tiene fin. Que yo les enseñe estas cosas no es fácil. Ustedes tienen que tomar los principios y aprender por medio de su propia práctica. No tomen este asunto a la ligera. No es suficiente tener algún conocimiento de la Biblia. También deben saber cómo cuidar a las personas de tal manera que los corazones de ellos estén abiertos a ustedes.

CONOCER A LOS NUEVOS CREYENTES

No debemos meramente hacer que el nuevo creyente se sienta a gusto o contento; eso no es nuestro objetivo. Debemos estar alerta mientras estamos hablando con él a fin de saber qué clase de persona es. La mejor manera de hacer esto es dejar tiempo para que él diga algo. No debemos ocupar todo el tiempo. Mientras estamos haciendo que se sienta a gusto, debemos darle tiempo para que diga algo. Por medio de su hablar podemos conocerlo, dándonos cuenta de sus sentimientos, pensamientos e intenciones. Debemos aprender a animarlo para que hable más. Entonces sabremos qué es lo que debemos decirle. Nos daremos cuenta de si éste es el momento oportuno para "encaminar" nuestro tiempo con él. Si es el momento oportuno, podemos introducir un tema relacionado con las cosas espirituales. Debemos aprender todas estas cosas. No es muy fácil, pero si nos preparamos bien, será fácil enfocar nuestra plática con esta persona en el tema apropiado.

HABLAR LA VERDAD OBJETIVA ANTES DE LA EXPERIENCIA SUBJETIVA

Cuando usted habla con la gente acerca de las cosas espirituales, primero debe abordar el lado objetivo. No debe llegar al lado subjetivo muy pronto. Inmediatamente después del bautismo, puede ser que algunos hermanos hablen de la experiencia subjetiva, diciendo al nuevo creyente que tiene un espíritu humano. Sin embargo, es posible que sea demasiado pronto. Si usted tiene la carga de hablar de esto, debe poner un fundamento. Primero debe decirle: "Dios es Espíritu, y el Salvador de quien les he predicado es este mismo Dios. Hoy en día El es Dios, El es el Salvador y El es el Espíritu". Usted debe establecer un fundamento, diciéndole algo objetivo. Esto le da una base al nuevo creyente para tener la experiencia. Después de la enseñanza objetiva, usted puede hablar de la experiencia subjetiva. Puede decir: "El es el Espíritu, y nosotros también tenemos un espíritu". Debemos evitar hablar de la experiencia subjetiva si antes no les hemos presentado algo de la verdad objetiva.

Este es el caso no sólo con respecto a las reuniones de hogar, sino también con respecto a cualquier clase de reunión. En cualquier clase de hablar, uno primero debe presentar algo que sea un objeto que la gente pueda buscar, o tocar. De otra manera, si la persona es alguien que piensa mucho y usted le dice que él tiene un espíritu humano y que puede recibir al Señor Jesús en su espíritu humano, tal vez él le diga: "¿Quién es el Señor Jesús? ¿Por qué lo puedo recibir en mi espíritu?" La plática que usted le da acerca de la experiencia subjetiva puede hacer que surjan muchas preguntas. Usted tiene que poner un fundamento con la verdad objetiva.

HABLAR ACERCA DE DIOS

En principio, después de que alguien es bautizado, lo primero que le debemos decir es algo acerca de nuestro Dios y Salvador. Después de preparar la situación, es decir, el ambiente, debemos ejercitarnos para hablarle acerca de Dios, el Salvador, Jesucristo. Hay muchas maneras de presentar Dios a la gente. Tal vez hablemos con cierto hombre acerca de Dios de esta manera: "Muchas veces, sin importar quiénes seamos, todos los seres humanos tenemos cierta conciencia de que en este universo debe haber alguna soberanía". Esto podría tocar el sentir interior de las personas. En nuestra plática acerca de Dios, tal vez también le digamos: "Si usted acude a Buda, se dará cuenta de que este Buda no puede resolver sus problemas interiores". Al decir esto nos referimos al asunto de los ídolos. Podemos continuar diciendo: "Sólo hay Uno que puede satisfacernos, resolver nuestros problemas, desvanecer nuestras dudas y contestar las preguntas que tenemos por dentro. Este es el mismo Dios a quien adoramos, en quien creemos y de quien le hemos predicado". Esta es una manera.

Otra manera de hablarle acerca de Dios que provenga del sentir interior, pero desde otro ángulo, es hablar de la conciencia. Podemos decir: "Todo el que hace algo que lastime a otros, aun si puede justificarse con ciertos razonamientos, siente, en lo más profundo de su ser, que no está bien y que está ofendiendo a alguien. ¿Quién es este alguien? ¿Por qué el hombre tiene una conciencia?" Esta es otra manera de llevarlo al punto acerca de Dios.

Por medio de estos ejemplos podemos darnos cuenta de que debemos aprender muchas cosas. Las reuniones de hogar dependen de lo que hablamos con los nuevos creyentes. Después de que la plática lo ha motivado al nuevo creyente a hablar varias cosas, tal vez nos demos cuenta de que él es una persona que presta atención a su conciencia. Por lo tanto, nosotros podemos hablar de Dios tomando como base el asunto de la conciencia. Con respecto a otra persona, tal vez nos demos cuenta de que es una persona muy ética. Entonces, podemos hablar de Dios basándonos en la condición ética de esta persona. En principio, lo primero que debemos hablar a los nuevos es algo acerca de Dios.

Siempre debemos limitarnos a una sola plática por visita, y en esta plática debemos tratar a fondo un solo asunto. No debemos hablar de varios temas a la vez. Tratar muchos temas no será de mucho provecho; hará daño.

HABLAR ACERCA DEL PECADO

Después de que hablemos con ellos acerca de Dios, muchas personas necesitan saber que son pecadores verdaderos. Esto es conforme a la secuencia de Pablo en el libro de Romanos. Primero nos habla acerca de Dios; luego nos habla del pecado. Este es un buen orden, pero no debemos seguirlo de modo legalista. Debemos seguirlo de manera viviente, de manera flexible. Primero debemos ayudar a alguien a conocer a Dios y luego a conocerse a sí mismo. Debemos ayudarlo a saber que él es un pecador, que incluso es el pecado mismo.

Hablar acerca del pecado no es muy fácil. Usted no debe decir: "Dios es bueno; Dios es justo. Pero usted no es bueno; usted no es justo". Esta forma de hablar es pobre. Al hablar del pecado, usted debe comenzar su plática usando el pronombre "nosotros". Debe decir: "Dios es muy bueno, pero nosotros somos pecadores". Luego, la segunda vez usted puede decir: "Dios es justo, pero yo y usted no somos justos", mencionándose a sí mismo primero. La tercera vez, quizás usted cambie un poco más, diciendo: "usted y yo no somos justos". Ahora usted ha llegado suavemente al hecho. Sin embargo, abordar bruscamente el tema dañaría su plática y dañaría su propósito. Si usted le dice: "Usted es pecador", esto tal vez cierre la puerta. Después de que usted se vaya, él haría a un lado la Biblia y diría a su esposa: "Este predicador miserable. Imagínate que me llamó pecador".

Podemos usar ejemplos que muestren que somos pecadores. Sin embargo, no debemos preguntar a la gente: "¿Ha usted robado algo a la gente alguna vez? ¿No ha usted mentido a la gente?" Cuando demos ejemplos, debemos usarnos a nosotros mismos, diciendo: "Yo puedo testificar que cuando era joven robé mucho. Robé tiza de la escuela. Muchas veces robé dinero de la bolsa de mi madre". Cuando estamos hablando de nosotros mismos, en realidad significa que estamos hablando del nuevo creyente. Sin duda, todos han robado algo. Cuando decimos que nosotros hemos robado, esto quiere decir que todos roban. Nuestro hablar tocará la conciencia de todos. Muchas veces cuando hablamos así, hacemos que el que nos está oyendo diga: "Debo decirle la verdad. He robado mucho. Hasta le he robado a mi esposa". El nos confesaría sus pecados. Esto es muy bueno. Luego tal vez le digamos: "Es bueno que nos diga que le ha robado a su esposa". Llevar a alguien a tal punto es como el trabajo de un cirujano. En este momento podemos hacer mucho.

Aprender a hablar a la gente acerca del pecado no es muy fácil. Debemos aprender a siempre usarnos a nosotros mismos como ejemplo. Después de esto tal vez digamos: "También yo debo decirle la verdad. Yo soy una persona mala. Tengo un mal genio. Yo amo mucho a mi madre, pero después de sólo cinco minutos me he enojado con ella. ¿Qué le parece? ¿No es esto un pecado? En la Biblia Dios nos encarga que honremos a nuestros padres, pero frecuentemente ni siquiera he honrado a mi madre". Si damos ejemplos tales como éstos, tocaremos su conciencia.

Cada vez que hablemos con la gente acerca del pecado, la mejor conclusión es tener una oración de confesión. No obstante, no debemos decir a las personas que oren y que confiesen sus pecados al Señor. No es necesario instruirlos para que confiesen sus pecados. Sencillamente debemos comenzar a decir: "Señor, perdóname. Soy pecador. He robado mucho y he dicho muchas mentiras". Sencillamente debemos ser los primeros en confesar nuestros pecados. Espontáneamente aprenderán de nosotros, y después de que oremos, ellos continuarán, diciendo: "Oh Dios, yo también soy pecador". Ellos nos seguirán. Esta es la mejor manera de hablar con la gente acerca del pecado. Después de tal oración, debemos hablarles acerca del perdón de Dios. No obstante, no podemos tratar este tema en la misma plática. Al final de nuestra plática, debemos ayudar un poco a esta persona para que sepa que nuestros pecados han sido perdonados. En otra ocasión, cuando la situación sea propicia, podremos hablarle en detalle acerca del perdón.

EL EJERCICIO Y LA PRACTICA DE LA MANERA ORDENADA POR DIOS

MENSAJE CATORCE

TRATAR CON VARIOS CASOS EN LA PREDICACION DEL EVANGELIO

Tenemos que aprender a tratar con todos los diferentes casos y situaciones que se presentan en la predicación del evangelio. Nuestra predicación del evangelio no debe diferir mucho de nuestra conversación normal. Aun si lo que enseñamos es la Biblia, debe ser hecho como parte del diálogo práctico que tenemos con la persona que nos escucha.

No debemos usar ejemplos ni pasajes bíblicos inadecuados para responder una pregunta. Un hermano estaba hablando con un hombre que le indicó que estaba enojado con Dios. Una respuesta inapropiada a esta persona suscitará más preguntas y creará más problemas. Sería provechoso decir: "Usted tal vez esté enojado con Dios, pero Dios nunca está enojado con usted. Dios le ama. No importa por cuánto tiempo usted esté enojado con El, El le seguirá amando". Este es el evangelio. Puede no ser una enseñanza bíblica, pero una palabra semejante redargüirá el corazón de ese hombre. Espontáneamente él diría: "En ese caso, ¿qué debo hacer?" Dígale: "Usted no necesita hacer nada. Dios lo está haciendo todo por usted. El está aquí ahora mismo esperando que usted reciba lo que El ha hecho por usted y me ha enviado para decirle lo que ha hecho por usted". Entonces él dirá: "¿Qué cosas son las que El ha hecho por mí?" Dígale: "Bueno, en primer lugar, El vino y se hizo hombre, y murió en la cruz por los pecados de usted. ¿No es esto maravilloso?" Entonces él podría decir: "¿Qué debo hacer yo?" En este punto usted lo puede animar a que simplemente ore a Dios diciendo: "Querido Dios, gracias. Yo estaba enojado contigo, pero ahora me he dado cuenta de que Tú nunca estás enojado conmigo, y de que viniste a ser un hombre y a morir en la cruz por mis pecados".

Si él tiene dificultad para orar, usted puede ayudarle en la oración diciéndole que repita después de usted. Ayúdele a dar los primeros pasos. Esta es la predicación adecuada del evangelio. Algunos no creen que haya quiénes pueden ser salvos en sólo unos minutos, pero todo depende de la manera en que uno presente el evangelio. En esta situación usted guía a alguien a que ore, y ese alguien ora a Dios con sinceridad. Dios toma nuestras cosas en serio; y el Señor nos dijo que si creemos en El, si le recibimos, El ciertamente nos dará vida eterna (Jn. 3:15-16).

NO ESTAR LIMITADOS POR EL MOLDE DE LA RELIGION

Hemos sido inconscientemente moldeados por la religión, dándosenos cierta forma. No sabemos cuánto este molde nos restringe y cuánto nos limita de expresar a Cristo a otros. Un hermano testificó que él se sorprendió de la respuesta que alguien le dio. Esta persona le dijo: "Lo único que ustedes hacen es hablar. Yo soy un hombre de acción. Ustedes están desperdiciando su tiempo conmigo. Ustedes deben ir adonde la gente pobre, adonde los menesterosos. Si desean ayudar a alguien vengan por mí, y yo iré con ustedes y trabajaré con ustedes". Esta no era la respuesta que el hermano esperaba, y no supo qué decir.

Yo hubiera animado al hermano a responder inmediatamente: "¡Muy bien! Vamos ya mismo. Vamos a trabajar. Tengamos algo de acción". Esta es una palabra que penetrará el pensamiento de aquel que están visitando. Aprendan a tener oídos para todo lo que la persona diga. Si él va con ustedes a visitar a otros, ustedes tendrán muchas oportunidades de impartir las riquezas de Cristo en él. Esto les da tiempo a ustedes para inspirarlo. Ustedes nunca deben argüir con él, sino tomar esta manera para cuidarle de una forma práctica.

HABLAR A AQUELLOS QUE USAN COMO EXCUSA LA SITUACION MUNDIAL

A algunas personas les gusta usar como excusa la situación mundial existente para rechazar al Señor Jesús. El argumento de ellos es que si hay un Dios, ¿por qué habría El de permitir que tantas cosas sucedieran? Ellos mencionan las guerras con todas las víctimas de la misma. Otros arguyen que Dios debería hacer milagros para resolver estos problemas. Una de las preguntas formuladas con mayor frecuencia por personas intelectuales es la de por qué Dios permite que ocurran todas estas cosas.

Podemos responder esa pregunta diciendo: "Sí, usted tiene toda la razón. Casi cualquier persona intelectual haría la misma pregunta. Con franqueza, no sé cómo responder esa pregunta. Esta pregunta es demasiado grande. Si yo pudiera responder esa pregunta, yo sería Dios. El es Dios. Dios es misterioso, y nosotros no entendemos todo lo que El hace. Pero una cosa sí sabemos, que en la Biblia El nos dice que quiere que nos arrepintamos y creamos en El. Bueno, yo no sé mucho, pero tengo que decirle que yo sé que debo arrepentirme, y lo hice. Yo sé que debo creer en el Señor Jesús, y lo hice. También sé que Dios quiere que usted reciba la salvación que El da".

Este enfoque condensa todos los problemas potenciales relacionado con el asunto. En esta forma, usted escapa de ser tentado a desviarse del problema. Usted podría argüir con él por tres días y tres noches sin llegar a ninguna parte. Cuanto más usted discuta, más tendrá él qué decir. Usted no debe enfrascarse en esas cosas. Debe decir algo que lo limite y lo regrese al punto por el cual usted fue a verlo. Usted fue a él para llevarle a Cristo.

Aprenda a nunca argüir ni contender con la gente. Considerando el caso en cuestión, un buen versículo que podríamos usar para traer de nuevo a esa persona al asunto, sería Deuteronomio 29:29, que dice: "Las cosas secretas pertenecen a Jehová nuestro Dios; mas las reveladas son para nosotros y para nuestros hijos para siempre, para que cumplamos todas las palabras de esta ley". ¿Qué ha revelado Dios en la

Biblia? La Biblia revela que somos pecadores, que tenemos que arrepentirnos y que tenemos que creer en el Señor Jesús. Inmediatamente usted puede traer a esta persona al punto en el cual usted está laborando. No obstante, si usted usa demasiado su Biblia, usted caerá en enseñanzas bíblicas en vez de sostener una conversación.

HABLAR A AQUELLOS QUE USAN LA RELIGION COMO EXCUSA PARA RECHAZAR EL EVANGELIO

Alguien podría decir que no quiere creer en el Señor Jesús debido a que la religión le ha hecho daño. Posiblemente se refiera a todas las terribles cosas que están sucediendo en la actualidad en el campo religioso, como por ejemplo predicadores que desvían a la gente y los despojan de su dinero. En semejante contexto, no debemos argüir acerca de religión con esta persona. Olvidémonos de ese asunto. Más bien, en un caso como ése, es mejor dirigir la atención de esta querida persona al hecho de que hoy en el universo existe Dios, y El es absolutamente bueno y resplandeciente. También existe Satanás, el diablo. Dios está obrando hoy día, pero Su enemigo, el diablo, también está haciendo lo propio. En Mateo 13 el Señor nos dijo que mientras El trabaja, el diablo también trabaja. Es por esto que tenemos el trigo, los buenos. También tenemos la cizaña, los malos. Incluso entre Sus doce discípulos, estaba Judas. Más adelante en el Nuevo Testamento, varios cristianos fueron engañados y desviados. Pero no podemos desconocer el lado positivo por causa del lado negativo. No es sabio rechazar el ser hechos trigo, sólo por causa de tanta cizaña. Esta es la manera en que le podemos responder en un caso de esos.

RESPONDER SEGUN EL TIPO DE PERSONA

Mientras uno habla con alguien, puede percibir qué tipo de persona es por la actitud que él muestre o por el tono de su voz. Si es una persona culta o muy versada en la Biblia, uno debe calcular cómo proceder con él. La respuesta que uno dé tiene que corresponder con el nivel de educación que tenga dicha persona y con cuánto ella conozca de la Biblia. Si él no es una persona muy estudiada, y desconoce la Biblia, uno puede llevarlo por un camino sencillo y claro. Recuerde que usted no debe contender ni argüir. No le diga "no" a las palabras de otros. Más bien, use lo que la persona saca a relucir para ilustrarlo.

TRATAR CON EL ASUNTO DE LA IGLESIA

Supongamos que alguien le pregunta a usted a qué iglesia asiste. Algunos podrían responder que nosotros no adoptamos ningún nombre en particular, sino que nos reunimos según la ciudad. Este tipo de respuesta podría ser ambigua y confusa para aquel que nos preguntó. La mejor manera de contestar es evitar las diferentes corrientes. Son los cristianos los que por lo general hacen este tipo de preguntas. Lo mejor es decir que no tenemos ninguna denominación. Simplemente nos reunimos de una manera sencilla. Después de que visite a alguien varias veces, y parezca que él es un verdadero buscador de la verdad, usted puede compartir más con él acerca de la iglesia.

TRATAR CON AQUELLOS QUE TIENEN UN CONOCIMIENTO LIMITADO EN CUANTO A ASUNTOS ESPIRITUALES

En el caso de aquellos que tienen un conocimiento limitado en cuanto a asuntos espirituales, es siempre provechoso centrarnos en el hecho de que Dios es real. Una palabra así realmente calma toda clase de dudas e interrogantes. A cualquiera le es difícil decir que Dios no es real o decir que Dios no existe. Ya que Dios es real, tenemos que considerar lo que ese Dios tiene que ver con nosotros y lo que tenemos nosotros que ver con El. Este tipo de mensaje llevará a otros a entender que hay muchas cosas en este universo que están muy lejos del alcance de nuestro conocimiento. Aun los médicos tienen que reconocer que hay muchas cosas que tienen que ver con el cuerpo humano las cuales ellos no comprenden. Otro campo que no entendemos a fondo es la electricidad. No tenemos la capacidad de saber todas estas cosas. Sabemos, eso sí, que Dios está aquí. El se ocupa de nosotros, así que nosotros debemos ocuparnos de El.

LA SALVACION DEL SEÑOR LLEGA HASTA MUY LEJOS

A alguien se le preguntó que si un terrible criminal que ha cometido toda clase de fechorías y que ha sido poseído por demonios puede ser salvo. En un caso así se nos ofrece una buena oportunidad para predicar las buenas nuevas, el evangelio. Vemos en el Nuevo Testamento que dos criminales fueron crucificados junto al Señor Jesús. Mientras el Señor estaba en la cruz, uno de estos criminales fue salvo por El. Esto está en Lucas 23. Esta es una prueba firme de que un criminal puede ser salvo.

En cuanto a la posesión demoníaca, tenemos que aprender a no ser muy conscientes de los demonios. Preocuparnos por eso es un engaño del enemigo. Los cristianos no deben hacerle caso a los demonios. Donde quiera que vayamos, los demonios huirán.

SER LIBRADOS DE FORMALISMOS

Aprendamos a ser librados de formalismos. Los cristianos deben estar siempre cantando, alabando y regocijándose. Cuando no nos estamos regocijando, nuestras mentes estarán divagando, pero la mejor manera de hacer aterrizar nuestras mentes divagadoras es cantando. Entonces nuestras mentes estarán concentradas, y el Señor recibirá la alabanza y la gloria. ¡Qué glorioso sería que viniéramos así a las reuniones de la iglesia!

Si uno hace a un lado sus formalismos al salir a visitar a otros, no irá en calidad de pastor, de misionero ni de estudiante de la Biblia. Más bien, al ir uno, irá en una forma normal, como un ser humano común y corriente. De este modo, su visita será muy agradable y placentera. Uno debe olvidarse de su posición. No trate de portarse de cierta manera; simplemente viva. Portarse uno bien exteriormente, es hipocresía. Simplemente sea lo que usted es. Al salir a tocar puertas, usted debe ir cantando y regocijándose. El himno #717 [en inglés] es un buen cántico que podemos entonar. El coro de dicho himno dice:

> Regocíjate, regocíjate.
> Es mejor cantar que quejarse,
> Es mejor vivir que morir;
> Por eso regocíjate.

Los cristianos deben ser seres vivientes (Ez. 1:5-25; Ap. 4:6-8).

EL EJERCICIO Y LA PRACTICA DE LA MANERA ORDENADA POR DIOS

MENSAJE QUINCE

TENER REUNIONES DE HOGAR PARA PRODUCIR FRUTO QUE PERMANEZCA

Lectura bíblica: Jn. 15:16; 21:15; Hch. 5:42; 20:20; 1 Ts. 2:7; 1 P. 2:2

Hemos visto que el primer paso de la manera ordenada por Dios es predicar el evangelio por medio de visitar a la gente en sus hogares. El segundo paso de la manera ordenada por Dios es tener reuniones con los nuevos creyentes en sus hogares. En Hechos 5:42 y 20:20, las palabras "por las casas" indican reuniones de hogar. Debemos tener reuniones de hogar adecuadas a fin de que nuestro fruto permanezca.

LA PALABRA, EL ESPIRITU, EL CANTO Y LA ORACION

Hay cuatro elementos que constituyen una reunión: la Palabra de Dios, el espíritu mezclado —es decir, nuestro espíritu mezclado con el Espíritu de Dios—, el canto y la oración. Estos elementos son como las cuatro patas de una mesa. Si le falta una, la mesa no se mantendrá de pie. La Palabra, el espíritu, nuestro canto y nuestra oración son las cuatro "patas" que sostienen una reunión. Sin estos cuatro elementos, una reunión no tendrá forma, tal como una mesa que está tirada en el piso sin tener nada que la sostenga. Sin embargo, cuanto más tenemos la Palabra viviente, cuanto más ejercitamos el espíritu, y cuanto más cantamos y oramos, más fortalecida y edificada será la reunión.

Cuando estamos en una reunión, muchos de nosotros hacemos las cosas para guardar las formas, sin estar genuinamente vivientes. Muchas veces nuestro canto e incluso nuestros gritos pueden ser simplemente formas religiosas.

Sin embargo, cuanto más ejercitamos nuestro espíritu para hablar, cantar y orar de modo libre y liberado, tanto mejor y más viviente será la reunión. Pero si venimos y nos sentamos en nuestras sillas en silencio, esto será una reunión muerta. A veces una reunión cristiana es como un cementerio, muy silenciosa y decorosa, pero muerta. Esta clase de reunión es una vergüenza para el Señor.

Sentarnos en silencio mata la reunión y es un insulto al Dios a quien servimos. En 1 Corintios 12 Pablo indica que los ídolos mudos y silenciosos (v. 2) hacen que sus adoradores también sean mudos y silenciosos. Sin embargo, el Dios viviente hace que Sus adoradores hablen en el Espíritu de El (v. 3). Los adoradores de Dios no deben estar callados, sino que deben dar alguna voz por medio de proclamar al Señor Jesús en el Espíritu de Dios. Cada vez que entremos en una reunión, debemos decir algo. Cantar, orar, gritar "¡Aleluya!" o hablar la Palabra por medio de leer la Biblia o recitar un versículo, son modos apropiados de hablar en las reuniones. Cuanto más tengamos estos cuatro elementos —la Palabra, el espíritu, el canto y la oración— más ricas serán nuestras reuniones.

SER NORMALES Y ESPONTANEOS POR MEDIO DE VIVIR EN EL ESPIRITU

Cuando visitemos el hogar de una persona que ha sido bautizada recientemente, no debemos ir de modo religioso conforme a nuestra práctica, hábito o costumbre común. Tal vez hagamos planes para orar por cierto período de tiempo antes de salir a visitar a la gente. No obstante, incluso esto puede llegar a ser parte de nuestra religión. Es fácil tomar cualquier cosa y convertirla en una práctica religiosa.

Todos debemos aprender a olvidarnos de la religión y vivir en el espíritu. Entonces estaremos muy vivientes de modo muy normal. Puede ser que después del trabajo lleguemos a casa sólo media hora antes de nuestra cita con un nuevo creyente. En tal caso no podremos tener el tiempo de oración que habíamos planeado. Posiblemente ni siquiera tendremos tiempo para comer, así que tal vez tomemos un sandwich para comerlo en el camino. Mientras vamos viajando y comiendo, podemos orar, invocar al Señor, y cantar. Podemos ir de modo muy espontáneo porque somos personas que viven en el espíritu.

Tal vez cuando usted llegue a la casa de los nuevos creyentes, toque la puerta y comience a cantar. Debe cantar el himno, el canto o el coro que cantó con ellos en su última visita, cuando ellos fueron bautizados, puesto que ya conocen el tono, y antes de que abran la puerta se dan cuenta de quién ha tocado. Si tienen un hijo pequeño, tal vez él se unirá a usted en el canto. Usted estará cantando afuera y él estará cantando dentro de la casa. De esta manera la reunión comienza aun antes de que se abra la puerta.

Una vez que usted entre en la casa, debe ser muy viviente y espontáneo. En vez de sentarse en el sofá, tal vez se siente en la alfombra delante del niño para hablar con él. Luego, después de una plática breve, tal vez usted se levante. Actuar de tal manera muestra que usted es muy normal, muy humano y muy espontáneo. No habría ningún indicio de religión ni ningún indicio de que usted es un predicador. Si aprende a practicar de esta manera, estará a la mitad del camino al éxito. Toda la casa estará preparada para recibir su palabra porque lo considerarán a usted como amigo. Comportándose de una manera tan normal, usted puede hacerse amigo de ellos dentro de un período de tiempo muy corto. Lo apreciarán mucho, pues, sentirán que usted es una persona muy accesible.

Además, usted debe ser muy rico en la Palabra y en conocer los himnos y cantos. Si la madre está preocupada por alguna razón, puede ser que usted tenga el sentir de cantar el coro:

> Regocíjate Regocíjate;
> Es mejor cantar que quejarse:
> Es mejor vivir que morir;
> Por eso regocíjate (*Himnos*, #717)

No importa cuál sea la situación o el ambiente, usted debe estar capacitado para hablar la palabra apropiada o para cantar el canto apropiado para que la reunión pueda comenzar de una manera muy viva. Esta clase de reunión de hogar no debe ser religiosa ni formal, sino muy espontánea.

En tal momento, puede ser que el niño le interrumpa para mostrarle que tiene una Biblia pequeña. Esta es una buena oportunidad. Al hablar con este niño pequeño con respecto a la Biblia, usted puede presentar un versículo apropiado a toda la familia. Tal vez usted abra la Biblia en Hechos 16:31 —"Cree en el Señor Jesucristo, y serás salvo, tú y tu casa"— y luego pida que el niño lo lea. Después de que lo lea, tal vez usted le pregunte qué es lo que dice el versículo. Con base en esto, es posible que usted pregunte al niño: "¿Has creído en el Señor Jesús? ¿Has sido salvo?" Tal plática hará que su madre vuelva de su ansiedad o su enojo a un gozo o una felicidad con respecto a la salvación de su hijo. Luego, usted también puede volverse a los otros para ayudarles a saber que una vez que han creído en el Señor Jesús, son salvos. De esta manera usted puede enseñar a estas personas recién salvas un punto específico: la certeza de la salvación de Dios. Esta es la manera de tener una reunión de hogar.

Todos debemos ejercitarnos para no ser religiosos ni formales en nuestra apariencia, en nuestro comportamiento ni en nuestro hablar. Debemos evitar visitar a la gente como si fuéramos un predicador que viene para predicar. Recientemente una pareja de la iglesia visitó a otra pareja. Las dos parejas tenían situaciones parecidas: los esposos eran japoneses y las esposas eran chinas. Se le había dicho a la pareja de la iglesia que la otra pareja no tenía interés en el evangelio, así que decidieron de antemano que no hablarían con ellos acerca del evangelio. Aunque oraron en el automóvil mientras iban, no entraron en la casa de ellos con sus Biblias ni con sus himnarios. Debido a que sus situaciones conyugales eran semejantes, pudieron hablar con ellos de modo muy natural, preguntándoles cuándo se habían casado, cuándo habían venido a los Estados Unidos, y si habían hecho amistad con alguien. La pareja de la iglesia les dijo que, tal como ellos, también habían llegado a los Estados Unidos recientemente y que si en cualquier momento necesitaban ayuda práctica, estarían dispuestos a ayudarlos. La pareja que ellos estaban visitando les dijo que no tenían carro, lo cual hizo difícil que fueran de compras, y el esposo dijo que no tenía amigos. El hermano le dijo que cuando tuvieran tiempo, los visitarían. Los esposos hablaron japonés, y las esposas hablaron chino. Esta clase de plática fue muy natural y agradable, e hizo que esta pareja abriera su corazón a este hermano y hermana y que compartieran con ellos sus necesidades y ansiedades. Finalmente, la esposa le confió algo a la hermana, diciéndole que ellos no habían rechazado absolutamente al Señor Jesús y que permitirían que hablaran acerca del evangelio.

Ellos hicieron que esta pareja se quedara en un ambiente muy feliz, habiendo preparado el camino para ganarlos para el Señor. Esta no es la manera de un predicador religioso que obliga a otros a que reciban algo. La plática fue espontánea en todo aspecto, y los llevó a un punto muy positivo acerca del evangelio. La esposa, por sí misma abrió su ser a ellos, diciéndoles que ellos no habían rechazado al Señor Jesús. Ahora esa pareja está dispuesta a recibir a este hermano y hermana y a escuchar cualquier cosa que éstos digan. Yo creo que la próxima vez que los visiten, algo pasará, porque ahora sus corazones ya están abiertos y sus espíritus ya están preparados. Esta es la manera sabia de hablar con la gente con respecto al evangelio.

Muchas veces tenemos un gran deseo de ganar a la gente y hacemos muchas cosas con demasiada rapidez; así que, finalmente ofendemos a la gente y no ganamos nada. Esto cierra la puerta, y luego es muy difícil que regresemos otra vez. A muchas personas no les gustan los predicadores, y a muchas personas cultas que piensan mucho no les gusta la religión. Tenemos que ser hombres y mujeres comunes. Hasta la manera en que nos vistamos debe ser muy normal de modo que no llame la atención de la gente. Debemos visitar a otros como personas comunes, sin ser especiales exteriormente.

Fue la soberanía del Señor que este hermano y hermana visitaran a tal pareja, puesto que los dos esposos eran japoneses y que las dos esposas eran chinas. Pero debemos saber utilizar tal situación de modo espontáneo y normal. Entonces podremos preparar el camino por medio de abrir los corazones de la gente y preparar sus espíritus para recibir lo que hablemos la próxima vez. Al llevar a cabo las reuniones de hogar, no debemos esperar hacer un trabajo rápido. En lugar de eso, debemos hacerlo despacio. Esta es la manera sabia y eficaz.

APROVECHANDO LA OPORTUNIDAD PARA IMPARTIR LA PALABRA

Debemos aprender a tomar la oportunidad para ministrar la santa Palabra. No importa cuán espontánea sea su manera de comportarse, usted debe aprovechar el tiempo para ministrar algo de la santa Palabra. Al hablar con aquella mujer, parece que la hermana no le ministró nada de la Palabra. Sin embargo, la mujer respondió diciendo que no rechazaría al Señor Jesús. Además, ella estaba dispuesta a recibir todo lo que la hermana le dijera. Por medio de estos dos puntos podemos comprender que esta mujer ya había recibido algo. Fue sabio no hacer más en aquella ocasión. Sin embargo, en la mayoría de los casos, debemos aprovechar la oportunidad para ministrar algo de la Palabra a quienes visitemos. No debemos hacerlo muy rápido, sin embargo, tampoco debemos desperdiciar nuestro tiempo. Debemos ministrar algo de la santa Palabra a ellos con respecto a Cristo, con respecto a Dios y con respecto a la salvación de Dios. Por una parte, debemos ser muy espontáneos, muy comunes y muy humanos, sin dar a la gente ninguna impresión de que estamos promoviendo algo. Por otra parte, debemos aprender a aprovechar el tiempo con destreza para hablar algo de la Palabra, aun si sólo dura unos cuantos minutos. Siempre es mejor usar un versículo de la Biblia. Debemos impartir este versículo en las personas a quienes visitamos para cumplir con nuestro propósito principal.

Si tenemos la carga de ayudar a tales personas a saber que todos sus pecados han sido perdonados, debemos esperar el tiempo apropiado y luego abrir la Biblia a un versículo que hable del perdón de Dios. Luego podemos ministrar tal versículo a estas personas. Esto no es fácil, así que todos tenemos que aprender por medio de practicar. Debemos aprovechar el momento oportuno, ministrar el versículo apropiado y ministrarlo de una manera breve pero que los impresione profundamente.

Escoger un buen versículo que hable del perdón de Dios no es difícil, pero aplicar tal versículo adecuadamente requiere destreza. Hechos 10:43 dice: "De éste dan testimonio todos los profetas, que todos los que en él creyeren, recibirán perdón de pecados por su nombre". Para aplicar este versículo, usted podría primero pedir que el nuevo creyente lo leyera. Cuando él lea las palabras "todos los que en él creyeren", usted debe preguntarle: "¿Todos los que hacen qué?" Deje que él diga: "Que creen". Entonces en seguida usted puede preguntarle: "¿Ha creído usted?" Tal vez él responda: "Sí, anoche creí". Haga que siga leyendo: "Que en él creyeren". Verifique con él palabra tras palabra: "¿Ha creído en El? El se refiere a Cristo el Salvador. ¿Ha creído en El?" Ciertamente dirá: "Sí, he creído en El". Tal vez usted le pregunte: "Entonces, ¿qué pasará?" y deje que siga leyendo: "Todos los que en él creyeren, recibirán". Después, usted le pregunta: "¿Recibirán qué?" Y él lee: "Recibirán perdón". Usted le pregunta: "¿Perdón de qué?" Y él contesta: "Perdón de pecados". Mientras esté leyendo, usted puede seguir su lectura y preguntarle acerca de cada palabra. Luego, tal vez usted le pida que lea todo el versículo. Esto lo impresionará con alguna palabra viva de la Biblia. Después de que usted ha aplicado este versículo, usted puede preguntarle: "Y ahora, ¿qué de sus pecados?" Tal vez él le diga: "Mis pecados han sido perdonados". Usted le pregunta: "¿Cómo sabe esto?" El le dirá que el versículo dice esto.

Meramente leerles a los nuevos creyentes no funciona muy bien. Debemos desarrollar nuestra habilidad de tal modo que podamos hacer que un versículo sea impartido en ellos. Esto es como clavar un pedazo de madera a otra cosa. Debemos clavarlo adecuadamente; de otro modo se saldrá solo. Debemos desarrollar la habilidad de impartir un versículo en alguien de una manera perfecta y completa. Esto cautivará a los nuevos creyentes, y nunca se escaparán porque tal versículo estará en ellos. Es por esto que soy muy repetitivo en mi hablar. Cuando hablo algo, lo digo una y otra vez para que esto cause impresión en los que escuchan, de modo que nunca lo puedan olvidar. Muchas veces hablo de una sola cosa desde muchos ángulos diferentes.

No piensen que ir a los hogares de otros y tener reuniones de hogar con ellos es algo fácil. Primero debemos aprender a ser espontáneos, y en segundo lugar, debemos aprender a aprovechar la oportunidad para ministrar algo de la Palabra a las personas con quienes tenemos contacto.

COMPORTARSE CONFORME A LA SITUACION

Recientemente, un sábado por la noche, un equipo evangelístico visitó a una pareja. Al día siguiente esta pareja vino a la mesa del Señor. Durante esa reunión, el esposo fue conmovido profundamente por el Señor, y fue bautizado después de la reunión. Luego, el martes por la noche, este equipo fue a la casa de la pareja para verlos. Durante su primera visita, uno de los hermanos le había dado al hermano nuevo un himnario y un libro que podría usar para el avivamiento matutino. Cuando llegaron, se dieron cuenta de que la casa había sido preparada para ellos y que estos dos libros habían sido puestos en la mesa. Entonces este hermano nuevo tomó estos libros y se unió a los hermanos, así que les pareció que debían cantar algo del himnario para ayudarlo a saber algo más acerca de Cristo. Después de que cantaron el himno, percibieron que él necesitaba algo, que él no se sentía liberado. Ellos le dijeron que había algo que lo podría hacer realmente libre. Compartieron con él que como cristianos tenemos dos tesoros poderosos: interiormente tenemos el Espíritu de Dios, el cual mora en nuestro espíritu; y exteriormente tenemos la Biblia, la Palabra de Dios, la cual es la verdad (Jn. 17:17). Cuando sentimos que estamos oprimidos, necesitamos adentrarnos en la Palabra, usando nuestro espíritu para tocar la Palabra, y la Palabra nos liberará. Hoy en día el Señor es el Espíritu, y El mora en nuestro espíritu. Donde está el Espíritu del Señor, allí hay libertad (2 Co. 3:17). Por medio de compartir estas cosas, lo animaron a usar su espíritu invocando al Señor cuando se levante en la mañana para tener su avivamiento matutino. El les dijo a los hermanos que ya había leído casi la mitad del libro para el avivamiento matutino, y al final de su tiempo con él, él se paró y oró con ellos de una manera muy buena. En sólo treinta minutos habían usado la Palabra, mostrándole los versículos que dicen: "la verdad os hará libres" (Jn. 8:32) y "el Señor es el Espíritu" (2 Co. 3:17), y lo habían animado a ejercitar su espíritu con ellos. La reunión terminó de un modo muy agradable, y él estaba dispuesto a asistir a una reunión de grupo pequeño el viernes siguiente y otra vez a la mesa del Señor el día del Señor.

Estos hermanos hicieron un buen trabajo en aproximadamente treinta minutos. Cuando entraron en la casa de este nuevo y vieron que había dispuesto el himnario y el otro libro de versículos para el avivamiento matutino, se dieron cuenta de que este hombre estaba listo para recibir algo. No era necesario que hicieran algo para prepararlo, sino que pudieron abordar el tema directamente. Simplemente fueron a la casa de este nuevo creyente y se comportaron no conforme a algo preparado sino conforme a la verdadera situación.

Todos debemos aprender a no ser formales, legalistas ni religiosos, sino a ir y ver cuál es la situación y así comportarnos conforme a esto. Estos hermanos no escogieron un tema de antemano. Sencillamente vieron la situación. Aquel nuevo había dispuesto el himnario y un libro relacionado con la Biblia, mostrando así que estaba contento con estos dos regalos, así que uno de los hermanos tomó la oportunidad de hablar algo. Fue muy sabio hablar con él tomando como base estos dos regalos con los cuales él estaba tan contento.

Si los hermanos hubieran escogido un tema de antemano, es posible que hubieran presentado su plática preparada sin prestar atención a la situación. Tal plática no habría tenido mucho éxito, ni habría dado un resultado tan positivo. Estuvo muy bien que los hermanos no hicieron esto;

actuaron conforme al gusto del nuevo creyente. Esto fue sabio y flexible, e hizo que su plática fuera muy eficaz.

SER EQUIPADOS CON EL CONOCIMIENTO DE LA VERDAD Y CON LA EXPERIENCIA DE VIDA

No es muy fácil tomar esta manera porque requiere que estemos adecuadamente equipados con mucho conocimiento de la verdad y con mucha experiencia de vida. Uno debe tener tanta experiencia y tanto conocimiento que pueda enfrentar cualquier situación. También debemos aprender a ser muy perspicaces y estar alerta para conocer los sentimientos y deseos de la gente. Debemos saber qué es lo que hay dentro de las personas con quienes vamos a hablar. Esto requiere mucha experiencia. Yo sé que cuando algunos de los santos jóvenes tienen una cita para visitar a alguien, tienen mucha ansiedad. Puede ser que oren todo el día con respecto a esa cita, y que también lean algunos mensajes o algunos libros mientras están en camino para ver a la gente. Por medio de todas estas cosas ellos se preparan mucho, pero eso no es igual que ser equipados. Esto es una clase de preparación temporal que podría matar la reunión de hogar.

Todos ustedes deben ser equipados, pero no sólo por medio de la labor de un solo día, sino por medio de la labor de más de dos años. Deben equiparse con el conocimiento de la verdad y con la experiencia de vida. Entonces, serán ricos, y también tendrán una gran percepción para conocer los sentimientos y las intenciones de otros. Necesitan orar mucho pidiendo que el Espíritu Santo esté con ustedes para ayudarles a comprender la verdadera situación de los nuevos. Entonces, cuando vayan, podrán hablar algo rico conforme a la situación y de acuerdo con la verdadera necesidad de las personas con quienes tengan contacto.

LA NECESIDAD DE PRACTICAR

Todos tenemos que aprender dos cosas: ser normales y espontáneos, y aprovechar la oportunidad para impartir algo de la Palabra. La mejor manera de aprender es que cuatro o cinco de ustedes se reúnan para practicar. Pueden demostrar cómo comenzar una reunión de hogar y cómo hablar con la gente de acuerdo con muchas situaciones diferentes. Esto los ayudará. Yo creo que la mayoría de ustedes tienen suficiente experiencia para ir a las reuniones de hogar. No obstante, no saben cómo expresarse. Algunos jóvenes, especialmente las hermanas, están muy preocupadas por sí mismas cuando asisten a una reunión de hogar. No saben cómo pararse, cómo sentarse ni dónde poner sus manos. Parece que todo les da miedo. Por lo tanto, necesitan practicar. Hace más de sesenta y dos años, en 1927, me di cuenta de que por toda mi vida yo hablaría por Cristo. No estudié en un seminario ni en una escuela de la Biblia, tampoco tuve a alguien que me enseñara a hablar. La compañía en la cual trabajaba en aquel entonces estaba muy cerca del mar. Después del almuerzo, teníamos como media hora, y yo solía ir a una pequeña colina cerca del océano y practicaba allí. Así aprendí a hablar. Por las tardes regresaba a casa y me ponía de pie delante de un espejo largo en el cual podía ver todo mi cuerpo, y practicaba hablando y haciendo ademanes. Esto me ayudó mucho; les aconsejo a todos ustedes que practiquen las cosas que les he compartido. No esperen hasta que vayan a un hogar. Si nunca practican, no sabrán qué hacer cuando vayan a un hogar. Practiquen estas cosas, y podrán tener reuniones de hogar adecuadas, de modo que su fruto permanezca.

En 1 Pedro 2:2 dice que los niños recién nacidos desean la leche de la Palabra. Los niños recién nacidos no saben beber, pero tenemos que alimentarlos. Si la madre no alimenta al niño recién nacido, éste no puede tomar la leche. Tenemos que ir a los hogares de los nuevos creyentes, no sólo para alimentarlos con leche sino también para enseñarles cómo alimentarse a sí mismos. Entonces podrán crecer por medio de nuestra alimentación. Debemos ir a los nuevos porque ellos no saben qué hacer. Luego tenemos que enseñarles o decirles muchas cosas con respecto a la vida espiritual. Las cuatro primeras cosas que debemos decirles son que deben leer la Biblia, orar al Señor, quien es el Espíritu, guardar la práctica de tener una vigilia matutina, y asistir a las reuniones. Hacer esto requiere mucho aprendizaje y mucha destreza.

EL EJERCICIO Y LA PRACTICA DE LA MANERA ORDENADA POR DIOS

MENSAJE DIECISEIS

PENETRANDO EL CORAZON DE LA GENTE CON EL EVANGELIO

Todos nosotros tenemos que conocer la Biblia y algo de los hechos históricos de tal modo que cuando nos encontremos con una persona intelectual y culta, podamos ofrecer una respuesta a sus preguntas, la cual lo convenza, lo persuada y lo sojuzgue.

En la predicación del evangelio, tal vez se encuentren con una persona culta e intelectual. El podría decir que no es una persona mala, que tiene un buen matrimonio, y que trata de llevar una buena vida. Tal vez le esté yendo bien en todo. Mientras usted le está presentando el evangelio, él podría preguntar cómo puede alguien saber con certeza que Jesucristo resucitó de los muertos. Puesto que esta pregunta está relacionada con un asunto tan importante, la conversación con él debe ser un poco más larga, más lenta y más detallada.

PREDICAR EL EVANGELIO ACERCA DE LA RESURRECCION DE JESUCRISTO

Cuando le predicamos a una persona intelectual el evangelio concerniente a la resurrección de Cristo, podemos usar como ejemplo la migración de la gente del norte de Europa a los Estados Unidos hace trescientos o cuatrocientos años, para mostrarle cómo nosotros creemos que algo sucedió en el pasado, aunque no hayamos estado allí como testigos del evento. Debido a tres cosas creemos que muchos europeos del norte emigraron a este país: la crónica histórica, los verdaderos descendientes de aquellos inmigrantes, y la evidencia tangible en el ambiente que nos rodea. Cuando usamos semejante ejemplo, debemos recalcar estos puntos una y otra vez para convencer y sojuzgar a nuestro interlocutor. En primer lugar, la crónica histórica, la historia escrita, nos dice que tal migración tuvo lugar hace trescientos o cuatrocientos años. En segundo lugar, los descendientes de aquellos que emigraron están entre nosotros hoy en día, y podemos seguir sus genealogías hasta aquellos inmigrantes. Su presencia en este país hoy en día es una clara evidencia de que ocurrió dicha migración. En tercer lugar, el ambiente físico que nos rodea, como por ejemplo los diferentes tipos de construcciones, indican que hubo tal migración, puesto que los habitantes originales no tenían semejantes lugares de habitación.

La prueba de la resurrección de Jesucristo, igualmente, tiene tres elementos claves: la crónica histórica, los descendientes cristianos, y el efecto de Cristo y Su resurrección en la sociedad humana.

La crónica histórica

La Biblia contiene la crónica histórica no sólo de la resurrección de Cristo, sino también de la historia completa de Cristo. La primera página del Nuevo Testamento presenta Su genealogía (Mt. 1:1-17). La Biblia, después de pasar por muchas generaciones, ha sido reconocida por el mundo entero como un gran libro.

Algunos tal vez aleguen que la Biblia dice cosas que no son ciertas. La manera de determinar si un libro es correcto o incorrecto es examinando su contenido. Si el libro tiene un bajo nivel moral y ético, como es el caso del libro de Mormón, tenemos razón en no creerle. Pero si un libro tiene un alto nivel moral y ético, tenemos que creerle. La Biblia ha sido reconocida universalmente como un libro con el más alto nivel ético y moral. Por lo tanto, tenemos que reconocer que todo lo que dice es verídico.

El contenido de la Biblia incluye muchos diferentes asuntos. Las profecías en cuanto a la nación de Israel, sin ir más lejos, son una importante sección. Debido a la degradación de Israel, Dios se desagradó de ellos, castigándolos con la dispersión de ellos entre las naciones. Esta profecía acerca de la dispersión (Dt. 28:62-64; Lc. 21:24) tuvo cumplimiento seiscientos años antes de Cristo cuando Nabucodonosor, rey de Babilonia, conquistó Judá (2 Cr. 36:6-21). La pérdida de la nación de los hijos de Israel fue una señal del castigo de Dios sobre ellos.

La Biblia también predijo que un día esa tierra regresaría a los judíos (Mt. 24:32; Lc. 21:24) y que ellos constituirían una nación. La nación de Israel fue formada en 1948, y en 1967 Jerusalén retornó a los judíos. Esta predicción es una prueba contundente de que la Biblia es un libro confiable. Fue escrito por Dios mismo mediante los profetas del Antiguo Testamento, y mediante los apóstoles del Nuevo Testamento.

La Biblia también contiene las palabras habladas por el Señor Jesús. Sus palabras son más profundas, de un nivel más alto, y más llenas de significado que las de cualquier filósofo, incluyendo a Platón y a Confucio. Por ejemplo, el Señor Jesús dijo que El es la luz del mundo (Jn. 8:12), la vida (14:6), y la resurrección (11:25). El nos llamó a venir a El para que bebiéramos (7:37) y se nos ofreció a Sí mismo como pan de vida (6:35). Las palabras que habló el Señor Jesús son únicas y profundas; ninguna otra persona podría decir semejantes palabras. Las palabras del Señor Jesús son tan profundas que un filósofo comentó que si el Cristo descrito en los Evangelios es falso, entonces quienquiera que haya escrito tal descripción está calificado para ser Cristo.

Nadie, excepto el Señor Jesús, podría decir: "Venid a mí...y yo os haré descansar" (Mt. 11:28), o "Yo soy el pan vivo que descendió del cielo...el que me come, él también vivirá por mí" (Jn. 6:51, 57), o "Si alguno tiene sed, venga a mí y beba" (7:37). Confucio y Platón no podrían decir semejantes cosas debido a que no eran personas de la talla del Señor Jesús. Los capítulos cinco al siete del Evangelio de Mateo muestran el alto nivel de la enseñanza del Señor. Ninguna otra persona, salvo el Señor Jesús, ha pronunciado jamás semejante cosa como la acerca de amar a nuestros enemigos (Mt. 5:43-44). En toda la historia del hombre ha habido una sola persona que pudo decir tales cosas y que, en efecto las dijo; y Sus palabras fueron escritas en la Biblia. La Biblia como recuento histórico es muy elevada en su moralidad y ética; por lo tanto, es fidedigna y confiable.

El testimonio de los descendientes cristianos

La segunda razón por la cual sabemos que Jesucristo resucitó es que tenemos los descendientes espirituales de aquellos que fueron testigos del hecho. Pedro, Juan y los demás apóstoles, incluyendo a Pablo, fueron testigos de la resurrección de Cristo y fueron la primera generación de cristianos (1 Co. 15:4-8). Esta primera generación le dijo a la segunda generación, y ésta a la siguiente, hasta que llegó a nosotros. Nuestros antepasados espirituales pueden ser hallados al remontarnos a la primera generación. En China, todos creen que hubo una persona llamada Confucio, no sólo por la historia escrita, sino también por los descendientes suyos que viven en China actualmente. Estos descendientes pueden devolverse en su genealogía a su antepasado Confucio. Los cristianos también podemos mirar retrospectivamente en nuestra genealogía hasta llegar a Pedro y Juan, la primera generación de cristianos.

El efecto de la resurrección de Cristo en la sociedad humana

La tercera razón por la cual sabemos que Jesucristo ha resucitado es por el efecto de Su resurrección en la sociedad humana. El cristianismo es el producto de Su resurrección. El hecho de que toda la tierra esté bajo un calendario que se basa en el nacimiento de Jesucristo es también una evidencia clarísima de la resurrección de Cristo. Esto indica que Jesús es Señor de todos.

GUIAR A LA GENTE
A LA REALIDAD DE CRISTO

Cuando una persona nos hace una pregunta demasiado vaga o demasiado amplia, debemos tratar de concretar o comprimir su pregunta a una forma manejable. De otro modo, su pregunta será como una cometa sin hilo, que vuela fuera de control. Lo mejor que se puede hacer en esos casos es abrir la Biblia en algunos versículos específicos. Al ir a algunos versículos específicos, usted lo concreta a algo. Entonces, puede hablarle una palabra específica, y él puede hacer una pregunta específica. Por medio de una conversación así, usted puede guiarlo a la realidad de que Cristo es vida para nosotros. Usted podría llevar a alguien a leer Juan 6:35. Después de que él lea, usted podría decir: "Esta es la palabra del Señor Jesús. Nosotros creemos en El. Esta palabra hablada por el Señor mismo nos dice que El es vida, que es el pan de vida. Ahora podemos comerle. Comerle significa disfrutarle, ingerirle". Entonces él quizá pregunte cómo comer y disfrutar a Cristo. Usted puede decirle que disfrutar a Cristo, comer a Cristo, es sencillamente orar a El. Luego ayúdenle a orar. Indudablemente, esto le será de ayuda.

Debido a que la gente puede tener mucho conocimiento religioso, lo mejor es evitar cualquier discusión en cuanto a doctrinas. Guíenlos a algunos versículos concretos, y recálquenles el contenido de los mismos una y otra vez. Esto barrerá con cualquier motivo de discusión ya que los versículos son las palabras del Señor Jesús mismo. Esto reducirá mucho su discusión.

ENFOCAR NUESTRA PREDICACION DEL EVANGELIO EN UNA PERSONA A LA VEZ

La mejor manera de conducir un diálogo sobre el evangelio es hacerlo con una persona a la vez. Usted debe dirigir sus palabras primordialmente a una persona. Por lo tanto, cuando usted esté frente a un grupo, debe aprender a ser muy perspicaz y a estar alerta. Cuando alguien hable, usted debe discernir qué tipo de persona es y qué intención trae. Por las palabras de ellos, usted debe de poder discernir a quién entre ellos debe usted dirigir sus palabras. En un grupo de cuatro o cinco personas, debemos tratar de dirigir nuestra conversación a una de ellas; de otro modo, malgastaremos nuestro tiempo tratando de ocuparnos de demasiadas personas en una conversación. Las interrupciones son enviadas por el diablo para quemar tiempo y anular nuestro diálogo sobre el evangelio. Al final, debido a las interrupciones, habrá poco resultado.

SIEMPRE APROVECHE LA OPORTUNIDAD PARA IMPARTIR LA PALABRA

Al visitar a la gente, un principio importante es siempre aprovechar la oportunidad para impartir alguna palabra de la Biblia en ellos, sin importarnos la duración de la conversación, o de la naturaleza de la misma. Esta acción de impartir la palabra es una inyección. Nosotros podemos llegar e irnos, pero los versículos se quedarán con la gente por mucho tiempo. Se puede dar el caso de que una persona no permita que la palabra obre mucho al principio. Pero después de veinte años, los versículos todavía estarán allí obrando en ella. Por consiguiente, no debemos permitir que nuestro tiempo con las personas sea en vano. Debemos darles una inyección de la palabra. Por esta razón, debemos familiarizarnos muy bien con la Biblia, especialmente con el Nuevo Testamento, de tal manera que podamos seleccionar algunos versículos de oro para usarlos en cualquier momento sin tener que detenernos a considerar mucho.

LLEVAR A LA GENTE DE LA MENTE AL ESPIRITU HUMANO

Cuando salimos a predicar el evangelio, debemos saber que Satanás se nos opone. El tratará de frustrar nuestro diálogo sobre el evangelio trayendo preguntas que no tienen respuesta. La mente de las personas cultas muchas veces es como un gran océano sin fondo. Una vez más, tenemos que tratar de concretarlos a un punto en particular. Frecuentemente tendremos que salirnos del área o el campo de su pregunta, y traerlo a otro ámbito. La mejor manera es hacer que la persona se torne de su mente a su espíritu. Usted podría decir: "Nuestra discusión, hasta aquí, ha estado exclusivamente en la esfera de la mente. Pero nosotros tenemos que darnos cuenta de que los seres humanos no somos una parte nada más; tenemos muchas partes. Tenemos una parte física, nuestro cuerpo, y también tenemos una parte psicológica, nuestra alma, de la cual la mente es la parte más prominente. Usted y yo hemos ejercitado dos partes de nuestro ser. Hemos usado la boca, la cual pertenece a nuestra parte física, y la mente, que pertenece a nuestra parte sicológica. Sin embargo, los seres humanos también tenemos otra parte, nuestro espíritu. Usted tal vez diga en su mente que no hay Dios y que usted cree firmemente en la teoría de la evolución, pero durante la noche, mientras usted está quieto y calmado, hay otra sensación dentro de usted. Esta sensación no está en la mente sino en otra parte de su ser. Esta parte de su ser es su espíritu. Si usted se queda en las consideraciones de su mente, usted siente que no hay Dios. Pero si usted se vuelve a su espíritu, usted siente que hay Dios". Por este tipo de conversación, usted rescata a su oyente de la interminable esfera sicológica y lo trae a la esfera del espíritu humano.

PRESENTAR EL ESPIRITU HUMANO USANDO VARIOS EJEMPLOS

Tenemos que aprender a hablar acerca del espíritu humano usando muchos ejemplos diferentes. Supongamos que usted hace algo malo. Nadie lo sabe excepto usted, aún así, hay cierta condenación dentro de usted. Esto no es sicológico; más bien, es una función de la conciencia que hay en su espíritu humano. Los ateos tal vez digan públicamente durante el día que Dios no existe, pero en la noche cuando están solos, hay algo en su interior —su espíritu— que afirma que hay un Dios. Una persona puede ser muy rica en bienes materiales y disfrutar toda clase de diversiones, y aún así, estar muy insatisfecha. El cuerpo quizá esté satisfecho, la parte sicológica tal vez esté satisfecha, pero queda aún una parte de nuestro ser, la cual no está satisfecha. Esta parte insatisfecha es el espíritu humano.

El espíritu es el órgano mediante el cual tenemos contacto con Dios. Tenemos los cinco sentidos físicos para percibir colores, olores, sonidos, sabores y texturas. Los ojos tienen por objeto ver cosas, como por ejemplo colores. Si usted pierde la vista, usted no puede usar sus oídos para oír los colores. De la misma manera, si pierde su sentido del olfato, no puede usar sus ojos para ver un olor desagradable.

Nuestro espíritu es el órgano para que percibamos y sintamos a Dios y para que tengamos contacto con El. En nuestra mente no podemos ver ni percibir a Dios. Tal como nuestros oídos no pueden oír el color, nuestra mente no puede percibir a Dios. Para percibir el color, tenemos que usar los ojos; de la misma manera, para tener contacto con Dios, tenemos que usar nuestro espíritu. En una discusión así, usando los puntos anteriores, sería bueno intercalar un versículo de la Biblia como Juan 4:24.

PRESENTAR LA IGLESIA A AQUELLOS A QUIENES PREDICAMOS

Después de que usted ha visitado a alguien por varias semanas puede surgir el asunto de la iglesia. Para cuando este asunto sea mencionado por primera vez, puede ser que no haya suficiente tiempo para abarcarlo, aún así, es bueno tener unos momentos para dar unas cuantas inyecciones o versículos en cuanto a la iglesia. Usted podría decir: "La iglesia está constituida de Cristo como vida. Según Efesios 1:22-23, la iglesia proviene de Cristo. Cristo es la substancia y la realidad de la iglesia". Probablemente esto es suficiente, especialmente si ese alguien es cristiano y usted quiere visitarlo la semana siguiente.

En su próxima visita, usted debe inmediatamente entrar al asunto de la iglesia sin pérdida de tiempo. Después de recordarle brevemente el asunto de la iglesia, el cual él había propuesto para comunión, usted debe esperar que él diga algo. De otro modo, usted no sabrá en qué está él. Al darle la oportunidad de hablar, usted podría percatarse de que él nunca ha sido salvo, es decir, de que es un cristiano de nombre. En tal caso usted podría decir: "Hoy día en el cristianismo, hay dos clases de cristianos, los genuinos y los nominales. Muchos han llegado al cristianismo sin ser salvos". Entonces hable con él en cuanto a la salvación, ayudándole así a darse cuenta de que él no es todavía un cristiano genuino. Esto puede tomar todo su tiempo, así que usted debe concertar una cita para reunirse con él otra vez la semana siguiente. Quizá después de un período de cuatro o cinco semanas, usted pueda abarcar el asunto de la iglesia, dependiendo de la manera en que trate con este tipo de persona.

EL EJERCICIO Y LA PRACTICA DE LA MANERA ORDENADA POR DIOS

MENSAJE DIECISIETE

CUATRO PRACTICAS CRUCIALES DE LA VIDA CRISTIANA

Lectura bíblica:
1. Leer la Biblia—2 Ti. 3:15-16
2. Orar sin cesar—1 Ts. 5:17-18
3. Mantener la vigilia matutina—Sal. 119:147-148
4. Asistir a las reuniones—He. 10:25

SER LIBERADO PARA LA OBRA DEL SEÑOR

En este mensaje continuaremos la comunión acerca de cómo cuidar a los nuevos creyentes en las reuniones de hogar. Tener éxito en las reuniones de hogar no es fácil; depende totalmente de nuestras acciones. Cada vez que hagamos algo como parte de la obra del Señor, debemos ser personas liberadas. También debemos ser personas que puedan hacer que otros sean liberados. Como descendientes de Adán, toda la gente en la tierra está bajo alguna especie de esclavitud. Sin embargo, al tocar la obra del Señor, nosotros no debemos ser personas bajo esclavitud; debemos estar totalmente liberados. Si vamos a visitar la casa de un nuevo creyente con el propósito de tener una reunión de hogar, pero no estamos liberados, esto puede causar mucho daño. Todos tenemos que aprender a ser liberados de toda clase de atadura.

Hay muchas cosas que vienen a nosotros para atarnos y oprimirnos. En este aspecto, somos muy débiles y frágiles. Una cosa pequeña fácilmente puede atarnos. Mientras un hermano maneja a la casa de un nuevo creyente para tener una reunión de hogar, puede ser que uno de los miembros de su equipo haga algún comentario acerca de su manera de manejar. Este pequeño comentario acerca de su manera de manejar lo molestará y lo atará. En la vida matrimonial es difícil estar liberados porque las cosas pequeñas fácilmente pueden causar ofensas, y ser ofendido es ser atado.

Antes de ir a visitar una casa, tal vez usted reciba una llamada telefónica que haga que usted sea atado. Tal vez usted sienta y se dé cuenta de que está atado e incluso ore diciendo: "Oh Señor, libérame", pero muchas veces su oración no será contestada. Luego, cuando usted entre en la casa, tal vez grite y se regocije exteriormente, pero interiormente no está liberado. El diablo sabe que usted está atado, el espíritu de usted sabe que usted está atado, e incluso los nuevos creyentes se darán cuenta de que algo dentro de usted no es muy agradable. El hecho de que usted esté atado puede matar la reunión de hogar. No importa lo que diga, predique o enseñe, no surtirá efecto. Por lo tanto, para obrar por el Señor eficazmente, usted debe ser una persona liberada.

Hace muchos años, mientras yo estaba en Shangai, el hermano Watchman Nee recalcó mucho este punto. Nos dijo que nunca debemos abrir ninguna carta inmediatamente antes de hablar de parte del Señor. Si abro una carta antes de hablar, es posible que yo sea dañado y que pierda mi eficacia. Puede ser que incluso me moleste con nada más mirar el nombre y la dirección del que envió la carta. El hermano Nee también dijo que cuando se aproxima la hora de hablar, no debemos aceptar ninguna llamada telefónica. Muchas veces, mientras estoy recogiendo mis libros para ir a la reunión, el teléfono suena. ¿Debo contestar o no? Estas cosas son muy molestas.

Otro factor molesto puede ser nuestros hijos. Si estamos a punto de hablar de parte del Señor, algo pasará con respecto a nuestros hijos que nos molestará. Es fácil ver cuán frágiles somos. Muchas cosas en nuestras circunstancias, en nuestro ambiente y en nuestra situación vienen a nosotros con la intención de destruir nuestra obra espiritual. Es por esto que es difícil encontrar alguna persona en la tierra que esté totalmente liberada, que no esté atado de alguna manera. No podemos evitar tener contacto con la gente. Tenemos que contactar a otros, y cuanto más contacto tenemos con otros, más factores molestos tendremos.

Todos nosotros estamos rodeados de factores molestos. ¿Cómo podemos aprender a no ser molestados? Esta lección no tiene fin; continuaremos aprendiéndola hasta que nos reunamos con el Señor. En este mensaje mi carga es aclarar a todos ustedes una lección básica. No importa cuánto hayan sido entrenados con respecto a las reuniones de hogar, lo primero que deben aprender es cómo ser liberados. Es posible hacer casi todo estando bajo ataduras. Si usted está oprimido, todavía puede enseñar en un salón de clase o aprender como estudiante. Sin embargo, al tocar la obra espiritual, mientras no esté liberado, usted no puede hacer nada.

El sutil enemigo que daña nuestra obra es el que nos molesta. Una vez que estamos molestos, no estamos liberados sino oprimidos. Entonces, nuestra obra se hace infructuosa. Para nuestro trabajo en las reuniones de hogar, todos debemos aprender a siempre mantenernos en el espíritu. Nunca debemos salir del espíritu para tratar con las cosas en nuestro ambiente o situación. Debemos mantenernos en el espíritu. También es de provecho tratar de no comprometernos en situaciones molestas. Una vez que uno se compromete en algo, es fácil que uno sea molestado.

Por el lado negativo, debemos aprender a no comprometernos. Por el lado positivo, debemos preservarnos, es decir, mantenernos, en el espíritu. En tal caso, aun si alguien nos dice algo acerca de nuestra manera de manejar, no nos importará, no tendremos ganas de involucrarnos en el asunto. El problema es que somos muy sensibles y siempre queremos meternos en todo. A algunas personas les gusta saber todo, y siempre están buscando información. Si somos así, ya no somos aptos para la obra del Señor.

La Biblia nos dice que mientras el Señor estaba en la tierra, era sordo y ciego (Is. 42:19). El no era sordo y ciego en realidad, sino que simplemente no quiso oír ni ver. A veces yo voy por algún lado y en realidad veo muchas cosas, pero no me preocupo por tales cosas ni les presto atención. En lugar de eso, tal vez esté pensando en cierto capítulo de la Biblia. Por lo tanto, cuando regreso, no me acuerdo de muchas de las cosas que he visto. Creo que la vista del Señor Jesús era muy fina, pero El no quiso mirar muchas cosas. En ese sentido, El no vio; era ciego. En el mismo sentido, también era sordo. No vio ni oyó, así que no se enredó en muchas cosas. Nosotros debemos darnos cuenta de que tal vez seamos personas metidas en demasiadas cosas. Algunos santos pueden estar entre nosotros sólo unos cuantos días y estar ya metidos en más cosas que yo. Tales personas no pueden llevar a cabo la obra del Señor. Todos debemos aprender a no enredarnos con otros y a no meternos en las situaciones de otros. Debemos ser personas que sólo conocen al Señor y nada más.

HABLAR CONFORME A LA NECESIDAD DE LOS NUEVOS CREYENTES

Inmediatamente después de su bautismo, debemos ayudar a los nuevos creyentes en las reuniones de hogar. No obstante, no debemos hacer esto de modo legalista como si estuviéramos usando un libro de texto: primero, lección número uno, luego, lección número dos, y así sucesivamente. Primeramente, debemos ser liberados. Debemos tener un espíritu muy libre que pueda percibir los sentimientos de otros. Luego, cuando vengamos a las casas de los nuevos creyentes para tener una reunión de hogar con ellos, no debemos tener un tema ya establecido. Eso matará la reunión. Podemos cantar, orar o alabar para hacer que estemos muy liberados y también para liberar a otros. Por medio de esto, los nuevos creyentes abrirán su ser a nosotros y dirán algo. Al escucharlos, podremos percibir sus sentimientos acerca de su situación. Luego podremos decirles algo que sea conforme a su necesidad.

Tal vez un nuevo creyente diga: "Durante estos dos días después de mi bautismo, no he tenido paz por dentro" ¿Qué debe decir usted? Si usted dijera algo acerca de la consagración porque había preparado este tema para la reunión, eso no encajaría y no satisfaría la necesidad de este nuevo creyente. Usted debe seguir el espíritu para decirle algo. Lo mejor sería no decir algo muy pronto, sino primero preguntarle por qué no tuvo paz durante estos dos días. Debe de haber alguna razón. En la respuesta que le dé, tal vez usted se entere de la causa de su problema. Puede ser que él diga que después de que fue bautizado, comenzó a pensar en su padre, y a preguntarse qué pensaría su padre acerca del hecho de que él llegó a ser cristiano. Ahora usted sabe por qué estaba preocupado y puede decirle algo que satisfaga la necesidad.

A veces es necesario preguntar a los nuevos creyentes para saber algo, pero no haga muchas preguntas. Es mejor resolver una sola pregunta a la vez. Este nuevo creyente se preocupa cuando piensa en su padre; tal vez piense que su padre lo reprenderá o que lo rechazará. Lo que usted conteste dependerá de lo que ha aprendido, de su conocimiento. Puede usar Hechos 16:31: "Cree en el Señor Jesucristo, y serás salvo, tú y tu casa". Usted puede leerle este versículo y decirle: "Esto es una gran promesa a los creyentes. Todos los creyentes tienen el derecho de esperar que toda su familia sea salva. No necesitas preocuparte por tu padre; tienes que creer la Palabra del Señor. Tarde o temprano, tu padre será salvo". De esta manera usted puede fortalecerlo.

CUATRO PRACTICAS CRUCIALES DE LA VIDA CRISTIANA

Cuatro prácticas cruciales de la vida cristiana son leer la Biblia, orar sin cesar, mantener la vigilia matutina y asistir a las reuniones. Sería maravilloso si pudiéramos presentar estas cuatro prácticas cruciales en dos reuniones de hogar.

Leer la Biblia

Aunque usted haya fortalecido y animado al nuevo creyente, en sí esto no es suficiente. Todavía tiene que aprovecharse de la oportunidad de avanzar, de hablar algo más. No debe ir a una reunión de hogar con un tema preparado, pero sí debe tener un propósito. Tener un propósito al ir a una reunión de hogar es diferente de tomar una decisión acerca de lo que va a hablar. Si usted va a visitar a un hombre que acaba de bautizarse hace dos días, usted debe tener la carga, el propósito, de alimentarlo o nutrirlo. Tal vez usted diga: "Este versículo, Hechos 16:31, es muy bueno y consolador. La Palabra es clara y pura. Nosotros los cristianos debemos conocer los versículos en la Biblia, así que necesitamos leer la Biblia. Desde el primer día en que creemos en el Señor Jesús, debemos aprender la práctica de leer la Biblia. En 2 Timoteo 3:15-16 dice: 'Desde la niñez has sabido las Sagradas Escrituras, las cuales te pueden hacer sabio para la salvación...Toda la Escritura es inspirada por Dios, y útil para enseñar, para redargüir, para corregir, para instruir en justicia'". Luego usted puede tener comunión con él y encargarle que aparte algún tiempo cada día para leer la Biblia.

Orar sin cesar

Tal vez usted continúe su plática con él diciendo: "Leer la Biblia es bueno, pero tal práctica debe ir acompañada de otra cosa: nuestra oración al Señor. Nuestra lectura debe ser complementada por la oración. Podemos tomar la porción de la Palabra que dice: 'Toda la Escritura es inspirada por Dios' y simplemente convertirla en oración, diciendo: 'Señor, gracias por todas las Escrituras. Gracias que todas las Escrituras son inspiradas por Dios'. Tienes que aprender a orar las palabras de la Biblia de esta manera".

Usted debe demostrar cómo leer la Biblia y orar. También puede leerle 1 Tesalonicenses 5:17-18 —"Orad sin cesar. Dad gracias en todo"— y decir: "Después de orar, uno siempre debe dar gracias. Este versículo dice que oremos sin cesar y que luego demos gracias a Dios". Puede leer estos dos versículos y luego demostrar un poco. Esto lo ayudará. Al tener contacto con él de esta manera, usted puede hacer que la plática abarque el asunto de leer la Biblia y el de orar.

Mantener la vigilia matutina

Después de unos cuantos días, usted debe volver a visitar a este nuevo creyente. Esta vez, al llegar, en lugar de escucharlo a él primero, usted debe decir: "Hace dos días hablamos contigo acerca de leer la Biblia y orar. Ahora nos gustaría hablarle acerca de otra práctica que es crucial para nuestra vida cristiana: mantener la vigilia matutina". Usted puede darle una explicación de lo que es la vigilia matutina diciendo: "Cada día, levántate un poco más temprano para pasar algún tiempo con el Señor, para leer la Biblia y platicar con Él. Mientras estés platicando con el Señor, puedes decirle todo lo que necesitas". Esto es orar. No necesitas pasar mucho tiempo haciendo esto, tal vez diez minutos cada mañana. Esto será de gran ayuda para tu vida cristiana". Usted puede hablar con él acerca de esta práctica y encargarle que lo practique. Luego, cuando vuelva a visitarlo, puede preguntarle si lo está practicando o no.

Asistir a las reuniones

Usted también debe de tener suficiente tiempo para decir: "Otra práctica crucial de la vida cristiana es asistir a las reuniones. Hebreos 10:25 dice que no debemos dejar de congregarnos. Nosotros los cristianos somos como abejas; ninguno de nosotros puede vivir la vida cristiana por sí solo. Debemos reunirnos. En la iglesia hay reuniones de hogar, reuniones de grupo pequeño y reuniones grandes.

DESARROLLAR ESTAS PRACTICAS CRUCIALES

No debemos meramente explicar o presentar estas cuatro prácticas a los nuevos creyentes. Necesitamos por lo menos un mes para ayudarles a desarrollar estas prácticas. Cada vez que volvamos a visitarlos, debemos preguntarles acerca de estas cuatro prácticas. Tal vez ellos nos digan que han fracasado. Puede ser que uno de ellos diga que guardó la vigilia matutina tres mañanas, pero que en la cuarta mañana no pudo levantarse. Necesitamos preguntarle: "¿A qué hora te levantaste? ¿A qué hora te acostaste?" A nadie le gusta acostarse temprano. Aun si uno decide acostarse a las diez y media, tal vez no se acueste sino hasta las once y media. Si queremos aprender a mantener la vigilia matutina, debemos pedir al Señor que nos conceda Su gracia y Su misericordia para que podamos acostarnos más temprano. Si no nos acostamos temprano, nos será difícil levantarnos temprano. Tenemos que tratar de ayudar a los nuevos creyentes a desarrollar el hábito de tener vigilia matutina.

Si los nuevos creyentes han de vivir una vida cristiana sana, ellos deben practicar estas cuatro cosas. Deben leer la Biblia, y hasta cierto punto, deben aprender a estudiar la Biblia. La oración es saludable para su vida espiritual, así que debemos hacer mucho para ayudarles a orar. Debemos ayudarles a adquirir el hábito de orar y debemos decirles que orar no meramente significa pedir a Dios que haga ciertas cosas para nosotros, sino que significa respirar a Dios, recibiéndolo por dentro. También debemos ayudarles a mantener la vigilia matutina y a asistir a las reuniones de la iglesia. Debemos dedicar mucho tiempo trabajando para desarrollar estas prácticas.

Mientras estamos ayudando a los nuevos creyentes a desarrollar en ellos estas cuatro prácticas, también tendremos que tocar otros asuntos. Debemos ir a las reuniones de hogar de manera muy flexible. En una sola visita podemos abordar dos o tres temas, pero con respecto a ciertos temas debemos dedicar un período de tiempo más largo para ayudarles. Con respecto al asunto de la consagración, no necesitamos mucho tiempo, pero con respecto a estas cuatro prácticas, necesitamos más tiempo. Es posible que ni siquiera un mes sea suficiente para establecer a un nuevo creyente en estas prácticas. Mientras estamos trabajando en él con respecto a estas cuatro prácticas, también podemos hablar de otras cosas.

Ahora es el tiempo de practicar las reuniones de hogar por medio de cuidar a las personas a quienes usted ha bautizado. Usted los dio a luz, así que la responsabilidad recae sobre sus hombros para regresar y alimentarlos, nutrirlos y cuidarlos con ternura. No haga cosas sin dirección. Usted necesita laborar por un buen período de tiempo para desarrollar en ellos estas prácticas saludables, las cuales son cruciales para la vida cristiana.

MENSAJE DIECISIETE

PREGUNTAS Y RESPUESTAS

Pregunta: Un problema que hemos tenido es que cuando vamos a una reunión de hogar, el nuevo creyente hace tantas preguntas acerca de tantas cosas que nos es difícil tratar cualquier punto de modo sólido. ¿Cómo podemos evitar esto?

Respuesta: Si una persona hace varias preguntas, usted debe tratar de contestar sólo una, y debe procurar hacer que entienda que es difícil contestar tantas preguntas en una sola visita. Puede decirle que en esta ocasión sólo contestará una pregunta, y que volverá en algunos días. Si el tiempo permite, tal vez usted conteste otra pregunta. Usted no debe tratar de contestar todas las preguntas. Tal vez algunas preguntas tengan que ver con temas seculares tales como la ciencia. En tal caso debemos ser francos y humildes y decir que no hemos estudiado tal campo y que no podemos contestar tal pregunta. Aun si usted sabe algo acerca de ciencia, es mejor evitar tal pregunta porque no proporcionará mucha ayuda para la vida espiritual. Debe ahorrar su tiempo y tratar de concentrarse en dar ayuda espiritual.

Pregunta: Hemos tenido la carga de que los nuevos creyentes participen en la predicación del evangelio. ¿Debemos promover esto, o debemos enfocarnos en las cuatro prácticas que se han compartido en este mensaje?

Respuesta: Cuando vayamos a la reunión de hogar, debemos tener un propósito. Nuestro propósito simplemente es nutrir a los nuevos creyentes para que crezcan. Por lo tanto, debemos tener algunos puntos dentro de nosotros que queramos impartirles. Por ejemplo, cada nuevo creyente debe tener la certeza de su salvación. Eso es muy bueno para ellos. Además, cada nuevo creyente debe saber que el Señor Jesús no sólo es el Salvador que murió en la cruz por nuestros pecados para redimirnos, sino que también después de redimirnos, Él llegó a ser Espíritu vivificante. Hoy en día el Salvador, Jesucristo, es el Espíritu vivificante, y como tal, Él puede entrar en nuestro espíritu. Tenemos que nutrir a los nuevos creyentes con esto. Luego, tenemos que ayudarles a aprender estas cuatro prácticas básicas para que puedan comenzar a vivir la vida cristiana. Sin leer la Biblia, sin orar, sin tener la vigilia matutina, y sin asistir a las reuniones, nadie puede comenzar la vida cristiana. Sin embargo, no podemos tomar la decisión de que en esta reunión de hogar les hablaremos acerca de alguna cosa particular. Eso es muy legalista. Debemos tener un propósito que queramos llevar a cabo. Con el tiempo podremos establecer estas prácticas como una base, y podremos seguir adelante.

Gradualmente, después de aproximadamente medio año, llegarán a una etapa donde necesitará la ayuda de nuestra enseñanza. Han sido salvos, pero no saben qué es la salvación. Han sido regenerados, pero no saben qué es la regeneración. Han sido justificados, pero no saben qué es la justificación. Sus pecados han sido perdonados, pero no saben qué significa que sus pecados sean perdonados por Dios. Por lo tanto, en esta etapa tenemos que darles algo de enseñanza. Como ayuda para nosotros mismos, debemos referirnos a las *Lecciones de vida* y a las *Lecciones de la verdad*. Pero no debemos enseñar a los nuevos creyentes de modo legalista, como si estuviéramos usando un libro de texto. Sencillamente debemos ir con un propósito y actuar conforme a la necesidad por medio de vivir en el espíritu.

Pregunta: No estamos seguros de que algunas de las personas con quienes hemos tenido contacto puedan ser ganadas para la vida de la iglesia. ¿Cómo debemos seguir adelante con éstos?

Respuesta: En el pasado cometimos un gran error. Nuestro contacto con la gente no tenía meta. Nos poníamos en contacto con cierta persona una o dos veces; después, nos olvidábamos de ella. Luego laborábamos en otro, pero después de tres semanas íbamos para tener contacto con otro. Luego, íbamos a otro. Pensábamos que así ganaríamos más gente, pero finalmente no producíamos nada. Por medio de más de cuatro años de estudio, aprendí que nuestra visitación, nuestro contacto con la gente debe llevarse a cabo con una meta definida. No podemos ser como una madre que da a luz tres hijos y luego los deja para dar a luz más. Esto sería una necedad.

Usted debe llevar a cabo la obra del Señor de modo definido. Vaya a una nueva ciudad y visite las casas para bautizar a algunas personas. Mientras tenga dos o tres recién bautizados, deje de visitar nuevas casas, y cuiden de estos dos o tres por medio de alimentarlos. Con el tiempo, tal vez pierda dos de ellos, lo cual significa que le queda sólo uno. Esto no es suficiente, así que debe procurar ganar más nuevos creyentes por medio de tocar puertas. Mientras usted esté laborando en dos o tres, eso es suficiente. Debe visitarlos una y otra vez.

Mientras usted esté trabajando, debe ejercer el discernimiento del Señor con respecto a ellos. Entonces, después de aproximadamente tres o cuatro semanas, usted se dará cuenta de cuáles de estos tres merecen más labor. Tal vez descubra que sólo uno de los tres realmente merece el tiempo que usted está dedicando para laborar en ellos. Entonces debe tratar de ganar más nuevos para trabajar en ellos. Esto no significa que usted abandonará completamente a los otros dos; simplemente no dedicará tanto tiempo a ellos. Al hacer esto, usted puede trabajar en ciertas personas de modo definido y dentro de un año podrá ganar uno o dos creyentes sólidos como fruto que permanece. Tal vez usted piense que esto es muy poco, pero en realidad no es así. Si usted es un obrero de tiempo completo, de esta manera puede traer entre cinco y diez cada año.

Pregunta: ¿Cómo debemos cuidar a los cristianos con quienes tenemos contacto?

Respuesta: Muchas veces usted visita a la gente y se da cuenta de que son cristianos. Tienen que discernir qué clase de cristianos son. Si están establecidos en sus denominaciones y si son salvos, es mejor que usted no pierda su tiempo. Si se da cuenta de que son cristianos verdaderos, y que no están establecidos en ninguna denominación, vale la pena trabajar en ellos. En los Estados Unidos, la gente se muda con frecuencia. Entre los muchos cristianos que hay en los Estados Unidos, cada año muchos se mudan a nuevos lugares y buscan una nueva iglesia. Oí que algunos hermanos llamaron a las casas de la gente por medio de obtener números en el directorio telefónico. Cierta persona que contestó dijo: "¿Quien le dijo que estábamos esperando que alguien nos llamara? Recientemente hemos estado pensando en unirnos a una iglesia, pero no hemos tenido la manera. Es muy bueno que haya llamado". Usted debe trabajar en esta clase de persona. En este país hay muchos cristianos, pero si usted enfoca su labor en los cristianos, ganará muy poco. Eso no sería muy provechoso.

Pregunta: Hay una familia que fue bautizada mediante algunas personas que nosotros habíamos bautizado durante el verano de 1987. Tuvimos reuniones de hogar con esta familia por un largo período de tiempo y los estuvimos entrenando en las cuatro prácticas cruciales que se compartieron en este mensaje. Las reuniones de hogar parecían muy buenas, pero finalmente el esposo dijo que no quería que volviéramos más. Dijo que su corazón era demasiado duro y que no pudo vivir conforme al nivel de lo que estaba en la Biblia. Compartimos muchas cosas con él, y todavía está dispuesto a tener comunión con nosotros, pero no sabemos cómo seguir adelante. Me parece que ésta es una buena familia. ¿Qué podemos hacer para ayudar a esta persona?

Respuesta: Probablemente ustedes enseñaron mucho a este hombre, de una manera legalista. Le han señalado lo que la Biblia dice y le han dado a entender que tiene que hacerlo. Esto es legalismo. Algunas personas no escucharán esta clase de enseñanza legalista. Lo que ustedes deben hacer es sencillamente abrir la Biblia en cierto versículo y ayudarles a leerlo. Tal vez a ellos les parezca que lo que leen es difícil de cumplir. Entonces en seguida ustedes pueden decir: "El Señor está lleno de gracia. El Señor nos ama. Si queremos hacerlo, El nos ayudará. Si no estamos dispuestos a hacerlo, todavía tendrá paciencia con nosotros". Esto es la manera de presentar algo de la Biblia en la manera de amor, lo cual no los agobiará. Si usted enseña de manera legalista, cada requisito de la Biblia es una demanda que nadie puede satisfacer. Tenemos que guiarlos, diciéndoles: "Esto es lo que el Señor quiere que hagamos, pero el Señor sabe que no podemos hacerlo, así que El será nuestra ayuda".

Este hombre que usted ha conocido es franco. Después de escuchar la enseñanza de usted, él dice: "No puedo lograrlo". No sea legalista al enseñar cualquier cosa. Es mejor tomar el camino de la gracia, el camino de amor. Esto servirá.

Pregunta: Hemos compartido estas prácticas básicas de la vida cristiana con muchos nuevos creyentes, pero muy pocos de ellos las adquieren pronto. Parece que algunos de ellos no tienen ningún deseo de practicarlas. ¿Qué podemos hacer para ayudar a estos nuevos creyentes?

Respuesta: En primer lugar, cuando vamos para laborar en la gente, siempre esperamos ver el resultado. Sin embargo, el resultado nunca vendrá rápidamente. Por lo tanto, debemos continuar trabajando, y con el tiempo tendremos algunos resultados. No obstante, en esto hay un principio: el buen resultado de hoy tal vez no dure para siempre, y el resultado pobre de hoy tal vez llegue a ser el mejor. No importa cuán prometedor parezca alguien, no podemos tener la certeza de que después de veinte años todavía estará aquí. Después de veinte años, tal vez llegue a ser el peor resultado de todos. Puede ser que otro resultado parezca muy pobre. Tal vez no reaccione. Tal vez no acepte nada, no obstante le gusta escuchar. Siempre nos invita a su casa, pero no hay progreso, no hay resultado. Sin embargo, es posible que después de cinco años éste llegue a ser el mejor resultado. Les puedo decir que muchas personas que, a mi juicio, eran buenos resultados, ya no están. También muchos a quienes consideré malos resultados han llegado a ser muy buenos. Es difícil decir quién es un buen resultado y quién no. Simplemente debemos ponernos a laborar; el resultado está en las manos del Señor. Nunca debemos desanimarnos; trabajar es mucho mejor que no hacer nada. Si pensamos que el resultado es muy pobre y nos quedamos en casa, nada resultará jamás.

En segundo lugar, si usted trata de ayudar a una persona a leer la Biblia, a orar, a mantener la vigilia matutina y a asistir a las reuniones, y no hay resultado, no debe seguir promoviendo estas cosas de la misma manera. Eso no sería sabio. Con tal que esta persona lo reciba a usted, usted debe seguir laborando en él. Debe darse cuenta de que en ese tiempo él no tomará estas cuatro prácticas, así que debe hablar con él de otra manera. Si usted no puede hacer nada usando cierta manera, tiene que cambiar su manera. Tal vez no recalque el asunto de leer la Biblia, no obstante usted puede tomar la iniciativa en leer la Biblia cuando esté con él, para establecer un modelo de modo que él pueda ver algo. Usted nunca debe ser legalista, insistiendo en que una persona siga ciertas prácticas. Cuando visitamos a la gente según cierta manera y no tenemos éxito, debemos probar otra manera. Todos tenemos que aprender a ser flexibles.

EL EJERCICIO Y LA PRACTICA DE LA MANERA ORDENADA POR DIOS

MENSAJE DIECIOCHO

LLEVAR EL EVANGELIO A OTROS Y NUTRIR A LOS NUEVOS CREYENTES EN SUS HOGARES

En este mensaje consideraremos el segundo paso de la edificación orgánica del Cuerpo de Cristo, paso que consiste en nutrir y cuidar con ternura a los nuevos creyentes en sus reuniones de hogar.

PREDICAR EL EVANGELIO ACERCA DE JESUS EL HIJO DE DIOS

Al predicar el evangelio, un hermano se encontró recientemente con un musulmán, y éste no creía que Jesús es el Hijo de Dios. Ya que dos de los elementos más grandiosos del Nuevo Testamento son Cristo mismo como Hijo de Dios, y Sus creyentes como hijos de Dios, explicar esto requerirá más de una visita a esa persona. En la primera visita, usted podría presentarle el asunto de que Cristo es el Hijo de Dios. Luego, en la segunda visita, podría hablarle de que los cristianos son hijos de Dios. También podría decirle que pocos cristianos saben realmente de la Persona de Cristo en detalle.

Cristo como Hijo de Dios tiene por lo menos dos aspectos. En primer lugar, El es el Hijo unigénito de Dios (Jn. 3:16). En segundo lugar, El es el Hijo primogénito de Dios y tiene muchos hermanos (Ro. 8:29; Jn. 20:17; He. 1:6; 2:12), los cuales son los muchos creyentes en Cristo. Cuando usted presenta esto de esta forma, no sólo muestra que la Biblia es confiable, sino también que usted está capacitado para predicar el evangelio. A lo mejor su amigo en lo profundo de su ser se dé cuenta de que usted es muy versado en cosas espirituales. Esto desarrolla cierta confianza en él. Una vez que usted gane esa confianza, será muy fácil que él reciba sus palabras.

La Biblia es la fuente de tres religiones

A fin de probar adecuadamente que Jesucristo es el Hijo de Dios, usted debe presentar lo que la Biblia dice en cuanto a El. Hoy en día la gente reconoce que hay sólo dos clases de Biblias: el Antiguo Testamento judío, y el Nuevo Testamento cristiano. Cuando estos dos volúmenes se unen, constituyen la Biblia, el libro de libros. El taoísmo, el confucianismo y el budismo, no obstante, no tienen biblia. La religión musulmana tiene una "biblia" que es una imitación de porciones de la Biblia. El judaísmo, el cristianismo y el islamismo tienen básicamente el mismo origen. Por lo tanto, la única fuente de estas tres religiones es la Biblia. La razón por la cual existe esta situación es que hay un solo Dios. Para el budismo, el taoísmo y el confucianismo no hay Dios. Sólo el judaísmo, el cristianismo y el islamismo creen en el único Dios, y los tres grupos tienen sus propios libros sagrados. Los judíos tienen sólo el Antiguo Testamento, los cristianos tienen el Antiguo Testamento y el Nuevo Testamento, y los musulmanes tienen una imitación de porciones de la Biblia.

La Biblia da a conocer todas las cosas espirituales, divinas y misteriosas, como por ejemplo, el origen del universo y el origen del hombre. Darwin especuló en cuanto a estas cosas, pero sólo la Biblia nos explica de una manera confiable y clara el origen del universo y el origen del hombre. En lo que al origen del universo se refiere, la primera frase de la Biblia afirma claramente: "En el principio creó Dios los cielos y la tierra" (Gn. 1:1). Teniendo semejante palabra, no cabe la especulación.

En cuanto al origen del hombre, la Biblia dice claramente que Dios creó al hombre a Su imagen y conforme a Su semejanza (Gn. 1:26). Ninguno de los grandes filósofos podrían habernos explicado claramente el origen del hombre, pero la Biblia da algunos detalles prácticos en cuanto a la creación del hombre. Génesis 2:7 dice que Dios formó el cuerpo del hombre del polvo de la tierra. Hoy en día los científicos han descubierto que todos los elementos de la tierra están en el cuerpo del hombre. Muchos minerales que se hallan en la tierra son una provisión para el cuerpo humano. Sólo la Biblia ha dado tales detalles en cuanto a la creación del hombre.

Jesús es el Hijo unigénito y el Hijo primogénito

Echar cimientos en cuanto al contenido de la Biblia prepara el camino para que usted le lea a aquellos a quienes lleva el evangelio varios versículos claves en cuanto a Cristo como Hijo de Dios, por ejemplo Juan 1:1 y Romanos 9:5. Desde la eternidad Jesucristo fue el Hijo unigénito de Dios (Jn. 1:18; 3:16). En la resurrección El fue engendrado Hijo primogénito de Dios (Ro. 8:29; He. 1:6), y Sus creyentes como los muchos hijos de Dios son Sus muchos hermanos (Ro. 8:29; Jn. 20:17; He. 2:12).

Como aquellos que están entrando en la labor evangelística, tenemos que estudiar no sólo la Biblia con sus verdades, sino también algunas porciones del contenido de otras religiones. Entonces cuando conozcamos personas que están en alguna de estas religiones, sabremos cómo hablarles.

MOSTRARLE A LA GENTE QUE SU VERDADERA NECESIDAD ES DIOS

Al llevarles el evangelio a las personas, algunos santos se encontraron con un budista, el cual había tenido muchos problemas anteriormente: falta de comida, de abrigo, de albergue y de empleo. El les dijo a esos santos que desde que se había hecho budista, todas sus necesidades materiales le habían sido suplidas mediante la adoración de ídolos. Por esto, a él le parecía que no necesitaba la salvación de Dios. Algunos, al presentarle el evangelio a este hombre, dirían que uno debería señalarle el hecho de que la salvación de Dios no consiste sólo en salvar a la gente de los problemas exteriores, sino también salvar al hombre de sus problemas interiores cotidianos como la impaciencia, la concupiscencia, la ansiedad y el temor, y que no importa cuántas cosas posea una persona, ésta se siente vacía, ignorando cuál es el significado de la vida humana. Este tipo de explicación es buena, pero no completa. Sería mejor presentarle el misterio de la vida humana, diciendo: "Dios es lo que usted realmente necesita. El verdadero problema suyo es que usted no tiene a Dios. Usted tiene problemas porque no tiene a Dios. El único que puede resolver todos sus problemas es Dios. Dios es un misterio, y la vida humana también es un misterio. Me gustaría leer con usted un folleto que nos habla del misterio de la vida humana".

Una persona que ha sido confundida en su entendimiento por otras religiones tal vez haga preguntas vagas. Por esta razón, lo mejor es tratar de llevarle a un punto práctico. El tipo de respuestas que usted dé a sus preguntas depende de la atmósfera y la situación de la conversación, y también del discernimiento que usted tenga de esa persona. Mientras usted lo escucha, debe usar algún aspecto que él mencione, a fin de presentarle el evangelio.

Unos pocos santos predicaron el evangelio a una persona muy filosófica, quien dijo que todos tienen a Dios en su interior. De acuerdo con su punto de vista, todos tienen a Dios por dentro, sea que reciban o no al Señor; por tanto, cada persona debe explorar en su interior para hallar su paz y su satisfacción. Ella también dijo que todo lo relacionado con el odio, la ira y los celos es sólo un bagaje que debe hacerse a un lado para que se revele lo hermoso que hay dentro de cada persona. Esa persona posiblemente haya conocido algunas de las doctrinas profundas del budismo. Los santos compartieron el evangelio con ella y se dieron cuenta de que había tenido experiencias desagradables en el cristianismo y en su vida familiar. Por esta razón, basada en esas experiencias, no dio crédito a lo que los santos compartieron de la Biblia.

Este también es el caso de una persona que "vaga por los aires" con pensamientos filosóficos. Tenemos que desarrollar la habilidad de concretar dichas personas a un punto en particular. Al limitar a estas personas a un punto en particular, uno puede presentarles algo de la Palabra que sea práctico para su vida diaria. Puesto que esta persona sabe algo del cristianismo y tal vez sepa algo de los puntos profundos del budismo, usted debe hablarle de acuerdo con el nivel de conocimiento de ella, y al mismo tiempo en un tono muy práctico. En realidad, ningún otro libro es tan práctico como la Biblia. Para impresionar a alguien con el carácter práctico de la Biblia, usted debe estudiar y conocer los versículos que muestran, por ejemplo, que Dios es el único Dios (Dt. 6:4; 32:39; Sal. 86:10). Usted debería también aprender algunos versículos en cuanto a que Dios es algo para nosotros, como nuestro aliento (Hch. 17:25), nuestra vida (Ef. 4:18) y nuestra salvación (Sal. 27:1; Is. 12:2). Mientras usted presenta estos versículos, podría preguntar: "¿Tiene usted a Dios en el budismo? Usted conoce muy bien el budismo, pero usted no conoce a Dios. Usted también sabe mucho del cristianismo, pero aun así, no tiene a Dios. La verdadera necesidad que usted tiene es conocer a Dios". Con base en esos versículos en cuanto a que Dios es ciertas cosas para nosotros, usted podría ayudar a aquella persona. Pero aprenda a no reprender a la gente, y a no señalarle sus deficiencias de una manera despectiva. Aprenda a ayudarle a otros a que se den cuenta de que necesitan a un Dios práctico en su vida diaria y en su vida humana.

CONDUCIR A LAS PERSONAS A QUE GUSTEN AL SEÑOR

Un grupo de santos visitó a un abogado joven y próspero en su casa, y se quedaron allí como por tres horas. En la primera hora él les mostró su propio jardín personal, y en la hora siguiente, mientras comentaba las noticias de un desastre en el área donde él vive, comenzó a abrir su corazón a los santos. Les dijo que él había experimentado al Señor en una forma muy real cuando estaba en la universidad, y que él había sido lleno de gozo en esa ocasión. Les dijo que ahora su vida no era muy buena porque iba a ciertos lugares, tales como clubs nocturnos. Por un lado, a él le gusta ir a esos lugares, pero por otro, no le gusta ir allí. Los santos empezaron a compartir con él, que el problema básico del hombre es el pecado. Ellos le dijeron: "Cuando el hombre cayó de la posición que tenía en Dios, se llenó de pecado. El hombre necesitaba la salvación. Lo que usted experimentó en la universidad fue que Cristo entró en usted para salvarlo eternamente y para llegar a ser su salvación. Pero hoy en día el Señor como la vida eterna, divina e indestructible quiere salvarlo a usted de toda frustración, concupiscencia y todo problema de la vida humana, diariamente, momento a momento. Sin embargo, no es tan simple, y usted no debe tratar de salvarse a sí mismo. Simplemente necesitas disfrutar al Señor de una manera sencilla por medio de leer la Biblia unos minutos cada día. Quizá podríamos empezar leyendo la Biblia cinco minutos al día con usted". A esto que se le compartió, él respondió: "Sí, esto es lo que yo necesito. Necesito una salvación diaria". Después continuó compartiendo más en cuanto a sus problemas y a otras cosas que le molestaban. Los hermanos le escucharon y respondieron muchas de sus preguntas. Al final de la reunión, les preguntó a los hermanos si sería posible que se reunieran con él regularmente cada semana. Esto les pareció muy bien a los hermanos. Sin embargo, a los santos les pareció que todavía faltaba algo en esa visita.

Estos santos fueron hábiles en la manera en que manejaron la situación, excepto en una cosa. Cuando hablaron con él en cuanto a leer la Biblia cinco minutos cada día y él asintió, ellos debieron haber aprovechado la oportunidad para leer la Biblia en ese momento de la visita. Pudieron haber dicho: "¿Por qué no aprovechamos unos pocos minutos para practicar leyendo una porción de la Biblia ahora mismo?" Ellos tuvieron una larga conversación después de este punto de su visita, y su comunión fue buena, pero se habría podido lograr mucho más. En lugar de tener aquella comunión, habría sido mejor averiguar si él tenía Biblia o no. Si hubiera tenido una Biblia, le habrían podido pedir que la abriera y leyera junto con ellos. Luego, habiendo leído una porción, podrían haberla explicado un poco, con el fin de impresionarlo con lo que dijera esa porción. Le habrían podido pedir entonces que orara, sin que estuvieran satisfechos con una oración corta, sino animándole a orar un poco más, diciéndole: "Tratemos de orar un poco más profundamente y por un poco más de tiempo". Por medio de este tipo de ejercicio, le habría introducido en la experiencia de Cristo. Ellos hicieron todo bien, excepto que no le llevaron a gustar al Señor. Después de practicar orar y leer, pudieron haberle hablado para fortalecerlo y confirmar su necesidad de tener contacto con el Señor de esa misma manera todos los días. El podría haber preguntado: "¿Podrían ustedes, por favor, volver?" Entonces ellos le habrían podido responder: "Sí, y ¿podríamos llamarle por teléfono cada mañana?"

No debemos olvidar que demasiadas palabras, incluso las palabras correctas, a la larga no producirán ningún resultado. En este caso, las palabras no fueron absolutamente vacías, puesto que él todavía quería que regresaran en unos pocos días. El grupo de santos que lo visitó debe recordar a este hombre delante del Señor, y pedirle al Señor que le traiga a la memoria lo que oyó de ellos. La mejor práctica es guiar a la gente a que toque al Señor de inmediato y con regularidad cada día, aun si es necesario que lo llamemos por teléfono. Con semejante práctica, puede darse que después de unas cuantas semanas esta persona pueda ser traída a la vida de la iglesia.

APRENDER A SER FLEXIBLES EN EL ASUNTO DE SATISFACER LAS NECESIDADES DE LOS NUEVOS CREYENTES

En una de las reuniones de hogar, los santos han estado visitando a un hermano que les permitía que entraran en su casa sólo treinta minutos en cada visita. El miraba estrictamente su reloj mientras ellos tenían comunión y respondía de una manera desinteresada. Los santos trataron de compartir con él acerca de su espíritu mezclado, pero parecía que aquello no producía ningún efecto debido a su falta de interés. En la comunión de ellos con otros hermanos al respecto, los santos se dieron cuenta de que ellos necesitaban establecer una relación de más amistad con él ya que casi ni se conocían mutuamente. La semana siguiente ellos visitaron al hermano y le trajeron un postre, y deliberadamente dejaron sus Biblias e himnarios en casa. Esto sorprendió bastante a este hermano nuevo. Los hermanos le preguntaron en cuanto a su situación de trabajo y compartieron el postre con él. Muy pronto el hermano nuevo se olvidó de su atención al tiempo, y empezaron a hablar como por cuarenta y cinco minutos. Con el tiempo, esta clase de cuidado hizo que este hermano nuevo se abriera para tener más comunión.

Este caso nos muestra que no debemos esperar ganarnos a la gente en sólo un corto período de tiempo. Esperar eso es incorrecto. Bautizar a alguien es fácil y requiere poco tiempo. Pero guiar a alguien a experimentar a Cristo y traerlo a la vida de la iglesia, no es tan fácil y toma tiempo. Por lo tanto, no debemos esperar hacer un trabajo rápido. Este tipo de deseo será el factor que nos hará hacer muchas cosas de manera equivocada al reunirnos con los nuevos creyentes. Son pocos los que pueden ser traídos a la vida de la iglesia con sólo dos o tres visitas. Tenemos que abandonar este tipo de esperanza. Usted debe estar preparado para invertir por lo menos medio año, quizá veinte visitas, para ganar a una persona. Si alguien les promete darles treinta minutos cada semana, indudablemente es que está abierto. Ustedes deben, en oración, traer al Señor esta persona y la reunión de hogar que ustedes tienen con ella, diciendo: "Señor, no sé cómo ayudar a tal persona". El Señor le dará la sabiduría. Usted también tiene a sus otros compañeros de equipo que pueden orar con usted, y juntos pueden buscar el guiar del Señor en cuanto al cuidado de los nuevos creyentes en las reuniones de hogar.

En el caso mencionado, parece que hablar acerca del espíritu mezclado no es lo más apropiado para este hermano nuevo en esta ocasión. Cuando le hablen ustedes a alguien, deben discernir qué clase de persona es. Si disciernen que es una persona a quien le gusta tener amistad, al visitarlo no deben volver a su casa y abordar inmediatamente el asunto elevado y espiritual del espíritu mezclado. En futuras reuniones, deben familiarizarse con el nuevo hermano y conocerlo mejor. Sería bueno que le preguntaran por sus negocios y su bienestar. Eso hará que se sienta contento. Ustedes también deben dejar que él hable. En cuanto tengan oportunidad, cuéntenle algo acerca de ustedes. Después de tres o cuatro visitas de éstas, ustedes y ese hermano habrán empezado a conocerse mutuamente en una manera más estrecha y habrán empezado a construir una íntima amistad. Entonces les será más fácil hablarle a él con más libertad y, poco a poco, presentar algo en el campo de la salvación de Dios. En ese punto, ustedes podrían empezar a estimular el interés de él por este otro campo. Semana tras semana, tal vez después de veinte visitas, algo sea edificado en él. Si una manera no produce muchos resultados, ensaye una manera diferente la siguiente ocasión. Finalmente, a largo plazo, se llegará a algo con este nuevo creyente.

CUIDAR A LOS JOVENES ESTIMULANDO SU AMOR POR EL SEÑOR

Una hermana del entrenamiento de tiempo completo comenzó a visitar a otra hermana que está actualmente en la universidad. Al mismo tiempo que está en la universidad, la hermana joven ha tenido que trabajar tiempo completo, además de asistir a clases y estudiar; así que ella no tiene tiempo de venir a las reuniones. Con frecuencia, la hermana iba a visitarla a su casa, pero ella no estaba. En una ocasión la encontró en casa y trató de ayudarle por medio de orar-leer con ella Efesios 1:17. Aunque la respuesta fue buena, y ella quería que la hermana volviera, ésta estaba indecisa en cuanto a lo que iba a hacer en la siguiente visita.

La obra entre los jóvenes, especialmente entre los hijos de los miembros de la iglesia, es bastante crucial. La manera más sabia de trabajar entre los jóvenes es ayudarles a amar al Señor. Si usted ha de ser una persona calificada para laborar entre los jóvenes, usted debe ser una persona que ama al Señor con frescura todos los días. Los muchachos de secundaria, hablando en términos humanos, son personas que aman. Ellos aman muchas cosas, como por ejemplo, los animales y la ropa. Cuanto más joven uno es, más ama. Los jóvenes de secundaria están en la mejor edad para ser guiados hacia el amor apropiado por el Señor. Sin embargo, esta clase de labor no es muy fácil, y muchos padres no tienen forma de ayudar a sus hijos. Cuando usted es una persona que ama al Señor con frescura, puede estimular a una persona joven a que ame al Señor. Una vez que un joven ama algo, hará lo que sea por ello. En este caso, ayudarle a esa joven a orar-leer Efesios 1:17 es tratar tal vez de llegar demasiado lejos. Lo mejor que se puede hacer en la visita siguiente es estimular el amor de ella por el Señor.

EL PROPOSITO DE LAS REUNIONES DE HOGAR ES NUTRIR A LOS NUEVOS CREYENTES

Nos hemos percatado de que al encontrarnos con una persona que "vuela errante por los aires" con sus pensamientos, debemos concretar sus pensamientos a un punto en particular. De la misma manera, tenemos que concretarnos en cuanto a nuestra carga y propósito. Cuando un carpintero toma una pieza de madera, la destina para cierto propósito. Nosotros también debemos tener un propósito cuando visitemos a los nuevos creyentes; de otro modo, estaremos perdiendo nuestro tiempo. Siempre debemos tener en mente que si alguien es un nuevo creyente, nuestro propósito primordial en la reunión de hogar es alimentarlo. Cada vez que nos reunamos con él, debemos recordar que nuestro propósito es nutrirlo.

LABORAR CONSTANTEMENTE Y DEJAR LOS RESULTADOS AL SEÑOR

Debemos laborar y laborar sin preocuparnos por cuál pueda ser el resultado. Debemos simplemente laborar, orar y buscar la guía del Señor y Su dirección con Su sabiduría. Dejamos los resultados al Señor. Todos los agricultores saben que en tanto que ellos laboren, tendrán una cosecha. Ninguna labor carece de resultados. Habrá una cosecha, pero ellos no esperan tener resultados inmediatos. Cuanto más rápido se obtiene el resultado, más pronto desaparece el mismo. Si alguien viene a la vida de la iglesia en tres días, es muy dudoso que se quede. Pero si se requieren seis meses ganar a una persona, es muy probable que ésta se establezca en la vida de la iglesia. Esto quizá parezca lento, y el aumento muy pequeño, pero si sólo uno de cada tres miembros de la iglesia trae uno a la vida de la iglesia cada año, la iglesia aumentará en un treinta y tres por ciento anual. Un hermano que sirve de tiempo completo podría traer a la vida de la iglesia cinco o diez personas cada año. Esto no es demasiado lento. Nuestra necesidad es laborar. Esta nueva manera es sólo laborar en la manera apropiada, es decir, en la manera de invertir tiempo cada semana para visitar a los nuevos creyentes en sus hogares.

Bautizar a la gente no es muy difícil, pero hacer que una persona se establezca en la experiencia de Cristo, en la experiencia diaria de la plena salvación de Dios y en la vida de la iglesia es más difícil. Hacer esto requerirá por lo menos medio año. Cualquier otra cosa que sea más rápida que ésta, no es confiable. Todos tenemos que laborar, dejando los resultados al Señor. Incluso si laboramos por dos años y obtenemos pocos resultados, no debemos desanimarnos, ni desmayar. Tenemos que creer que cualquier persona en la que laboremos, a la larga, permanecerá.

PRACTICAR LA NUEVA MANERA CON PACIENCIA

En primer lugar, visitamos a las personas en sus hogares para que sean salvos y bautizados. Luego, una vez que los hemos bautizado, regresamos para tener reuniones de hogar con ellos. No debemos esperar obtener algo rápido en las reuniones de hogar con ellos. Debemos estar preparados para invertir por lo menos medio año para ganar a una persona. Algunas veces tal vez se requiera más tiempo. Por consiguiente, es mejor siempre tener al mismo tiempo tres o cuatro nuevos creyentes bajo nuestro cuidado.

Bautizar es fácil, así que ustedes deben entender que no deben bautizar demasiadas personas dentro de cierto intervalo de tiempo. No deben bautizar gente neciamente. Deben bautizar sólo tres o cuatro, y mantenerlos bajo su cuidado por medio año. Entonces, en el siguiente semestre, pueden bautizar otros tres o cuatro. Deben tener cierto discernimiento en cuanto a los nuevos creyentes, para descubrir quien entre ellos es la persona apropiada en la cual pueden laborar para ganarla para el interés del Señor. Ustedes deben hacer cierta selección. Por supuesto, su selección puede no ser muy exacta, pero en términos generales, ayuda a su labor. Deben bautizar con sabiduría, usar cierto discernimiento, y dedicar la mayor parte de su tiempo en el cuidado de los nuevos creyentes bautizados.

EL EJERCICIO Y LA PRÁCTICA DE LA MANERA ORDENADA POR DIOS

MENSAJE DIECINUEVE

ALIMENTAR A LOS RECIÉN NACIDOS CON COMIDA PARA NIÑOS

Lectura bíblica: Jn. 15:16; 21:15; 1 P. 2:2

LAS REUNIONES DE HOGAR Y LAS REUNIONES DE GRUPO PEQUEÑO

En este mensaje continuaremos teniendo comunión en cuanto a las reuniones de hogar. Tengo la carga de que entendamos correctamente lo que queremos decir con la expresión "las reuniones de hogar". Cuando decimos "las reuniones de hogar", nos referimos a nuestras reuniones con los recién bautizados en los hogares de ellos. Cuando bautizamos nuevos creyentes, debemos empezar inmediatamente a visitarlos en sus hogares para tener reuniones con ellos. Esto es lo que llamamos las reuniones de hogar.

Al estudiar la historia de la iglesia y las biografías de cristianos, podemos ver que varios creyentes notables fueron salvos en hogares. Por ejemplo, cuando George Müller tenía como veinte años, fue llevado a la casa de un cristiano para que asistiera a una reunión pequeña. Aunque él no era una persona religiosa ni ética, por medio de esa reunión fue conmovido profundamente por el Señor y fue salvo. Con el tiempo, llegó a ser uno de los creyentes más notables del siglo pasado.

En la historia hay muchos ejemplos de incrédulos que tuvieron experiencias de salvación en los hogares de los santos. Sin embargo, cuando hablamos de las reuniones de hogar en el contexto de la nueva manera, la manera ordenada por Dios, no nos referimos a ese tipo de reuniones en las casas de los santos. Estamos hablando específicamente de tener reuniones de hogar con los que recientemente han sido salvos y bautizados, en sus propias casas. Algunas veces confundimos las reuniones de hogar con las reuniones de grupo pequeño. La reunión de hogar es una reunión con los recién bautizados, en sus casas. De vez en cuando, algunos otros pueden asistir a una reunión de hogar, pero nuestra intención no es tener una reunión de grupo, sino solamente reunirnos con esa familia en su hogar porque sus miembros han sido salvos recientemente. Las reuniones de grupo pequeño son diferentes de las reuniones de hogar. Después de haber ayudado a varios nuevos en sus reuniones de hogar durante varios meses, debemos reunirlos para formar una reunión de grupo pequeño. Podemos considerar la reunión de hogar como una especie de jardín infantil espiritual, y las reuniones de grupo pequeño, como escuela primaria y también secundaria. Entender las reuniones de hogar y las reuniones de grupo pequeño de esta manera será muy útil en el futuro, debido a que vamos a compartir más mensajes en cuanto a estas dos clases de reuniones.

ENTENDER QUE LOS NUEVOS SON NIÑOS EN CRISTO

El título de este mensaje —alimentar a los recién nacidos con comida para niños— puede parecer infantil en cierto modo, pero está basado en mucha experiencia. Tenemos que entender que no es fácil llevar a cabo las reuniones. Después de que hemos bautizado a los nuevos, debemos regresar para reunirnos con ellos antes de que pasen uno o dos días. El primer requisito para que tengamos una reunión de hogar adecuada con estos recién bautizados consiste en que tenemos que considerarlos niños, no importa la edad que tengan, la posición que hayan alcanzado, ni la educación que hayan recibido por muy altas que sean.

Si usted trae al Señor un hombre de edad, y lo bautiza, usted debe volver a reunirse con él en pocos días. Si él pasa de setenta años de edad y es culto —y usted tiene sólo veintinueve— quizá usted se sienta un poco incómodo al tratar con él. Usted debe respetar la edad que él tiene, puesto que esto es tener una humanidad apropiada, pero tiene que darse cuenta de que ya que este hombre ha sido salvo en días recientes, es muy joven en el Señor. El propósito suyo al reunirse con él debe ser alimentarlo, no tanto enseñarle. Usted debe tener el entendimiento de que tal persona es un recién nacido, y debe alimentarlo con comida para niños.

Usted debe considerar todo lo que él diga, como palabras infantiles. El puede ser un profesor universitario ya jubilado, y puede hablarle a usted de ciencias o de computadoras, pero usted no debe olvidar que él es un niñito en Cristo. Eso no quiere decir que debe menospreciarlo; usted debe respetarlo de todos modos, pero interiormente usted debe entender que él es un niñito. Usted no debe dejarse llevar por sus palabras, pues, en términos espirituales, él es un niño y no sabe casi nada del Señor.

Usted debe procurar tratar a estos recién bautizados como las madres lactantes tratan a sus pequeñitos. Este es uno de los secretos en cuanto a cómo practicar la manera ordenada por Dios, pero es una lección difícil de aprender. Usted debe aprender a tener siempre un entendimiento subjetivo acerca de cada nuevo creyente, teniendo en cuenta que ellos son niños. Si usted enseña en un jardín infantil, se dará cuenta de que los estudiantes allí son niños pequeños, y usted los trata como tales. Si enseña en una universidad para graduados, usted verá que estos estudiantes son graduados de la universidad. Tratar a éstos como niños sería un error. Usted debe tener el entendimiento sicológico apropiado.

El punto principal, el requisito previo, es que usted considere a un recién bautizado como un nene en Cristo. Es posible que un nuevo pregunte: "¿Qué es la Biblia?" Quizá esto no parezca una pregunta infantil, pero usted debe responder de la manera que le respondería a un niño; usted debe tener esta especie de concepto. Debe decir las palabras correctas, y tanto su actitud como su tono deben ser correctos. Un nuevo tal vez haga muchas preguntas, pero usted debe tener siempre el concepto de que está tratando con un niño en Cristo. Si puede aprender este secreto, será bien recibido por todos los nuevos creyentes. A ellos les gustará escucharlo hablar a usted. De este modo, usted puede preparar el camino para alimentarlos. Algunas veces después de una reunión, yo solía ir a ver cómo estaban hablando los santos con los que recién venían. Muchas veces las expresiones de los santos y el tono que tenían eran incorrectos al hablar con estos nuevos. Usted debe hablar algo que le ayude al nuevo a abrirse a usted. Entonces éste estará abierto y dirá algo. Inmediatamente usted puede darse cuenta de que él ha sido salvo recientemente. Entonces usted tiene que hablar considerándolo un niño. Si usted ha aprendido este secreto, luego de dos o tres frases él lo recibirá gustosamente. El va a estar abierto con usted, le escuchará y valorará su palabra. Estará muy interesado en lo que usted diga.

APRENDER A ALIMENTAR A LOS RECIEN NACIDOS

Cuando yo era joven, se me dijo que ningún poder humano podía salvar a una persona y que teníamos que ayunar y orar para recibir el poder de lo alto. En mi pueblo natal había una denominación pentecostal que se reunía no muy lejos de nuestro salón de reunión. Ellos clamaban continuamente por el bautismo en el Espíritu Santo, y después decían que lo habían recibido. No obstante, durante muchos años vimos muy pocas personas salvas por conducto de ellos; sin embargo, en nuestro salón de reunión eran añadidas personas nuevas casi diariamente. Además de esto, estudiamos el fruto de los nuevos. Los nuevos salvos en aquella denominación pentecostal no tenían un andar diario que glorificara al Padre. Pero en nuestro medio, un buen número, inmediatamente después de ser salvos, eran traídos a un ambiente de edificación de la iglesia. Debido a esto podían tener una vida apropiada. El principio es éste: En la edad neotestamentaria Dios no hará nada directamente por Sí mismo, especialmente en lo tocante al asunto del evangelio. Dios tiene que guardar el principio de encarnación. Dios está listo a salvar a las personas, pero vosotros tal vez no lo estemos; quizá no hemos sido entrenados.

Cuando el Señor Jesús estuvo en la tierra, El tuvo consigo a Pedro, a Juan, a Jacobo y a los otros discípulos por tres años y medio. Los cuatro Evangelios no nos dicen en detalle lo que el Señor hizo en Pedro durante tres años y medio, pero no creo que Pedro estaba meramente viajando con el Señor. Ciertamente Pedro recibió mucho entrenamiento bajo el cuidado del Señor. En Juan 15:16, el Señor le encargó a Pedro, y también a todos nosotros, que llevara fruto: "No me elegisteis vosotros a mi, sino que yo os elegí a vosotros, y os he puesto para que vayáis y llevéis fruto, y vuestro fruto permanezca". El Señor nos puso para tres cosas: para que vayamos, para que llevemos fruto y para que nuestro fruto permanezca. Anteriormente tal vez hayamos ido y llevado fruto, pero no mucho fruto ha permanecido.

Todos nosotros debemos ir, llevar fruto, y nuestro fruto debe permanecer. ¿Cómo podemos preservar nuestro fruto para que permanezca? La respuesta se encuentra en Juan 21:15: "Apacienta mis corderos". Si amamos al Señor, tenemos el encargo de alimentar Sus corderos. Toda madre normal sabe cómo alimentar a su recién nacido. El Señor le encargó a Pedro que alimentara los corderos. Más adelante, en el capítulo dos de su primera Epístola, Pedro escribió a todos los nuevos: "Desead, como niños recién nacidos, la leche espiritual no adulterada" (v. 2). Los recién nacidos no pueden alimentarse solos; necesitan una madre que los nutra. Nosotros tenemos que ser aquellos que nutren. Podemos llevar fruto y hacer que nuestro fruto permanezca, por medio de aprender a alimentar.

Anteriormente quizá hayamos bautizado a muchos, pero pocos de ellos permanecieron. Esto se debe a que, aunque llevamos fruto, no alimentamos ese fruto. Es fácil conseguir que alguien sea salvo, pero conservarlo, traerlo al Cuerpo de Cristo para que pueda participar de la economía de Dios para el recobro del Señor, es difícil ya que no sabemos cómo practicar esto de alimentar. Si vamos a tener hijos, debemos estar preparados para alimentarlos por muchos años. Aun tres años de alimentar puede no ser suficiente para asegurarnos de que un nuevo va a permanecer. No espere que el Señor le dé una carga particular para cuidar a ciertos nuevos. Eso es ser demasiado espiritual. Es posible que el Señor nunca le dé ese tipo de carga. ¿Qué hará entonces? Cuando una madre da a luz un niño, no recibe una carga particular de parte del Señor para alimentar a su pequeño, no obstante, es forzada a hacerlo por muchos años. Desgraciadamente, muy pocos entre nosotros están dispuestos a laborar en esta forma, a pagar semejante precio. De entre tantos bautizados, no queda casi nadie debido a que pocos han estado alimentando los corderos.

Es mucho más fácil tocar puertas para traer gente al Señor y bautizarla que alimentarla en las reuniones de hogar. En nuestra experiencia quizá sepamos cómo visitar a la gente para predicarle el evangelio, pero cuando vamos a tener una reunión de hogar con los recién bautizados, es posible que no sepamos qué hacer. Es difícil llevar a cabo una reunión de hogar exitosa. También me es difícil, enseñar este tipo de práctica. Tenemos que invertir mucho tiempo en aprender la manera de tener reuniones de hogar.

Todos ustedes deben aprender el secreto de ser alimentadores adecuados. Cuando ustedes salgan para tener reuniones de hogar, deben tratar a los nuevos como a niños. Entonces deben aprender a hablarles a estos niños. Si un nuevo les hace una pregunta de ciencias, ustedes deben hablarle como lo harían a un niño. Si usted habla en una manera natural, diciendo: "Amigo, lo siento, yo no tengo idea en cuanto a esa materia", le está hablando como a un adulto, no como a un niño. Ustedes tienen que entender que, aun si él es un profesor, en términos espirituales es un niño. Por lo tanto, ustedes no deben tratarlo como a un profesor, sino como a un niño en Cristo. Esto no es fácil de aprender. En su actitud, en su tono, en todo aspecto, usted debe portarse como uno que está hablando a un niño.

Algunas veces un nuevo no está dispuesto a estar abierto con usted; no está dispuesto a decir nada. Él lo recibe a usted en su casa y se queda sentado con usted hasta que usted diga algo, pero él mismo no dice nada. ¿Qué debe hacer usted en ese caso? Una vez más, debe tratar de hablarle como a un niño. Podría decirle: "¿Quiere que cantemos una canción?" De seguro, él estará muy de acuerdo con esto. Usted puede decirle: "¿Hay alguna canción que quiere que cantemos?" El tal vez tenga una. Esto es un comienzo, esto es hablarle como a un niño. Nunca olviden que este nuevo es un niño espiritual. Según Pedro, los recién nacidos necesitan la leche, sin embargo, ellos no saben cómo ingerir líquidos. La manera de ayudarle a un niño que no sabe beber, es alimentarlo. Cuando usted vaya a tener una reunión de hogar con estos niños, usted debe tener la actitud apropiada. Debe tener la actitud de que viene a "jugar" con estos pequeños. Usted debe aprender esto. Podría incluso cantar una sencilla canción de niños con ellos. Usted debe aprender que no importa la edad ni la posición económica o social de un nuevo, él es un niño.

NO HACER TROPEZAR A LOS RECIEN NACIDOS
En cuanto a los ídolos

Hay algunas situaciones difíciles que tarde o temprano vamos a afrontar en la predicación del evangelio y el cuidado de los que recién han sido salvos. La primera de estas situaciones es el asunto de los ídolos. Un hombre puede haber sido salvo por medio de la predicación de ustedes. Cuando ustedes regresan a la casa de ese hombre tres días más tarde para tener una reunión de hogar con él, él puede repentinamente preguntarles: "¿Qué son ídolos?" Usted debe aprender a "jugar" con él, es decir, a responderle como lo haría a un niño. Ustedes deben aprender a tener este tipo de actitud y tono. Usted podría decir: "¿Qué es eso de ídolos? ¿Se refiere usted a alguna clase de imágenes?" Esto es "jugar" con este niño. Entonces él podría responder señalando ciertas cosas que él considera que podrían ser ídolos y podría decir: "¿No es acaso esta cosa un ídolo?" Entonces usted puede tomar el sentimiento que él expresó, y responder: "Sí, eso es un ídolo. ¿Qué otra cosa?"

No crea que el asunto de los ídolos es fácil de tratar. Este es un asunto muy difícil. Varios nuevos han tropezado por causa de ese asunto. Cuando usted los alimenta de muchas otras maneras, ellos lo aceptan, pero cuando usted aborda este asunto de los ídolos, ellos tal vez no acepten sus palabras. Esto se da especialmente entre los chinos en cuanto al culto a sus antepasados. Muchos no están dispuestos a abandonar esta práctica, de modo que es difícil saber cómo responderles. Por supuesto, no podemos decir que está bien que lo hagan, pero si lo condenamos de la manera equivocada, perderemos su confianza. Por consiguiente, usted debe recordar que éste es sólo un niño. El sabe muchas cosas, pero no sabe nada en cuanto al Señor. Usted debe aprender a "jugar" con él en la conversación. Mientras le habla como a un niño, debe confiar en que el Señor le dará la sabiduría para desenvolverse en la situación sin causarle tropiezo. Con el tiempo, usted podrá convencerlo, pero no como un profesor convence a un estudiante. Ese tipo de actitud nunca puede producir nada. Usted debe mantener la actitud de que está hablando con un niño.

En cuanto a deshacerse del pasado

Otro punto difícil es el asunto de hacer restitución por las transgresiones pasadas. Todos nosotros hicimos en el pasado cosas equivocadas. Todos hemos ofendido a otros. Algunas veces les hemos hecho daño en asuntos financieros, en cosas materiales. Después de que un nuevo ha sido salvo, tarde o temprano, se encontrará con este problema. Debemos tener extremo cuidado de no plantear el problema prematuramente. En el Nuevo Testamento no hay ninguna enseñanza que nos mande que le hablemos a los recién salvos de que deben tratar con el asunto de su pasado. Hacer esto sería erróneo. La salvación dinámica del Señor producirá ese resultado. Zaqueo fue salvo, e inmediatamente le dijo al Señor: "He aquí, la mitad de mis bienes doy a los pobres, y si en algo he defraudado a alguno, se lo devuelvo cuadruplicado" (Lc. 19:8). Esta es una reacción dinámica a la salvación dinámica del Señor; no fue el resultado de la enseñanza.

En Hechos 19 muchos de los efesios tomaron sus libros de idolatría y los quemaron. Esto no se les enseñó; fue una reacción espontánea a la salvación del Señor. Por lo tanto, cuando venimos a ese problema, tenemos que recordar que los nuevos son niños. Ellos han llegado a saber algo, sin embargo, no lo entienden en su totalidad. Tal vez estén hablando en serio cuando hablan de ídolos, pero es mejor que usted les hable en una manera no tan seria. Entonces, ellos recibirán sus palabras. Todos ustedes deben aprender esto, no sólo en lo referente a los ídolos y a resolver el problema de su pasado, sino también en lo relacionado con muchas otras cosas. Ya que usted les ha ayudado a leer la Biblia, tarde o temprano traerán a colación este tipo de preguntas como resultado de lo que han leído en ella. Casi cada vez que usted vuelva a visitarlos, ellos harán preguntas. Al responder estas preguntas, usted siempre debe tratar de hablarles en la actitud y en el tono que tendría con un niño. Su usted aprende a hacer esto adecuadamente, la gente lo recibirá.

En cuanto al matrimonio

Otra pregunta difícil tiene que ver con el asunto del matrimonio. Hoy en día en esta tierra hay una gran cantidad de matrimonios ilegales. Jóvenes y jovencitas viven juntos como marido y mujer sin estar casados. ¿Son ellos marido y mujer o no? Supongamos que usted visita a una persona nueva, una joven, ella fue salva de una manera maravillosa, no obstante, vive con un joven sin estar casada con él, hasta tienen un hijo. Tarde o temprano aflorará esta pregunta en cuanto al matrimonio. ¿Son estos dos marido y mujer? ¿Qué diría usted? Si dice "no", usted les será tropiezo, pero tampoco puede decirles que eso no es problema, ya que sí es un problema grande.

En China existe el problema de las concubinas. Un día visité un hogar. El esposo había sido salvo y bautizado. Su salvación había sido milagrosa. Yo no conocía su situación, pero tenía el sentir de que él era muy prometedor. Entonces un día fui a reunirme con él en su casa, y había allí cuatro señoras. Después, al hablar con él, me di cuenta de que estas señoras eran sus cuatro esposas. A estas cuatro esposas él les había ayudado a ser salvas. Puedo testificar de corazón que estos cinco, el hombre y sus cuatro esposas amaban al Señor Jesús, y parecían amarse. Yo temía que no iba a salir de esa casa sin mencionar el asunto del matrimonio. ¿Cómo podría uno manejar un caso semejante? Hice lo posible por no mencionar las cuatro esposas. Yo sólo dije: "Es maravilloso ver que todos ustedes aman al Señor". Todos ellos estaban muy felices. Entonces les hablé y los animé a que amaran más al Señor y a que siguieran al Espíritu. Todos ellos dijeron: "Amén". Después de bastante tiempo dije: "Ya tengo que irme a casa". Todos estuvieron de acuerdo y me despidieron; logré escaparme de esa red. Entonces fui a hablar en cuanto a este asunto con los hermanos encargados. ¿Qué debemos haber hecho en relación con este hombre y sus cuatro esposas? Esta es una pregunta muy difícil, e incluso hoy no puedo decir cuál es la mejor respuesta.

Un secreto que ustedes deben aprender y siempre recordar es que ustedes están tratando con niños. Yo estaba allí con un hombre y sus cuatro esposas; los cinco eran niños. Por un lado, yo estaba "jugando" con ellos, pero por otro, estaba realmente ayudándoles. Mi visita no les fue tropiezo ni les causó daño. Si hubiera sido descuidado y hubiera sido como un predicador, un pastor o un maestro de Biblia, seguramente les habría causado daño. Por esa sola visita, los cinco habrían tropezado. Por tanto, aprendan a tener reuniones de hogar siempre teniendo el entendimiento de que estamos tratando con niños. Esto les guardará, y les abrirá el camino para que puedan brindarles a ellos la ayuda adecuada. No olviden que los nuevos eran pecadores profundamente caídos, así que no nos es fácil rescatarlos de su situación y condición caída rápidamente. Algunos casos no son muy complicados, pero muchos son verdaderamente complicados.

En los Estados Unidos hoy en día, es fácil encontrar parejas que no son casadas en forma adecuada. Ellos pueden vivir juntos y hasta tener niños. Recientemente hemos encontrado ese problema. Cuando usted vaya a una reunión de hogar, usted puede encontrar cosas muy extrañas. Es por esto que necesita tener las reuniones de hogar. Si usted no tiene reuniones de hogar, no puede conocer realmente la situación en la cual viven estos que recién han sido salvos.

Aprendan a hablarle a las personas, tratándolas siempre como a niños. Si ustedes simplemente mantienen este principio y aprenden este secreto, serán guardados de ofender y causar tropiezo a la gente. De otro modo, muchas veces inconscientemente hará tropezar a los nuevos. Luego de su visita, ellos dirán: "Olvidémonos del asunto. No quiero tener nada que ver con el cristianismo. No puedo tolerar esta religión". Quizá no digan eso frente a usted, pero después de que usted se vaya, lo dirán. Aprendan a hablarles a los nuevos como a niños.

EL EJERCICIO Y LA PRACTICA
DE LA MANERA ORDENADA POR DIOS

MENSAJE VEINTE

APRENDER A CUIDAR DE LAS REUNIONES DE HOGAR EN UNA MANERA FLEXIBLE

ALIMENTANDO A LOS NUEVOS CREYENTES EN LAS REUNIONES DE HOGAR

Recientemente, antes de tener una reunión de hogar, los santos se habían preparado para compartir con un nuevo creyente en cuanto a leer la Biblia. Al estar leyendo junto con el nuevo creyente en las *Lecciones de vida* la lección en cuanto a leer la Biblia, llegaron a la porción que está en 2 Pedro 1:21, que dice: "Porque nunca la profecía fue traída por voluntad humana, son que los santos hombres de Dios hablaron siendo inspirados por el Espíritu Santo". En este punto, el nuevo creyente preguntó: "¿Qué es el Espíritu Santo?" Los santos compartieron un poco con esa persona en cuanto a que Dios es Triuno, Padre, Hijo y Espíritu Santo. Después de que cantaron un himno que decía que el Dios Triuno es un misterio, pareció que su pregunta fue satisfecha, así que ellos continuaron con la lección. Un poco más tarde, ella hizo otra pregunta: "¿Por qué Dios no salva a las personas, ni siquiera a las buenas personas, a menos que vengan a El?" Al regresar a casa, los santos pensaron que no habían tenido la respuesta adecuada a sus preguntas y consideraron cómo podrían haberle respondido mejor.

Estos santos se dieron cuenta de que el propósito de la reunión de hogar era alimentar al nuevo creyente, pero debieron haber aprovechado la oportunidad para ayudarle a este nuevo creyente a conocer al Espíritu Santo. Puesto que ésta fue una pregunta hecha por el nuevo creyente, los santos debieron haber hecho a un lado el tema de la lectura de la Biblia para otra ocasión y centrarse sólo en la pregunta. También habría sido mejor no sugerirle al nuevo que cantara en ese momento, puesto que otros temas introducidos en el himno podrían haber llegado a ser una distracción para responder la pregunta. Los santos podrían haber comenzado diciendo: "Hermana, ésta es nuestra carga al venir a reunirnos con usted. Nos gustaría ayudarle a que conozca que el Dios a quien adoramos, y el Salvador en quien creemos es Espíritu, y este Espíritu es el Espíritu Santo". Entonces podrían haber invertido el mayor tiempo posible recalcando el asunto del Espíritu Santo.

Inmediatamente después de que alguien es bautizado, debemos ayudar a este nuevo creyente a conocer los dos espíritus: el Espíritu Santo mezclado con nuestro espíritu humano. En este caso, el nuevo creyente hizo una pregunta en cuanto al Espíritu; por lo tanto, los santos no tenían necesidad de abordar este tema. Habría sido bueno que los santos hubieran usado toda la reunión de hogar para introducir a este nuevo creyente en el entendimiento de que Dios es Espíritu (Jn. 4:24) y de que Cristo es el Espíritu vivificante (1 Co. 15:45). No obstante, decir que el Dios Triuno es un misterio iba demasiado lejos y distraía del asunto primordial del Espíritu Santo.

Tenemos que aprender a ir a las reuniones de hogar con un propósito definido. Pero al mismo tiempo, debemos ser rápidos para aprovechar la oportunidad cuando salga a flote una pregunta adecuada o un tema apropiado. Si los santos hubieran hecho un buen trabajo al responder la primera pregunta que fue hecha en cuanto al Espíritu Santo, aquella persona habría estado contenta y tal vez habría desechado la segunda. La segunda pregunta, en cuanto al porqué Dios no salva a los hombres a menos que vengan a El, quizá fue un interrogante para distraerlos de la meta principal de la reunión. La estrategia del enemigo es arruinar el trabajo en las reuniones de hogar, distrayéndonos de la meta. Tenemos que restaurar la reunión hacia la meta principal de nuestro propósito.

MENSAJE VEINTE

APROVECHAR TODA OPORTUNIDAD
PARA ALIMENTAR A LOS NUEVOS CREYENTES

Un hermano le habló a un nuevo creyente por teléfono porque este nuevo creyente había perdido una reunión y el hermano no quería dejar pasar mucho tiempo entre el tiempo de la salvación y la siguiente visita o reunión. En la conversación, el nuevo creyente le preguntó la razón por la cual había diferencia en las dos narraciones de la creación en los capítulos uno y dos de Génesis. Como era una conversación telefónica y el tema en cuestión requería tiempo para abordarlo apropiadamente, el hermano le pidió al nuevo creyente que estudiara un poco más los capítulos con miras a reunirse para hablar un poco más acerca de estos asuntos en la reunión de hogar siguiente. El hermano se preguntaba cómo responder la pregunta del nuevo creyente.

Aunque es muy razonable hablar de un tema tal como éste más adelante, de todos modos debemos aprovechar cada oportunidad al cuidar de los nuevos creyentes para inyectar en ellos, para ministrarles, algo que tenga vida y verdad. Si hubieran tomado dos o tres minutos para decir algo en cuanto a Génesis 1 y 2, eso habría sido de ayuda para mejorar la conversación telefónica.

Para responder esa pregunta en cuanto a la diferencia entre Génesis 1 y 2, usted debe, en primer lugar, señalar que Génesis 1 es el bosquejo de la creación, y que Génesis 2 contiene los detalles de ese bosquejo. Génesis 1:26 dice que Dios creó al hombre a Su imagen y según Su semejanza. Luego el capítulo dos nos da los detalles de cómo Dios creó al hombre. Dios usó dos materiales en la creación del hombre: el polvo y el aliento de Dios (v. 7). Dios usó el polvo de la tierra para formar el cuerpo del hombre, y usó Su aliento de vida para crear el espíritu humano dentro del hombre. De esta manera, hoy en día nosotros tenemos cuerpo y espíritu. Con esta palabra corta, usted le ayuda al hermano nuevo a conocer algo en cuanto a estos dos capítulos. Entonces usted podría proponerle que se reuniera con usted en un futuro cercano para hablar más acerca de este asunto.

Cuando compartimos un tema con los nuevos creyentes,

tenemos que tener presente que ellos son recién nacidos (1 P. 2:2a; 1 Co. 3:1b); por consiguiente, debemos alimentarlos con comida para niños. A fin de que nuestra obra sea efectiva, tenemos que aprender a alimentar a otros, y también tenemos que saber qué porciones darles. Puede ser demasiado profundo al comienzo alimentar a un niño con los escritos de Pablo. Nuestro contacto con los nuevos creyentes, que son como niños, envuelve dos aspectos diferentes. El primer aspecto tiene que ver con su educación y aprendizaje humanos. Si alguien es profesor, no debemos hablarle en una manera infantil, de otro modo, podría pensar que lo estamos menospreciando. Debemos tratarlo como a una persona culta, como a un erudito. El segundo aspecto tiene que ver con la condición y la edad espirituales de los nuevos creyentes. Según el aprendizaje humano, ellos pueden saber de ciencias, filosofía o sicología, pero según el entendimiento espiritual, son niños y no conocen las cosas espirituales. Por lo tanto, tenemos que ayudarlos como a uno que no sabe nada de asuntos espirituales. Por ejemplo, podríamos señalarles Génesis 1:26 y 2:7, y poner de relieve que el hombre es hecho conforme a la imagen de Dios y según Su semejanza, que fue formado del polvo, y que Dios sopló en él el espíritu de vida. Debemos hacer hincapié en estas dos cosas una y otra vez, tratándoles como a niños, alimentándolos con estas cosas profundas en forma de comida para niños. La comida para niños es muy nutritiva, pero la cantidad y la textura hace fácil que los niños lo digieran.

INVERTIR NUESTRO TIEMPO SABIAMENTE EN EL CUIDADO DE LOS NUEVOS CREYENTES

Algunas veces los nuevos creyentes podrían pedirle que se enrole en sus actividades deportivas. En principio, usted debe determinar primero si dispone de tiempo. Luego, debe decidir si su intención es pasar tiempo con ese nuevo o participar en sus actividades deportivas. Si usted simplemente desea enrolarse en actividades deportivas, ha descendido a otro nivel. Su carga debe estar en aprovechar la oportunidad para pasar tiempo con el nuevo creyente a fin de hablarle quizá en camino a la actividad deportiva y al regreso. Si usted no tiene tiempo para hacer esto, pero desea pasar tiempo con el nuevo creyente, usted podría sugerirle que se reúnan en otra ocasión. El tal vez quiera pasar tiempo con usted, pero usted no debe desgastarse o malgastar su tiempo. Cuando usted invierta tiempo con los nuevos creyentes, debe aprovechar la oportunidad para espiritualmente brindarles ayuda.

PREPARAR PARA LAS REUNIONES DE HOGAR

Antes de visitar a los nuevos en las reuniones de hogar, se debe dedicar algo de tiempo a la preparación. En ese tiempo de preparación debe haber comunión entre los miembros del equipo que va a salir a visitar en cuanto a la meta de la reunión de hogar. Ustedes no deben ir a las reuniones de hogar sin un propósito específico. Por supuesto, no deben convertir su propósito en un legalismo que no tiene flexibilidad alguna. No obstante, no importa cuán flexibles sean, ustedes deben ir con un propósito y una meta.

CUIDAR DE LA REUNION DE HOGAR
DE ACUERDO CON SU AMBIENTE

La manera de cuidar de una reunión de hogar —los himnos que cantamos y los versículos que leemos— debe estar de acuerdo con el ambiente específico de esa reunión de hogar. Empezar una reunión de hogar cantando un himno, sin que se tenga el ambiente adecuado, es practicar una forma religiosa. Simplemente cantar un himno es algo que pertenece a la religión. En general, según nuestro entendimiento, no está mal iniciar una reunión con un canto. Pero según lo que hemos aprendido y practicado en estos últimos años, este tipo de práctica es errónea. Esta práctica religiosa puede sólo corroborar en los nuevos su concepto pasado en cuanto al cristianismo.

CUIDAR DE LAS REUNIONES DE HOGAR
EN UNA MANERA QUE TRAIGA VIDA,
INSPIRACION Y REVELACION

La manera en que empezamos una reunión debe estar

llena de vida y espontaneidad, libre de todo tipo de religión. Si oramos, sugerimos un himno, abrimos las Escrituras, o le pedimos al nuevo que diga algo, tenemos que hacerlo en una manera llena de vida, habiendo ya preparado la atmósfera. Puede darse que antes de cantar cierto himno uno de los hermanos o hermanas lea algo de la Palabra. Tal vez los demás asistentes deseen leer de nuevo esa porción. Entonces alguien podría explicar esa porción de la Palabra con una o dos frases. A continuación podrían orar-leer esa porción de la Palabra. Finalizar esa clase de lectura tal vez requiera diez minutos. Tal lectura dejará en el nuevo la impresión de algo lleno de vida, y le preparará para adentrarse en el himno. De este modo, su participación es algo más que meramente cantar un himno.

Todo lo que hagamos en cualquier tipo de reunión debe estar lleno de vida, debe ser conmovedor, y debe ser algo que el Espíritu pueda usar para inspirar y revelar algo a las personas en cuanto al misterio de Dios. No debemos hacer nada como una simple actividad religiosa. Ayudarle a la gente a ser avivada o a amar la Biblia puede ser también una actividad religiosa, lo cual es muy común en el cristianismo. Este tipo de labor es muy general. Pero leer y cantar un himno, como por ejemplo el #537 de *Hymns* [Himnos] en cuanto al Cristo que es tan subjetivo, impresionará al nuevo creyente en una manera especial. Recalcar que Cristo es subjetivo es algo en verdad nuevo para los cristianos que están en el cristianismo. Cristo no es sólo una persona histórica, que es meramente objetiva; más bien, el Cristo que es nuestro Salvador es muy subjetivo. Ayudar a un nuevo con un tema tan particular es cuidar de las reuniones de hogar de una manera llena de vida, inspiración y revelación, libre de toda religión.

La nueva manera es algo vivo, completamente ajeno a la religión. La nueva manera aclara, revela e inspira. La nueva manera no es una obra al estilo o según la forma de algún tipo de religión. Es algo completamente dentro de la realidad de vida. Cuando usted ministra a Cristo, haciendo hincapié en Su ser subjetivo, no sólo el nuevo recibe ayuda, sino también aquellos que, junto con usted, están cuidando de la reunión de hogar.

APRENDER A USAR LAS PALABRAS DE LOS NUEVOS CREYENTES EN UNA MANERA POSITIVA

Recientemente, en una reunión en la universidad, un hermano nuevo, aunque había recibido ayuda de la práctica de invocar el nombre del Señor, preguntó en qué forma invocar el nombre del Señor es diferente del sentimiento producido al repetir una consigna como: "No desistas" o "Nunca te rindas".

Quizá la mejor manera de ayudar a este nuevo hermano es sencillamente animarlo a que nunca desista de invocar el nombre del Señor, animarlo a que toque al Señor todo el día. La mejor manera de ayudar a los nuevos creyentes es simplemente tomar sus palabras y decirles algo definido y específico, de acuerdo con su necesidad. En este caso, usted podría decir: "Hermano, no desistas de tener contacto con el Señor. No desistas de permanecer en el espíritu. No desistas de invocar el nombre del Señor. No te rindas y sigue haciendo todas estas cosas positivas". Cuando nosotros usamos sus palabras y los dejamos con algo positivo, pueden ellos ser inspirados, impresionados y guardados en el ambiente, el espíritu, de la comunión de esa reunión.

TRATAR CON PROBLEMAS EN LAS REUNIONES DE HOGAR

Algunos santos se estaban reuniendo con un nuevo creyente que había renunciado a su trabajo en esos días. Al cuidar de este nuevo, uno de los hermanos ofreció ayudarle a escribir un historial personal para solicitar un nuevo trabajo. Al hermano también le pareció que este nuevo necesitaba ayuda en cuanto al asunto de la autoridad, pero estaba indeciso en cuanto a la manera de compartir este asunto y a la vez permanecer en la esfera de alimentar un niño en Cristo.

En este caso, sería mejor no tocar el problema de su falta de trabajo. Ayudarle a hacer algo en cuanto a su situación laboral, simplemente lo hundiría más en ese problema. El hermano que está cuidando de este nuevo creyente debe poner énfasis en el asunto de tocar al Señor y de volverse al espíritu. Nuestra labor entre la gente está en el ámbito espiritual. Este hermano debe tratar de traer al nuevo creyente a la esfera espiritual, a la experiencia de la presencia del Señor y a Su rica unción.

APRENDER A CUIDAR DE LAS REUNIONES DE HOGAR SEGUN UNA META DEFINIDA

Un grupo de santos ha estado visitando desde hace varias semanas a una pareja nueva. La pareja está muy abierta a estos santos, pero todavía no se ha bautizado. Ellos han hecho algunas preguntas básicas acerca de varios asuntos, como por ejemplo el espíritu humano, así que los santos simplemente han respondido sus preguntas. En la última visita, la pareja les preguntó a los santos qué era lo que el Señor requería que ellos hicieran puesto que ya eran cristianos. Sabiendo que estaban todavía sin bautizar, los santos los guiaron a leer Juan 3:5, que habla del bautismo. La pareja respondió que no estaba lista y que primero necesitaba aprender más en cuanto a la Biblia. En esa ocasión los santos juzgaron conveniente no presionarlos más en cuanto al bautismo. Pero ahora se preguntan cuál debe ser el próximo paso para ayudarle a esta familia a seguir adelante con el Señor.

Estos santos han sido un poco generales en su cuidado por estos nuevos creyentes, no habiendo dado pasos definidos para ayudarles. Cuando la pareja les preguntó acerca de lo que requería el Señor que hicieran Sus creyentes, se presentó la oportunidad perfecta para bautizarlos. En esa ocasión los santos pudieron haber presentado Marcos 16:16 que dice: "El que creyere y fuere bautizado será salvo". Luego les habrían podido señalar que ésta es una palabra que salió de la boca del Señor. Pudieron haberles dicho: "Esta palabra de Marcos 16:16 nos insta a creer y a ser bautizados. Ustedes ciertamente ya han creído, y por lo tanto, son salvos. Pero todavía no son bautizados. Hoy, ustedes preguntan: '¿Qué requiere el Señor que hagan los cristianos?" Después de leer este versículo ustedes deberían decirnos qué deben hacer". Ellos podrían responder a esto: "Nosotros tenemos que ser bautizados". De esta manera, los santos habrían ayudado a esta pareja a ser bautizada. No debemos forzar la gente a que haga cosas, pero hasta cierto punto debemos simplemente instar a la gente a que tome la palabra del Señor.

Cuando vayamos a laborar en las reuniones de hogar, debemos siempre tener un propósito definido. El principal propósito por el cual tenemos las reuniones de hogar es nutrir a los nuevos creyentes, pero cada madre que nutre a su recién nacido, lo hace con una meta definida. El tipo de alimento que la madre usa, depende de la situación del nene. Nutrir a los nuevos creyentes sin ningún propósito es correr el riesgo de dañar, a largo plazo, su salud espiritual.

USAR *LECCIONES DE VIDA* EN LAS REUNIONES DE HOGAR

Después de seis meses de cuidar de la reunión de hogar semanalmente, usted debe primordialmente tratar de ayudar a los nuevos creyentes conforme a las lecciones del libro *Lecciones de vida*. Claro que usted no podrá terminar las cuarenta y ocho lecciones en sólo veinte semanas o más. Pero nosotros, como aquellos que cuidan de las reuniones de hogar, debemos estar familiarizados con las cuarenta y ocho lecciones. El libro *Lecciones de vida* fue escrito según la secuencia de la experiencia cristiana, no según la doctrina. Pero estas lecciones no deben enseñarse como un libro de texto. Usted debe poner estas cuarenta y ocho lecciones en su corazón y estar muy familiarizado con su contenido. Entonces, mientras que usted se prepara para ir a la reunión de hogar, tendrá un sentir profundo en cuanto al punto sobre el cual debe laborar para infundirlo en los nuevos creyentes alimentándolos. Su propósito y meta podría ser ayudar a los hermanos nuevos a conocer y a experimentar su espíritu regenerado. Pero al llegar a la reunión de hogar, el ambiente y la verdadera necesidad del momento puede ser completamente diferente. La necesidad urgente puede ser compartir con ellos algo acerca de tratar con los ídolos. Posponer este asunto hasta la semana siguiente sería demasiado tarde. Por lo tanto, usted debe hacer a un lado el asunto del espíritu humano e inmediatamente abordar el asunto de tratar con los ídolos. Al compartir este asunto, usted logrará abarcar, durante esa visita, otra de las cuarenta y ocho lecciones".

En la siguiente visita usted puede tener como meta una vez más el espíritu humano al alimentar a los nuevos. El ambiente, no obstante, puede todavía no ser propicio para tratar el asunto del espíritu humano; puede quizá ser apropiada para hablar de conocer la Biblia. En un ambiente semejante, insistir en deshacerse de su carga en cuanto al espíritu humano sería un legalismo. Además sería erróneo. Usted debe encajar en la situación, percibiendo el ambiente y dando una palabra en cuanto a la Biblia, la revelación divina. Al hacer esto, usted espontáneamente abarca otra lección de las cuarenta y ocho. Quizá usted no haya usado una copia del libro *Lecciones de vida,* pero ha tratado ya una de sus lecciones. Haciendo esto una y otra vez, a la larga, abarcará cada lección del libro en una manera viviente y flexible, de acuerdo con la situación.

Laborar en las reuniones de hogar es nutrir a los nuevos creyentes con el alimento para niños contenido en las *Lecciones de vida.* Cada lección es como un frasco de alimento para niños. Usted debe mantener cada lección en el "bolsillo" de su corazón. Así, cuando haya una necesidad, igual que un médico después de diagnosticar, usted puede satisfacer cualquier necesidad del paciente. Usted no sólo sabe qué medicina recetar, sino que también tendrá a mano la medicina para dársela. Tenemos que nutrir a los nenes con comida para niños.

No debemos conducir las reuniones de hogar sin un rumbo determinado. Debemos siempre llevar a cabo las reuniones de hogar con el propósito de inyectar una de las *Lecciones de vida* en los nuevos creyentes. Tal vez no podamos terminar las cuarenta y ocho lecciones con un nuevo creyente en seis meses, pero tal vez sí podamos completar por lo menos veinte en ese período de tiempo. El material contenido en una lección puede ser demasiado para una sola inyección, pero tenemos que darnos cuenta de que cada lección es como una "canasta de duraznos". Quizá sólo una porción de la canasta sea necesaria para el nuevo creyente que nosotros estamos cuidando. Debemos alimentar a los nuevos creyentes de acuerdo con su necesidad.

APRENDER A CUIDAR DE LA GENTE ES UN ASUNTO DE TODA LA VIDA

Durante muchos años en las iglesias hemos sufrido pérdida por dos razones. No alimentábamos a otros en las reuniones de hogar, y no sabíamos cómo alimentarlos. En el pasado, es posible que alguien haya sido bautizado, y que nosotros hayamos tenido la carga de visitarlo, pero después de varias visitas perdimos el interés porque no supimos qué hacer y porque hubo poco resultado. De la misma manera, el nuevo creyente a quien visitamos tuvo poco interés en continuar recibiendo nuestras visitas. Todos nosotros debemos aprender a hacer la labor de tener reuniones de hogar para nutrir a los nuevos creyentes con alimento para niños.

En el período de 1940 a 1943 en la iglesia en Chifú, empecé a aprender a visitar los hogares y a cuidar de los nuevos creyentes. Ahora estoy apenas abriendo algunas puertas para que ustedes aprendan todo lo que puedan. En este entrenamiento estoy simplemente abriendo las puertas y dando direcciones para que ustedes vayan y aprendan más. Gradualmente, día tras día, al cuidar de dos o tres nuevos creyentes todo el año, llevaremos a la vida de la iglesia dos o tres personas anualmente que sean fruto permanente. En el curso de nuestra vida, podríamos traer de cien a ciento cincuenta a la vida de la iglesia. Asegúrese de que cuando entremos en los tabernáculos eternos (Lc. 16:9), estos cien o ciento cincuenta lo reciban. ¡Qué vida tan maravillosa es ésta! Hacer la obra de nutrir a los creyentes en las reuniones de hogar edifica a la iglesia y nos ayuda a saber lo que significa ser edificados con otros.

EL EJERCICIO Y LA PRACTICA DE LA MANERA ORDENADA POR DIOS

MENSAJE VEINTIUNO

CRIAR A LOS NUEVOS CREYENTES CON LA LECHE PURA DE LA PALABRA COMO A HIJOS DE DIOS QUE ESTAN CRECIENDO

Lectura bíblica: 1 P. 2:2

CRIAR A LOS NUEVOS CREYENTES

En este mensaje continuaremos nuestra comunión con respecto al segundo paso de la manera ordenada por Dios, el cual es tener reuniones de hogar con las personas recién salvas y recién bautizadas. Si usted dedica algo de tiempo para considerar lo que se dice en 1 Pedro 2:2, se dará cuenta de que implica más que alimentación. Implica criar hijos, lo cual significa proveerlos de todo lo que necesitan, incluyendo la alimentación, para que crezcan y maduren. La historia de la humanidad ha probado que la sociedad de una nación se edifica por medio de la educación que las familias dan a sus hijos en los hogares individuales.

Desde que vine al recobro del Señor en 1932, me ha preocupado el bajo índice de asistencia en las reuniones, sin embargo nunca entendí la razón de este problema. Durante los cinco últimos años me he resuelto estudiar a fondo este problema. Por la misericordia del Señor, descubrí que la razón principal por la cual no asiste un gran número de personas a nuestras reuniones es que somos deficientes en cuanto a la educación adecuada de los nuevos creyentes. Hemos tenido reuniones, hemos tenido la obra, y todos los colaboradores han sido diligentes y fieles en su labor; sin embargo no hemos visto mucho fruto. Muchas personas han venido, pero muy pocas han permanecido.

Yo he estudiado e incluso he explicado Juan 15 por muchos años, no obstante había un punto en el versículo 16 que nunca había visto. Había visto que el Señor nos ha escogido y designado para que vayamos y luego llevemos fruto, pero no había visto el tercer punto: "[que] vuestro fruto permanezca". El Señor no sólo nos ha designado para que vayamos y llevemos fruto; también nos ha designado para que nos aseguremos de que nuestro fruto permanezca. Si el fruto no permanece, hasta cierto punto es vano que vayamos y llevemos fruto. En el pasado salimos y laboramos para llevar fruto, pero pocos han permanecido. Todos tenemos que entender que nuestro problema anterior, nuestra deficiencia, fue que no vimos que para guardar nuestro fruto, es decir, para asegurarnos de que permanezca, necesitamos llevar a cabo el trabajo de criar a los nuevos creyentes de manera adecuada.

En el día de Pentecostés, tres mil personas fueron salvas (Hch. 2:41). Creo que en ese mismo día comenzaron a tener reuniones de hogar (Hch. 2:46). Eso no fue algo que se practicó en el Antiguo Testamento. Fue algo totalmente nuevo, algo del Nuevo Testamento. En el día en que la iglesia comenzó a existir, los ciento veinte, más estos tres mil creyentes, comenzaron a reunirse en las casas de modo que el fruto permaneciera. Habría sido muy difícil que tres mil creyentes recién nacidos permanecieran sanos sin que se les cuidara en las reuniones de hogar. Inmediatamente después del nacimiento de un niño, la madre debe encargarse de alimentar a su hijo. Sin embargo, sólo alimentar a este niño no es suficiente; ella también debe criar a este niño. Criar a un niño no es sencillo ni fácil. Hay muchísimos aspectos que debemos atender para criar adecuadamente a un niño.

Sin duda Pedro vio la situación en el día de Pentecostés y ayudó en la obra de cuidar a esos creyentes recién nacidos. Luego en su primera Epístola, él dice que los niños recién nacidos necesitan la leche de la palabra, no para tener conocimiento, sino para el crecimiento en vida (2:2). El exhorta a los niños recién nacidos a que deseen la leche no adulterada que pertenece a la palabra, a fin de que crezcan en vida para salvación. Aquí la salvación no se refiere a la regeneración, es decir, a la etapa inicial de la salvación, sino al hecho de que, después de ser regenerados, debemos crecer en vida, es decir, debemos ser salvos continuamente, cada día. Después de que un niño nace, hay que cuidarlo continuamente. Si no recibe cuidado, es posible que después de unas pocas horas, muera. Por lo tanto, el cuidado continuo es su salvación. Tal niño debe ser salvo en todo aspecto; esto es lo que significa criar a un niño. Meramente alimentar con leche a un niño no es adecuado; también hay que bañarlo, abrigarlo y hacer que se sienta cómodo. Hay que arreglar todo su ambiente de modo que esté seguro y pueda crecer adecuadamente. Debemos tomar esta manera para criar a los creyentes recién nacidos.

Tengo una gran carga con respecto a la nueva manera. Casi todos los días he considerado los puntos de la manera ordenada por Dios, y cuanto más he considerado, más me he dado cuenta de que debemos ser entrenados para cuidar a los nuevos creyentes de la misma manera en que las madres y los padres crían a sus propios hijos. La obra de cuidar a los nuevos creyentes debe ser una obra de criar hijos. No debemos producir hijos y dárselos a otros para que ellos los críen. Los pequeños niños deben estar bajo el cuidado directo de su madre. Este cuidado hace una gran diferencia en su crecimiento.

NO PRODUCIR DEMASIADOS HIJOS

El primer punto con respecto a criar hijos es que uno no puede cuidar adecuadamente a un número excesivo. Cuando usted bautiza a alguien, usted se pone muy contento, pero tiene que darse cuenta de que ahora esta persona es su niño. Usted debe cuidarlo y criarlo como a su propio hijo. Ahora usted es una madre, y tiene que asumir las responsabilidades de una madre. Esto es muy molesto. Toda joven quiere casarse y tener hijos, pero después de tener tres hijos, la joven tal vez llore y diga: "No quiero tener más hijos". Esto se debe a que criar hijos es muy difícil. Por lo tanto, si usted tiene demasiados nuevos creyentes a quienes cuidar, no podrá hacerlo de manera adecuada.

Es bueno tener hijos espirituales, pero no es bueno tener demasiados. En Taipei, cuando estuvimos experimentando con la nueva manera, violamos este principio. Pensábamos que cuantos más bautizáramos, mejor. Bautizamos a tantas personas que no pudimos cuidarlas adecuadamente. Parece que entre nosotros sólo había personas que engendraban, pero que no había nadie que alimentara a estos niños recién nacidos. Por medio de esto aprendimos que todo creyente que predique el evangelio también debe cuidar a los nuevos creyentes como una madre que cría a sus propios hijos. Tener reuniones de hogar es la manera de cumplir con esta responsabilidad.

TOMAR LA MANERA DE LAS FAMILIAS INDIVIDUALES

El propósito de la reunión de hogar es criar a los creyentes recién nacidos, no sólo como a nuestros propios hijos sino también como a hijos de Dios que están creciendo. Esta es la deficiencia singular entre nosotros y también en todo el cristianismo. Dondequiera que haya un grupo de cristianos en el cual exista el cuidado adecuado de los nuevos creyentes, tal iglesia llegará a ser muy grande. Sin embargo, esta obra no puede ser llevada a cabo en gran escala por la iglesia como conjunto; debe ser hecha por medio de las familias individuales.

En la sociedad es difícil criar hijos a gran escala. Si cada familia cría tres o cuatro hijos en su hogar, con el tiempo serán producidas muchas personas apropiadas que beneficiarán la sociedad. Cada equipo es una familia. Si ustedes son un equipo de tres miembros, ustedes deben llegar a ser una familia que cría a los nuevos creyentes como a sus propios hijos, considerándolos a la vez hijos de Dios. Ustedes sencillamente son madres que amamantan, realizando la tarea de criar a estos hijos de parte de Dios.

Para llevar a cabo esta clase de obra, ustedes deben guardar ciertos principios. No deben dejar que otros críen a sus hijos. No salgan para hacer otras cosas mientras dejan a sus hijos bajo el cuidado de otros. Ustedes deben "quedarse en casa" y cuidar de sus hijos directamente por sí mismos. Dejar a sus hijos bajo el cuidado de otros, aun por un corto período de tiempo, puede causarles algún daño; ellos tal vez sufran y no crezcan muy bien. La obra de criar a los nuevos creyentes debe estar bajo el cuidado directo de ustedes mismos.

Luego, ustedes no deben tratar de cuidar a demasiados nuevos creyentes a la vez. Como equipo de tres, deben de ser capaces de cuidar de seis a diez nuevos creyentes. Una vez que tengan esta cantidad, deben dejar de salir y de bautizar más, y deben concentrar su energía, su tiempo y su atención en estas seis o diez personas. Es mejor cuidar a estos nuevos creyentes por aproximadamente dos años. Durante la primera mitad del primer año, deben darles un cuidado intensivo, visitándolos dos veces a la semana por dos meses y luego una vez a la semana por cuatro meses. Durante este periodo de tiempo, dejar a sus hijos como huérfanos para que sean criados por otros les haría mucho daño. En lugar de eso, ustedes deben enamorarse de sus hijos y estar dispuestos a sacrificarse por ellos. Sin los sacrificios hechos por la madre, ningún hijo puede ser criado adecuadamente.

Basado en mi estudio y en nuestra historia de casi sesenta y cinco años, me he dado cuenta de que la única manera de tener una adecuada vida de la iglesia es por medio de engendrar niños y criarlos como a hijos. Esta es la manera de cumplir el mandamiento del Señor de ir y hacer discípulos a todas las naciones (Mt. 28:19). Para hacer discípulos a las naciones, debemos comenzar por medio de hacer discípulos a individuos, pero no podemos ir solos; debemos ir como equipo. El mejor número para un equipo es tres. Por un lado, tener demasiados en un equipo tal vez permita que se introduzcan muchas opiniones, pero por otro, tener sólo dos en un equipo sería muy poco, porque es posible que estos dos se peleen. Por lo tanto, se necesita un tercer miembro para que los equilibre. Además, si los miembros no son de la misma edad, esto ayudará para equilibrarlos. Todos debemos aprender a trabajar juntos como equipo sin tener ninguna opinión. Entonces nuestro equipo podrá llegar a ser una familia, trabajando juntos todo el año para criar a los hijos del Señor.

CUMPLIR NUESTRA RESPONSABILIDAD

Al salir para predicar el evangelio, puede ser que usted bautice a algunas personas casi cada vez que vaya. Es posible hacerse adicto a esto. Ser adicto a cierta cosa siempre es perjudicial. Si usted es adicto a bautizar gente, incluso esto puede ser perjudicial. Todos debemos aprender a no bautizar demasiadas personas. Si como equipo ustedes ya han bautizado a ocho personas, eso es suficiente; no traten de bautizar más. Deben dejar de bautizar e ir para "cambiar pañales". Deben ser equilibrados. No produzcan más niños ni los entreguen luego a otros. Esto no es correcto. Después de que su equipo haya bautizado a unos cuantos, dejen de hacerlo y formen una familia para hacer la tarea de criar a estos nuevos creyentes como a hijos de Dios. Deben hacer todo para ellos continuamente, día tras día, semana tras semana, y mes tras mes. Entonces, verán el resultado correcto. Esto es la manera de edificar la vida de la iglesia por medio de criar a los nuevos creyentes.

Todos debemos ser responsables por cuidar de las reuniones de hogar. Sin embargo, no debemos tratar de hacer esto a gran escala. Cada miembro del equipo sólo debe tener aproximadamente tres nuevos creyentes a quienes cuidar. Le corresponde a este miembro reunirse continuamente con estos nuevos creyentes en reuniones de hogar. Si una madre que amamanta no se ve obligada, sino que sólo hace las cosas conforme a sus deseos y sus gustos, su niño no crecerá adecuadamente e incluso tal vez muera. En la obra del Señor no hay vacaciones. Ustedes deben ir continuamente, no a muchos hogares, sino a los tres o cuatro hogares de las personas a quienes están cuidando. Deben cumplir su deber tal como madres que amamantan, criando a sus hijos. Hoy en día ustedes están criando no sólo a sus propios hijos, sino también a los hijos de Dios.

CRIAR A LOS NUEVOS CREYENTES CON LA PALABRA DE DIOS

El segundo punto con respecto a criar a los hijos de Dios es que usted debe criarlos con la palabra de Dios, no con su propia palabra. Siempre debe guardar este principio. No hable mucho su propia palabra. Usted tiene que aprender a tomar, o aprovechar, la oportunidad para inyectar en estos nuevos creyentes la palabra de Dios. Aliméntelos con la leche de la Palabra de Dios. Esta es la razón por la cual publiqué las *Lecciones de la verdad* y las *Lecciones de vida*. En estos tomos he recopilado los versículos más apropiados para ayudar a los nuevos creyentes. Les animo a todos ustedes que están trabajando en la nueva manera del Señor a que se familiaricen con las cuarenta y ocho lecciones de las *Lecciones de vida*. Todos los temas de estas lecciones fueron seleccionados cuidadosamente, conforme a mi conocimiento y experiencia, para satisfacer las necesidades de los nuevos creyentes. Estudien estas lecciones y aprendan a usar todos estos versículos de oro. Sería mejor si ustedes pudieran recitar todos estos versículos, pero al menos debe saber dónde están en la Biblia. Entonces, si no puede recitar un versículo, puede encontrarlo rápidamente. A veces, aun si usted puede recitar el versículo, es mejor abrir la Biblia en ese versículo y dejar que el nuevo creyente lo lea. Cualquier cosa que usted haga, la debe hacer de manera viva, y debe tratar de abarcar al menos un punto específico, usando los mejores versículos.

La primera cosa que debemos inyectar en los nuevos creyentes es el hecho de que nuestro Salvador es el Espíritu, y que nosotros, como personas salvas, tenemos un espíritu regenerado. Necesitamos dedicar al menos tres o cuatro reuniones de hogar para impartirles este asunto.

La segunda categoría de las cosas que debemos comunicarles debe incluir las prácticas básicas de la vida cristiana. Como cristianos debemos leer la Biblia, la Palabra de Dios. Debemos orar a Dios, lo cual es respirar a Dios. Además, debemos tener la vigilia matutina. Cada mañana debemos levantarnos temprano para tener un tiempo matutino con el

Señor. También debemos enseñarles cómo practicar la vigilia matutina por medio de leer algunos versículos y luego orar-leer estos versículos. Tiene que encargarles que asistan a las reuniones cristianas. Luego, también tiene que ayudarles a hacer lo mismo que usted ha hecho por ellos, o sea, predicar el evangelio a otros. Estas son las prácticas básicas de la vida cristiana.

Los próximos asuntos que debemos abarcar con ellos son todos los varios aspectos de la salvación de Dios. La salvación de Dios es todo-inclusiva, y dentro de la salvación de Dios hay muchos aspectos. Tenemos el asunto del lavamiento de nuestros pecados, del perdón de nuestros pecados, de la redención, de la reconciliación, de la justificación, de la regeneración y así sucesivamente. Todos estos asuntos son tratados en las cuarenta y ocho lecciones de las *Lecciones de vida*. Usted tiene que encargarse de todos estos asuntos, y para hacerlo se requiere muchas semanas.

Si ustedes comparten estas tres categorías adecuadamente, las personas que están a su cargo serán bien criadas. Espontáneamente, crecerán y llegarán a ser estables. La reunión de hogar es como el kinder, y la reunión de grupo es como la primaria. En los mensajes que siguen tendremos mucha comunión acerca de las reuniones de grupo.

PREGUNTAS Y RESPUESTAS

Pregunta: Recientemente, antes de que fuéramos a una reunión de hogar, tuvimos comunión y nos pareció bueno compartir de modo sólido y cabal el asunto de invocar el nombre del Señor. Así que, lo estudiamos en Hechos 2:21 (nota 1), y también leímos el Estudio-vida de Romanos donde se habla en detalle de este asunto (Mensaje 23). Cuando fuimos a la reunión de hogar, asistieron seis miembros de la familia. Comenzamos cantando algunos cantos acerca de invocar el nombre del Señor, pero mientras ellos cantaban pudimos ver que no querían adentrarse en el asunto. Luego, compartimos la importancia de invocar el nombre del Señor, no sólo para nuestra salvación, sino también para que participemos en todas las riquezas del Señor después de que somos salvos. Leímos versículo tras versículo, y después de cada versículo tratamos de animarles a practicar, diciendo algo así: "Practiquemos invocar el nombre del Señor ahora mismo. ¡Señor Jesús!" Pero pudimos ver que, por alguna razón, sencillamente no querían invocar al Señor. Esto nos contristó porque realmente queríamos que tocaran al Señor. Así que, seguimos compartiendo, repasando el Antiguo Testamento y luego el Nuevo Testamento, mostrándoles todos los versículos que tienen que ver con invocar al Señor. Finalmente nos sentimos como si hubiéramos dado un mensaje a algunas personas que no querían saber nada acerca de invocar al Señor. Hablamos la Palabra de Dios y no nuestra propia palabra, pero también nos pareció que la reunión fue un fracaso. Nuestra meta era introducirlos en el asunto de tocar su espíritu, pero no logramos eso. ¿Podría usted hacer algunos comentarios acerca de este caso?

Respuesta: En primer lugar, lo que enseñaron no fue apropiado para la reunión de hogar. La reunión de hogar es el kinder, pero ustedes enseñaron algo que pertenece al nivel de postgraduados. No tengan reuniones de hogar en un nivel tan alto. No se olviden de que en las reuniones de hogar, están cuidando a "niños"; están alimentando con alimento infantil a los recién nacidos. Usaron la Palabra de Dios, pero usaron demasiados versículos. En la mayoría de los casos, tres o cuatro versículos son suficientes. Cuando ustedes alimenten a estos pequeños bebés, no deben darles demasiado de comer. Siempre deben mantenerlos con un poco de hambre. Si los sobrealimentan, ellos perderán el apetito.

En segundo lugar, deben alimentar a los niños con algo que tenga buen sabor, algo dulce que los alegre. Si el alimento que les ofrecen es dulce a su paladar, comerán. Lo primero que ustedes tienen que hacer es aprender a hacer que la gente se sienta bien. No se olvide de que el alimento debe ir acompañada por el cuidado tierno. Hay que cuidarlos con ternura primero.

La mejor manera de ayudar a los nuevos creyentes a invocar el nombre del Señor es cantar. Usted simplemente puede tomar la iniciativa y cantar. A todos, tanto a las personas jóvenes como a las personas mayores, les gusta cantar. No les explique mucho; muchas veces una explicación es agria, no dulce. Cantar es muy dulce. Usted debe ser como una madre que amamanta, haciendo que sus niños pequeños se sientan bien por medio de darles algo dulce. Es mejor no usar el himnario. Usted debe aprender unos cantos y coros breves que sean fáciles de cantar. Es posible que sea necesario cantar un coro muchas veces. Tal vez la primera vez que lo canten, los nuevos creyentes se sorprendan. La segunda vez, tal vez escuchen y comiencen a disfrutarlo. Luego, la tercera vez que ustedes lo canten, puede ser que ellos participen.

El principio es éste: si quiere ayudar a los niños recién nacidos, siempre debe tratar de hacer que se sientan contentos, hacer que se sientan bien. Entonces recibirán lo que ustedes les den.

Pregunta: Hemos estado visitando a una mujer de noventa y dos años y a su hija. Les dijimos que queríamos venir y leer la Biblia con ellas. Hemos regresado para hacer esto varias veces. En una de tales ocasiones, les cantamos un canto y les enseñamos a cantarlo. Luego leímos un capítulo del Evangelio de Juan, ejercitándonos un poco mientras leíamos, y tuvimos comunión con ellas con respecto a esa porción de la Palabra. Cada vez que las visitamos, parece que disfrutan el tiempo que estamos juntos, especialmente el cantar, y a veces podemos impartirles algo de la Palabra por medio de leer la Biblia y tener comunión. En una ocasión pudimos conocer a algunos de sus nietos, así que pensamos que su casa tal vez pueda ser la clave para tener contacto con toda la familia. ¿Qué piensa usted acerca de este caso?

Respuesta: Todos debemos preguntarnos cuál es nuestro propósito al salir a visitar a la gente. Estamos laborando por el aumento de la iglesia. Es fácil que la gente sea salva y bautizada, pero es difícil que lleguen a ser miembros prácticos y vivientes de la vida de la iglesia. Nuestra carga no sólo es que la gente sea salva y bautizada; nuestro propósito es obtener el aumento adecuado para la vida de la iglesia. Por lo tanto, cuando ustedes salgan para visitar a un nuevo creyente, deben ejercer el discernimiento del Señor para saber si esta persona podría ser llevada fácilmente a la vida de la iglesia. Si nos parece que sería difícil introducir a esta persona en la vida de la iglesia, debemos ayudarle a ser salvo y bautizado, pero después debemos seguir para laborar en otros. De esta manera encontraremos los mejores hijos de paz para la vida de la iglesia.

Nuestra predicación del evangelio no sólo es para que la gente sea salva y bautizada. Nuestra predicación del evangelio es para la edificación del Cuerpo de Cristo. Por lo tanto, debemos buscar las personas apropiadas que no sean tan difíciles de ganar para la vida de la iglesia. Al visitar a la gente, debemos tener el discernimiento para comprender cuáles serán difíciles de introducir en la vida de la iglesia. Dedicar mucho tiempo para laborar en una hermana de edad tan avanzada, aun si pudiera ser introducida en la vida de la iglesia, no es sabio. Tenemos que ahorrar nuestro tiempo. Dedicar tanto tiempo con la esperanza de ganar a su familia tampoco es sabio. Hay muchos otros hogares y familias a los cuales podemos dedicar nuestro tiempo.

Aprendan a ser sabios y a no perder su tiempo. Usted tiene una pesquera que contiene miles de peces. Hay miles de casas a las cuales pueden ir. Al salir para salvar y bautizar a la gente, ustedes deben laborar con discernimiento. Después de dos semanas tal vez su equipo haya bautizado a quince. Entonces, deben preguntarse cuáles de estos quince son las personas apropiadas que puedan ser introducidos fácilmente en la vida de la iglesia. Ustedes deben dedicar la mayor parte de su tiempo a estas personas prometedoras. De entre estos quince, tal vez seleccionen a seis. No deben abandonar a los otros nueve, sino que deben visitarlos tal vez una vez cada dos semanas, para mantener el contacto. No obstante, deben dedicar la mayor parte de su tiempo a las personas prometedoras.

Todos debemos ser entrenados para laborar con discernimiento. Somos como granjeros que tienen demasiados campos que cultivar. Por lo tanto, debemos seleccionar el campo más productivo en el cual trabajar. Si sólo tenemos cinco campos, no tenemos alternativa; debemos laborar en todos ellos. Si sólo hay tres familias en nuestra ciudad, tenemos que tocar a estas puertas. Pero hay cientos de familias en nuestra ciudad, así que debemos ir con discernimiento. También debemos discernir cuáles comunidades son las mejores en las cuales laborar y en qué tipo de personas es mejor laborar. Esto no significa que menospreciamos a cierta clase de persona o que no creemos que todos los pecadores necesiten la salvación de Dios. Estamos saliendo para ganar personas apropiadas para la vida de la iglesia para que el Cuerpo de Cristo sea edificado. La comisión que hemos recibido del Señor no sólo es salvar a pecadores, sino también edificar la vida de la iglesia en el recobro del Señor como testimonio. Por lo tanto, debemos ahorrar nuestro tiempo para trabajar en las personas más promisorias de modo que podamos ganar el aumento adecuado para la iglesia.

Pregunta: Estamos cuidando a una familia, y la esposa está muy triste porque su marido tiene un problema con respecto al alcoholismo. Recientemente me habló acerca de este problema, y le dije que ahora ella es una nueva persona porque tiene a Cristo por dentro y que por eso es posible vencer los problemas. Luego traté de ayudarla a que supiera cómo recibir más del Señor, de modo que sus problemas no la molestaran tanto, pero ella no lo entendió muy bien. Traté de explicar de otra manera y le leí algunos versículos. Al final oramos juntos, y en nuestra oración oramos por su esposo y para que ella recibiera más del Señor. ¿De qué manera debemos seguir adelante con esta hermana?

Respuesta: Cuando salimos para visitar a la gente, siempre tenemos que usar el discernimiento que Dios nos ha dado. Aunque esta persona es muy buena, su ambiente es difícil y está lleno de problemas. Es difícil que nuestro trabajo venza todos estos problemas. Hay muchas personas que tienen muchos problemas. Si tratamos de resolver los problemas de todo el mundo, perderemos nuestro tiempo y eso pondrá fin a nuestra obra. Uno puede laborar en esta clase de persona toda la vida, sin embargo es posible que no se produzca casi nada para la edificación práctica del Cuerpo de Cristo. Es mejor salir para visitar otras casas para ganar más nuevos creyentes. Con el tiempo, encontraremos a algunos que serán muy buenos para la vida de la iglesia.

Vale la pena sacrificar todo para trabajar en Su recobro para la edificación del Cuerpo de Cristo como el testimonio de Dios hoy, pero debemos laborar con sabiduría. Debemos discernir entre los diferentes tipos de personas. Los Estados Unidos es una mezcla que incluye muchas clases de personas. Algunas son personas que tienen muchos problemas. Si vamos a tales personas, nos echamos en un abismo lleno de problemas. Por lo tanto, debemos tener algo de discernimiento con respecto a cuál debe ser la comunidad en la cual debemos trabajar y a cuáles vecindades debemos visitar. Debemos hacer nuestras selecciones con sabiduría.

Cuando las personas mencionan problemas, ustedes deben considerar cuál punto específico hay que tocar para alimentarlas. En este caso, el punto que tal vez quieran tocar es que ella tiene un espíritu y que puede ejercitar este espíritu para tener contacto con el Señor, para respirar al Señor a fin de disfrutarlo. Usted debe hacer a un lado todos los problemas. No obstante, no pase por alto ni rechace completamente los problemas de ella. Usted podría decir: "Sólo el Señor puede resolver todos nuestros problemas. Usted puede orar acerca de esto". Esta es la mejor manera de hacer a un lado todos los asuntos innecesarios. Luego, tal vez diga: "Yo quisiera ayudarle a hacer algo. Cada día puede ejercitar su espíritu para orar al Señor. En su oración puede recordarle a El todos estos problemas, pero por favor, no deje que estos problemas le molesten. Si deja que le molesten, esto matará la vida de oración de usted. Aprenda a ejercitar su espíritu para invocar el nombre del Señor". Simplemente recalque este único punto y pídale que practique este asunto por medio de orar con usted. En este único punto usted la puede ayudar, pero debe dejar todos los problemas intactos. El enemigo siempre está al acecho esperando la oportunidad de estropear nuestra obra. El hace esto por medio de hacer surgir toda clase de problemas a fin de hacer que toda la situación sea turbia o borrosa. Tenemos que seleccionar un solo punto para poder prestar algo de ayuda, olvidándonos de todos los problemas.

Pregunta: *Si un equipo de tres tiene nueve o doce nuevos creyentes a quienes cuidar, ¿debe cada miembro salir solo para cuidar a tres o cuatro o deben los tres salir juntos para visitar a cada uno de estos nuevos creyentes?*

Respuesta: Cada semana su equipo debe reunirse para tener comunión con respecto a todos estos nuevos creyentes. De esta manera pueden conocer las situaciones de ellos y considerar cuáles de entre ellos tal vez no sean muy prometedores y cuáles de ellos tal vez necesiten algún cuidado urgente. A raíz de su comunión, pueden decidir cuál miembro o cuáles miembros deben visitar a los nuevos creyentes esa semana. Todos ustedes deben trabajar juntos de esta manera.

EL EJERCICIO Y LA PRACTICA DE LA MANERA ORDENADA POR DIOS

MENSAJE VEINTIDOS

INTRODUCIENDO A LOS RECIEN NACIDOS EN LA PRACTICA DE LA VIDA DE LA IGLESIA

En este mensaje continuamos teniendo comunión acerca de las reuniones de hogar.

CONDUCIENDO A LOS NUEVOS CREYENTES A REUNIRSE CON LA IGLESIA

Al laborar en las reuniones de hogar, usted se dará cuenta de que los nuevos creyentes a quienes está cuidando necesitan que usted los introduzca en la práctica de la iglesia. No debe olvidarse de que en esto de ganar a las personas la meta es introducirlas en la adecuada vida de la iglesia para el aumento de Cristo a fin de edificar el Cuerpo de Cristo. No tarde demasiado en introducir a los nuevos creyentes en la práctica de la vida de la iglesia. En realidad, desde el día en que usted bautice a los nuevos creyentes, debe empezar a dirigirlos hacia otras reuniones de la iglesia. Si es posible, es mejor dirigir a los nuevos creyentes hacia las reuniones de la iglesia el día del Señor, debido a que esa reunión representa con más propiedad el carácter de la vida de la iglesia.

Inmediatamente después de bautizar a un nuevo, debemos traerlo a las reuniones de la iglesia y darle una impresión en cuanto a la vida de la iglesia. Después de esta visita inicial, debemos exhortarlo una y otra vez en las siguientes reuniones de hogar a reunirse con los santos y con la iglesia. Debemos ayudarle a comprender que los cristianos son como las ovejas de un rebaño. Así como las ovejas no pueden vivir apartadas del rebaño, los cristianos no pueden vivir apartados los unos de los otros y por esto deben reunirse frecuentemente.

Tener reuniones en los hogares de los nuevos creyentes es sólo la etapa inicial. Mientras estamos reuniéndonos en sus hogares, todavía debemos procurar hacer que ellos dejen sus propias casas para ir a otras reuniones de los creyentes, tales como las reuniones de grupo pequeño o las reuniones grandes de la iglesia. Debemos ayudarles a cultivar la práctica de reunirse con los santos y con la iglesia.

INSTRUIR A LOS NUEVOS CREYENTES A PREDICAR EL EVANGELIO

Tenemos que ser los primeros en introducir a los nuevos creyentes en la práctica de predicar el evangelio. Primero, los bautizamos, y luego los alimentamos en las reuniones de hogar. Mientras los estamos alimentando, debemos ayudarles a sentir una carga por sus parientes. Podemos decirles: "Le trajimos Cristo a usted y ahora le animamos a llevar a Cristo a sus parientes". Al acompañar a los nuevos creyentes en sus visitas a sus parientes, estas "puertas calurosas" nos estarán abiertas. Tenemos que dirigir a los nuevos creyentes a visitar a sus parientes, ayudándoles a comprender que éste es otro aspecto de la práctica de la vida de la iglesia.

DIRIGIR A LOS NUEVOS CREYENTES A CUIDAR DE LOS OTROS SANTOS

Desde el principio, debemos también animar a los nuevos a cuidar a los otros santos. En la crianza de los niños, los mejores padres siempre ayudan a sus hijos a hacer las mismas cosas que hacen ellos. Mientras estamos cuidando de las reuniones de hogar, poco a poco debemos introducir a los nuevos en la práctica de la vida de la iglesia. La práctica de la vida de la iglesia es en primer lugar predicar el evangelio para ganar nuevos creyentes; en segundo lugar es reunirse con los santos y con toda la iglesia; y en tercer lugar es cuidar de otros santos. Desde el principio de su vida cristiana, los nuevos creyentes deben ser introducidos en el hábito de cuidar a los otros creyentes.

Debemos concentrarnos en estos tres asuntos al ayudar a los nuevos creyentes. Pero debemos tener en cuenta que ninguna de estas tres cosas es fácil de practicar. Tal vez parezcan fáciles, pero son algo difíciles. Todos debemos aprender a practicar estas cosas a fin de introducir a los nuevos en la adecuada vida de la iglesia.

NO CUIDAR A LOS NUEVOS CREYENTES SEGUN NUESTRA DISPOSICION

Al cuidar a los nuevos creyentes en las reuniones de hogar, tenemos que darnos cuenta de que cada persona tiene una disposición distinta. Algunos son de una disposición fuerte, mientras que otros son muy callados. Aun entre nosotros, hay muchos santos que raras veces han gritado en las reuniones. Cuando estamos llevando a los nuevos creyentes a invocar al Señor, no nos debe importar si invocan en voz alta o en voz baja. Nuestro objetivo principal en las reuniones de hogar es alimentar a los nuevos creyentes. A todos nos gusta ver a los nuevos orar en voz alta y gritar sus aleluyas a gran voz. Pero debemos darnos cuenta de que a menudo los que gritan a gran voz y locamente no son muy fidedignos. Normalmente, las personas más fidedignas y constantes son las más calladas.

No debemos exigir que los nuevos invoquen u oren en la misma forma que nosotros. Ellos tienen su disposición, y nosotros tenemos la nuestra. Nuestro deber principal es darles una inyección, es decir, ministrarles e impartir a Cristo en ellos. Cuando nos reunamos con ellos, debemos tener la seguridad de que los hemos nutrido.

No debemos preocuparnos demasiado por la respuesta que nos den. Cuando una madre le da de comer a su hijo, ella es consolada con sólo saber que su hijo ha sido nutrido. Esto es primordial para una madre que amamanta; la manera en que responde el hijo es secundario. Al cuidar de los nuevos creyentes, debemos confiar en el alimento que les hemos ministrado más que en cualquier otra cosa que hagamos.

Como resultado de tener muchas enfermedades y dolencias en mi vida, he estado bajo el cuidado de muchos doctores y así he aprendido mucho de ellos. Ellos ponen estricta atención a su tratamiento y no hacen caso de las reacciones agradables o desagradables de sus pacientes. Nosotros debemos cuidar de los nuevos en las reuniones de hogar en la misma forma, dándoles la inyección adecuada sin ser afectados por sus reacciones. Sin embargo, debemos hacer esto de una manera agradable, sin ofender o hacerlos tropezar, y debemos dejarles una buena impresión de nosotros.

ALIMENTAR A LOS NUEVOS CREYENTES CON COMIDA PARA NIÑOS

En una de las reuniones de hogar, una familia recién salva sugirió que se dieran regalos entre su familia y los santos. Cuando se hizo la sugerencia, los santos sencillamente se sonrieron y trataron de evitar el asunto haciendo girar la conversación a un himno y a una porción de la Palabra. La reunión se terminó sin que se mencionara más la Navidad. Pero unos pocos días después, uno de los miembros de la familia mencionó otra vez algo relacionado con la Navidad mientras estaba con el equipo en camino a la reunión. La familia ha sido llevado al disfrute y experiencia del Señor muchas veces, pero los santos estaban un poco preocupados con respecto a cómo compartir con ellos en cuanto a la celebración de la Navidad, sin ofenderlos.

Al hablar con los nuevos creyentes, nunca debemos olvidarnos de que son niños y que debemos alimentarlos con la comida para niños. Cuando hacen una pregunta tocante a la Navidad, se debe usar el tema de la Navidad para alimentarlos. No debemos tratar de corregirlos con dureza, ya que actuar de esta manera no seria tratarlos como a niños. Las madres que amamantan no sólo alimentan a sus pequeñuelos, sino que también los cuidan con ternura por medio de jugar con ellos. Jugar con ellos es cuidarlos con ternura. Este cuido los alegra. Una vez que se les ha cuidado con ternura y están felices, las madres les dan de comer. Usted debe aprender a "jugar" con los nuevos creyentes. Su meta al jugar con ellos es alimentarlos; por lo tanto, no debe preocuparse tanto por el tema de la Navidad. Puede decir en una forma tierna y amorosa: "Existe la Navidad por causa de Cristo. Sin Cristo, no habría Navidad. La historia de la Navidad empezó porque Cristo vino a ser nuestro Salvador. Aunque usted tenga un árbol de Navidad, debe asegúrese de que tenga a Cristo". Poco a poco debe hacerlos volver de las cosas falsas de la Navidad a la realidad de Cristo. Al volverlos a Cristo, diciendo algo acerca de Cristo, espontáneamente está inyectándoles a Cristo. Con el tiempo, por medio de este tipo de comunión tierna, ellos se sentirán felices de saber algo del verdadero significado de la Navidad, y pronto se olvidarán de intercambiar regalos con usted. Debe proceder con paciencia y sabiduría, pero no debe olvidarse de su meta de ministrar Cristo como alimento en los nuevos creyentes.

El año en que fui salvo yo aprendí que la Navidad es una falsedad. Empecé a luchar con cualquiera que mantuviera algo de la Navidad. Eso no estaba bien. Poco a poco he aprendido a "jugar" con los niños espirituales. Todos nosotros tenemos que aprender este secreto. En el mundo occidental existe el problema de la celebración de la Navidad, pero en el Lejano Oriente, especialmente en China, existe el problema de las fiestas tradicionales que tienen lugar tres veces al año. Es difícil que los jóvenes creyentes venzan estas fiestas y celebraciones, pero con la ayuda del Señor, podemos ayudarles por medio de aplicar el principio que he presentado aquí.

APRENDER A SER FLEXIBLES AL CUIDAR DE LOS NUEVOS CREYENTES EN LOS VARIOS NIVELES

Los santos visitaron a una nueva creyente que estaba bien cimentada en el cristianismo y empezaron a enseñarle una canción muy sencilla para ayudarle a invocar el nombre del Señor. Le dijeron que a ellos les gusta cantar la canción en la mañana, especialmente cuando no se sienten muy bien o cuando tienen muchos problemas. Ella respondió diciendo: "Sí, parece que siempre tenemos muchos problemas". Basados en su respuesta, los santos leyeron con ella Romanos 8:28-29 y comenzaron a compartir con ella con respecto al contenido de estos dos versículos. Al leer el versículo 29, ella se fijó en la palabra "predestinado", la cual le recordó de un versículo en Efesios 1 donde había leído acerca del sellar y de las arras. Entonces los santos fueron a Efesios 1 y comenzaron a compartir con ella acerca del sellar y de las arras. Ella estaba muy entusiasmada a causa de lo que habían compartido los santos acerca de este tema y mencionó que nunca había oído tales cosas antes. Los santos compartieron un poco más con respecto a este asunto, y al final de la reunión, cantaron la canción otra vez y le animaron a recordarla durante la semana siguiente.

En principio, cuando presentamos algo a los nuevos creyentes, como por ejemplo una nueva canción, es mejor evitar usar la palabra *enseñar* en nuestra comunión. Usted debe tratar de no decir: "Nos gustaría enseñarle una nueva canción". Es mejor decir: "Nos gustaría cantar una canción con usted" o "¿Podría usted cantar una canción con nosotros, por favor?". Usar las palabras *enseñar* o *enseñanza* trae un elemento que daña la situación que existe con los nuevos.

Los nuevos creyentes, en principio, son como niños; por lo tanto, debemos alimentarlos con comida para niños. Pero también tenemos que aprender a ser flexibles cuando nos demos cuenta de que la persona a quien cuidamos es más que un niño. En el caso ya mencionado, la persona que están cuidando los santos no era infantil. Es por esto que los santos tuvieron que ser muy flexibles, adaptándose al nivel del nuevo creyente. Los santos también intentaron tratar demasiadas cosas diferentes en una sola visita. Habría sido mejor discernir cuál de entre todas las preguntas era el tema para esa visita y luego alimentar al nuevo con la comida adecuada basados en ese tema. En este asunto es necesario mucho entrenamiento, porque muchas veces hacemos más de lo que debemos en una sola visita. Una persona con entrenamiento y experiencia, sin embargo, podría tratar esta situación en una forma adecuada.

En esta reunión de hogar, los santos no debieron haber abandonado su objeto de cantar una canción a fin de ayudar a la nueva creyente a invocar el nombre del Señor. Ella abordó el tema de los sufrimientos, pero para poder seguir el tema de invocar el nombre del Señor y evitar cambiar de tema, podrían haber dicho: "No solamente los cristianos sufren; todo el mundo en esta tierra sufre. Esta es la razón por la cual necesitamos invocar el nombre del Señor. Para ser rescatado del sufrimiento, debemos invocar el nombre del Señor". Con una palabra tan corta, se puede volver a esta nueva creyente al tema. En vez de que la nueva los lleve de tema en tema, los santos debieron haber vuelto a la nueva creyente al tema de invocar, usando cualquier palabra que ella dijera, para confirmar su tema. Conforme a la dirección del Señor, tal vez los santos desearan explicar un poco acerca de cómo el nombre del Señor es un nombre poderoso y cómo está sobre todo nombre. Luego la podrían haber llevado a invocar algunas veces, y mientras invocaban, uno de ellos podría haber empezado a cantar. Espontáneamente, la nueva creyente los habría seguido y así habría cantado también. Luego tal vez habría sido conveniente compartir un testimonio corto de su experiencia de invocar el nombre del Señor. Este tipo de testimonio no debe ser ofrecido como enseñanza, sino en una forma espontánea según se presente la oportunidad. Todos debemos aprender a hacer a un lado la manera de enseñar de modo formal y tomar la manera de cuidar a los nuevos en una forma viviente, flexible y agradable.

EJERCITAR EL DISCERNIMIENTO EN LA PREDICACION DEL EVANGELIO

El principio que rige cuando visitamos a la gente llevándoles el evangelio es primero ayudarlos a que sean salvos y bautizados. Mientras predicamos el evangelio debemos aprender a ejercitar nuestro discernimiento acerca de si esta persona será difícil de ganar o no. Si discernimos que el ambiente, la familia y otras cosas hacen que sea difícil ganar a cierta persona, debemos invertir nuestro tiempo en aquella persona. Un carpintero escoge cierto tipo de madera, basado en lo que planea hacer con ella. El tiene que discernir qué tipo de material será apropiado para su uso. Nosotros también debemos discernir en la misma forma cuando predicamos el evangelio, porque hay muchas diferentes clases de personas en la tierra. Tenemos que ser sabios y discernir a las personas mientras les hablamos.

EVITAR LABORAR EN VANO POR MEDIO DE APRENDER A LABORAR DE MANERA APROPIADA

He notado que cuando algunos santos salen, ganan a la gente rápidamente, mientras que otros tal vez salgan fielmente sin tener mucho resultado. El problema que tiene el segundo grupo de santos es que carecen de entrenamiento. Aunque laboramos mucho, puede ser que nuestra labor sea en vano si no laboramos de una manera apropiada. La labor en el evangelio y en las reuniones de hogar debe ser regular, consistente y continua. Si un miembro de un equipo de tres personas está enfermo, sería mejor que los otros dos fueran a visitar al nuevo que cambiar a otros santos. Cambiar los santos que laboran en una reunión de hogar en particular, ciertamente causaría mucha pérdida. La mejor manera es no cambiar los miembros que visitan a las reuniones de hogar. Cambiar los santos que visitan es parecido a cambiar consortes en el matrimonio; tal cosa daña la coordinación entre los santos que han estado laborando juntos para cuidar de la reunión de hogar. El resultado de estos constantes cambios será confusión entre los santos que están laborando, y el tiempo con el nuevo creyente se perderá. Por lo tanto, es mejor mantener los mismos miembros en los grupos que visitan.

Todos debemos aprender a tomar la nueva manera del Señor por medio del entrenamiento. En los años pasados, hemos estudiado la historia, y las biografías y autobiografías de los santos y hemos descubierto que, entre el pueblo del Señor, sólo los que se gradúan del seminario han laborado conforme a algún tipo de entrenamiento. Estos graduados fueron contratados por las denominaciones para llegar a ser su clérigo. Estos clérigos fueron entrenados, pero el llamado laicado no fue entrenado. El laicado simplemente actuó conforme a sus preferencias. Sin embargo, hoy día nos damos cuenta de que si queremos poner en práctica la nueva manera conforme al Nuevo Testamento, debemos ser entrenados.

Aunque la palabra *entrenamiento* no se usa en los libros de 1 Timoteo, 2 Timoteo y Tito, el pensamiento ciertamente está implícito en estos libros. Para servir al Señor, debemos ser entrenados. En 2 Timoteo 2:2 Pablo mandó a Timoteo que encomendara las cosas que había oído a hombres fieles capaces de enseñar a otros. Encomendar a hombres fieles implica cierta cantidad de entrenamiento. Un trabajo no puede ser entregado a alguien que no sepa nada en cuanto al trabajo. Existe la necesidad de entrenamiento. Tampoco una madre encomienda la tarea de cocinar a su hija sin primeramente entrenarla.

Pablo estableció un modelo al permanecer en Efeso por tres años (Hch. 20:32) para entrenar a los santos. En Hechos 20:20 Pablo dijo a los ancianos de la iglesia en Efeso que él no había rehuido de enseñarles ninguna cosa que fuese de provecho y que había enseñado públicamente y de casa en casa, amonestando a cada uno con lágrimas (v. 31). La enseñanza pública de Pablo en las reuniones y su visitación de casa en casa fue su manera de entrenar a los santos. Después, Pablo mandó a Timoteo a que permaneciera en Efeso a fin de que mandara a ciertas personas que no enseñaran cosas diferentes (1 Ti. 1:3). Esto también fue cierto tipo de entrenamiento llevado a cabo por Timoteo.

Ha habido pocos resultados en el cristianismo debido a que los llamados laicos no han sido entrenados. Muchos han sido animados por el Señor, pero su entusiasmo ha tenido pocos resultados porque su servicio al Señor ha sido a su propia manera. Nosotros en el recobro del Señor también necesitamos entrenamiento. El recobro del Señor en sí es muy particular, y el asunto de entrenamiento también es algo particular en el recobro del Señor. Al estar bajo entrenamiento, no debemos hacer nada conforme a nuestras preferencias o conforme a nuestro ambiente. Más bien, debemos hacer todo conforme a los puntos del entrenamiento.

EVITAR EL TRASLADO DEL CUIDADO DE LOS NUEVOS DE UN GRUPO A OTRO

Un grupo de santos bautizó a un nuevo creyente en un área que ha estado al cuidado de otro grupo de santos. El primer grupo quiere presentar el segundo grupo al nuevo creyente para que puedan empezar a cuidar del nuevo creyente en las reuniones de hogar. Los santos no están seguros de que ésta sea la mejor manera de cuidar del nuevo creyente.

La mejor manera de cuidar de los nuevos creyentes es tratar de evitar cualquier tipo de trasladado de cuidado de un grupo a otro. A menos que los nuevos creyentes que fueron bautizados se muden de una sección de la ciudad a otra, es mejor no trasladar los nuevos de un grupo a otro. Cuando haya necesidad de traslado, éste debe ser hecho con mucho cuidado y mucha consideración, y no en una manera ligera. Si una pareja quiere adoptar un niño, tiene que pasar por ciertos procedimientos. De igual manera, cuando un nuevo creyente pasa de un grupo de santos a otro, debe ser hecho en la manera apropiada. Efectuar un traslado en una manera apropiada, sin embargo, es bastante difícil. Debemos darnos cuenta de que en esta tierra ganar algo que valga la pena no es fácil. Adquirir una educación al nivel del doctorado no es muy fácil. Uno tiene que pasar por seis años de primaria seis años de secundaria, cuatro años de universidad y cinco años en una institución de estudios superiores. Si cosas como la educación no son fáciles, cuanto más difícil es avanzar en los asuntos relacionados con el Señor, quien es nuestro Rey. Nada que tenga que ver con el Rey es un asunto ligero. Salvar almas y alimentar a la gente en las reuniones de hogar no son asuntos pequeños. Que una madre que amamanta barra el frente de su casa, no es muy significativo, pero nutrir a su niño es una de las cosas más importantes para ella. El alimento de los nuevos creyentes en las reuniones de hogar es una cosa importantísima; por lo tanto, debemos ser muy cuidadosos al trasladar el cuidado de una reunión de hogar de un grupo a otro.

Si un nuevo se muda de una ciudad a otra, tenemos que hacer algo definitivo para efectuar el traslado. Debemos llamar a algunos hermanos en la ciudad nueva para recomendar al nuevo creyente a los hermanos. Luego debemos infundir al nuevo a fin de animarlo a tener contacto con los santos en la nueva localidad. Entonces debemos asegurarnos de que los santos se hayan puesto en contacto con el nuevo. De otra manera, perderemos a aquel sobre quien hemos laborado.

CUIDAR A LOS NUEVOS CREYENTES COMO NUESTROS PROPIOS HIJOS

Al criar a los nuevos creyentes como a niños, es mejor si usted tiene sus propios hijos. Sin embargo, si usted no tiene sus propios hijos por nacimiento, puede adoptar a otros niños. La adopción de niños espirituales tiene lugar cuando no se tiene hijos propios. Cuando se adopta a estos niños, la mejor actitud que se puede tener es considerarlos como hijos propios.

CUATRO PASOS NECESARIOS PARA PONER EN PRACTICA LA NUEVA MANERA DEL SEÑOR

Un hermano relató su experiencia pasada; nos contó que tuvo éxito al predicar el evangelio y al bautizar a muchas personas, pero que no quedó con mucho fruto permanente debido a su falta de madurez. Recientemente, ganó a uno de sus compañeros de clase en la universidad, pero está poco dispuesto a animar a su amigo a predicar el evangelio debido a la falta de madurez de su amigo. Además, este hermano está poco dispuesto a dar a luz muchos hijos espirituales por el temor de no tener ninguno que permanezca.

Llevar a la gente al Señor es relativamente fácil, pero criarlos no es tan fácil. En nuestro estudio estos últimos años, hemos descubierto que necesitamos por lo menos cuatro pasos para criar a los nuevos creyentes. El primer paso es visitar a la gente por medio de tocar sus puertas para ganarlos. El segundo es que después de ganarlos por medio de salvarlos y bautizarlos, hay necesidad de nutrir y cuidar con ternura a los nuevos en las reuniones de hogar. El tercer paso es que hay necesidad de tener reuniones de grupo para perfeccionar a los santos. El cuarto es que debemos aprender a celebrar nuestras reuniones en mutualidad al valernos del profetizar universal. Andar conforme a estos pasos es practicar la nueva manera del Señor. Debemos, como sacerdotes neotestamentarios del evangelio, aprender a visitar a otros para que puedan ser salvos (Ro. 15:16). Luego debemos cuidarlos como nuestros pequeños niños para cuidarlos con ternura y nutrirlos para que podamos criarlos. Este paso requiere mucho tiempo, pero no debemos esperar tener fruto que permanezca, si no ejercitamos el cuidado apropiado en las reuniones de hogar. Después de dar fruto, debemos cuidar muy bien del fruto; de otra manera, el fruto no permanecerá. Una vez que tengamos fruto, debemos hacer todo lo posible para cuidarlo aunque todavía estemos jóvenes y faltos del crecimiento en vida. A menudo, los niños de una familia son criados no solamente por los padres, sino también por los hermanos y hermanas mayores. Es lo mismo hoy día en la vida de la iglesia. Debemos entender que los hermanos y hermanos mayores en el recobro del Señor pueden ayudarnos a criar a nuestros hijos espirituales.

TRATAR CON LAS ESPERANZAS DE LA GENTE EN CUANTO A LAS REUNIONES DE LA IGLESIA

El cristianismo ha edificado algo de una manera equivocada y ha dado a la gente una impresión errónea en cuanto a la vida de reunión entre el pueblo del Señor. Debido a esta impresión equivocada, la mayoría de la gente hoy día tiene cierta esperanza cuando asisten a una así llamada reunión de la iglesia. Cuando asisten a una reunión cristiana, a menudo dicen que "van a la iglesia". Esta es la razón por la cual tenemos que tener reuniones de hogar. En las reuniones de hogar, los nuevos no se distraen con la formalidad de la iglesia, y pueden recibir el alimento. Mientras que los alimentamos en sus hogares, debemos darles a conocer gradualmente lo que es la manera bíblica de ganar a la gente para el Señor. Luego, mientras reciben ayuda para entender la manera bíblica de reunirse y de servir, no prestarán mucha atención a la formalidad de las reuniones de la iglesia. En sus hogares podemos nutrirlos y cuidarlos con ternura para criarlos y educarlos a fin de que puedan conocer lo que es verdadero. En muchos casos, cuando los santos han hecho un buen trabajo al educar a los nuevos en las reuniones de hogar, los nuevos están muy felices de asistir a las reuniones de grupo pequeño porque su gusto ha sido cambiado. Con este cambio de gusto, a estos nuevos ya no les agrada la formalidad del cristianismo.

LAS RIQUEZAS DE CRISTO COMO EL ELEMENTO ATRAYENTE EN TODO TIPO DE REUNION

Para poner en práctica la manera neotestamentaria, debemos tener las riquezas de Cristo como nuestro contenido. Nuestras reuniones deben tener las riquezas de Cristo como su contenido; de otra manera, los nuevos se decepcionarán. Cuando comparan la fachada atractiva del cristianismo con nuestra manera de reunirnos y con nuestra práctica, no serán impresionados por nuestra manera. Por lo tanto, debemos tener el rico contenido en las reuniones de hogar, en las reuniones de grupo pequeño y en las reuniones grandes de la iglesia. Todas estas reuniones deben estar llenas de las riquezas de Cristo. Cuando la gente prueba estas riquezas, perderá su gusto por la fachada del cristianismo.

. # EL EJERCICIO Y LA PRACTICA DE LA MANERA ORDENADA POR DIOS

MENSAJE VEINTITRES

EL PERFECCIONAMIENTO LLEVADO A CABO EN LAS REUNIONES DE GRUPO

Lectura bíblica: He. 10:24-25; 2 Ti. 2:2; Ef. 4:11-12

En este entrenamiento de tiempo completo queremos tratar los cuatro pasos principales de la manera ordenada por Dios. En los mensajes anteriores ya hemos hablado de los dos primeros pasos, los cuales son visitar a la gente en nuestra calidad de sacerdotes neotestamentarios del evangelio, y criar a los nuevos creyentes en las reuniones de hogar. En este mensaje comenzaremos a tener comunión acerca del tercer paso: las reuniones de grupo. El cuarto paso, profetizar para la edificación orgánica de la iglesia como Cuerpo de Cristo, será tratado en los mensajes siguientes.

LA MANERA EN QUE PABLO PRACTICO EL SACERDOCIO NEOTESTAMENTARIO

Pablo dijo que él era un sacerdote neotestamentario del evangelio (Ro. 15:16, gr.). En el libro de Hechos y en todas las Epístolas de Pablo, podemos ver que Pablo se ejercitaba para practicar al máximo este sacerdocio neotestamentario. Practicaba la predicación del evangelio como sacerdote neotestamentario principalmente en dos formas. Primero, dondequiera que iba, visitaba las sinagogas. En aquel entonces, especialmente en Asia Menor, había sinagogas judías en todas las ciudades principales. Siempre había un grupo de personas congregado en estas sinagogas que tenía las Escrituras y que sabía algo de Dios. Pablo se aprovechaba de tal situación. Como un judío que se había convertido en cristiano y que también había llegado a ser apóstol y evangelista, era muy provechoso que fuera a visitar las sinagogas judías. Al hacerlo, él siguió los pasos del Señor. Cuando el Señor Jesús estuvo en la tierra, El viajaba por las ciudades y también entraba en las sinagogas (Mt. 4:23; 9:35). Pablo siguió el ejemplo del Señor y tuvo éxito en esta forma de predicar el evangelio.

Pablo también practicó la predicación del evangelio por medio de salir para visitar a la gente. En su segundo viaje, primero el Espíritu Santo le prohibió a Pablo que hablara la palabra en Asia, y luego, cuando intentaron entrar en Bitinia, el Espíritu de Jesús no les permitió entrar. Por lo tanto, fueron obligados a tomar un curso directo para Macedonia, pasando por Misia y Troas (Hch. 16:6-8). En su segundo viaje, Pablo no sabía en qué dirección ir. Primero intentó tomar un camino y luego otro; estaba "haciendo experimentos". Intentó irse a la izquierda (Asia) y le fue prohibido. Luego trató de ir por la derecha (Bitinia) y también fue impedido. No quería retroceder, así que siguió derecho hasta que llegó a la ciudad de Troas, junto al mar Egeo. Después de eso, no sabía qué hacer.

Parece que cuando llegaron a Troas, Pablo no tenía la intención de atravesar el mar para ir a otro continente, así que Dios le dio una visión. "Y se le mostró a Pablo una visión de noche: un varón macedonio estaba en pie, rogándole y diciendo: Pasa a Macedonia y ayúdanos. Cuando vio la visión, en seguida procuramos partir para Macedonia, dando por cierto que Dios nos llamaba para que les anunciásemos el evangelio" (vs. 9-10). La frase "dando por cierto" en este versículo indica que después de ver la visión de Dios, era necesario dar por cierto, es decir, comprender por medio de considerar lo que significaba, por medio de ejercitar la mente, una mente saturada y dirigida por el espíritu (Ef. 4:23), conforme a la verdadera situación y medio ambiente. Después de estudiar la situación y considerar la visión, Pablo llegó a una conclusión. Hoy en día algunas personas son demasiado espirituales. Piensan que si uno tiene el guiar del Espíritu Santo, siempre debe saber qué hacer. Pero Pablo no era tan espiritual; todavía era humano.

En el Antiguo Testamento, el oráculo de Dios, el hablar de

Dios, siempre se transmitía por medio del Urim y Tumim, que estaban en el pectoral del sumo sacerdote (Ex. 28:30). Eso era un milagro. De repente la luz brillaba, no en todo el pectoral, sino en las letras hebreas del pectoral, una y otra vez hasta que se completara el hablar divino. De esta manera la voluntad de Dios se daba a conocer a Su pueblo. En el Antiguo Testamento la administración de Dios era llevada a cabo por medio de que Él hablara en Su oráculo divino mediante el Urim y Tumim. Esta administración, es decir, el gobierno divino de Dios sobre Su pueblo, se llama teocracia. En ciertas ocasiones esta teocracia era llevada a cabo por medio de las palabras del Urim y Tumim; pero no todo el oráculo de Dios en el Antiguo Testamento se transmitía mediante el sacerdocio por el Urim y Tumim. Es por esto que, además del sacerdocio había profetas. Los profetas complementaban el sacerdocio para fortalecerlo. Ellos profetizaban y también recibían visiones de Dios.

En la teocracia del Nuevo Testamento, el Urim y Tumim son reemplazados por el espíritu mezclado, el Espíritu divino mezclado con nuestro espíritu humano regenerado (Ro. 1:9; 8:16; Jn. 3:6; 4:24; 1 Co. 6:17). El oráculo de Dios está en nuestro espíritu, pero a veces, debido a nuestra debilidad, esto no es adecuado. En el libro de Hechos, también hay algo además del Urim y Tumim neotestamentarios. De la misma manera que fue necesario que los profetas fueran añadidos al sacerdocio antiguotestamentario, es necesario que al sacerdocio neotestamentario le sea añadida la función de los profetas neotestamentarios. Todos los creyentes neotestamentarios son sacerdotes. Pablo indicó que él era un sacerdote del Nuevo Testamento (Ro. 15:16, gr.), sin embargo en Hechos 16 su sacerdocio necesitaba la función de los profetas.

En el Antiguo Testamento era común que un profeta tuviera una visión. Aquí en Hechos 16, Pablo era el sacerdote, pero el sentir interior del espíritu mezclado no era muy claro para él. Si esto hubiese sido claro, él no habría tenido necesidad de experimentar, de tratar de ir hacia la izquierda y luego hacia la derecha. Tal vez él estaba preocupado acerca de esta situación y no pudo dormir bien. Luego tuvo una visión. Incluso después de que vino la visión, Pablo y aquellos que estaban con él consideraron mucho la situación en que se encontraban y también la visión, y habiendo concluido que Dios los habían llamado para predicar el evangelio en Macedonia, ellos fueron a Filipos.

En Filipos Pablo no predicó el evangelio por medio de entrar en la sinagoga. El salió para visitar a la gente. Fue a un lugar de oración fuera de la puerta de la ciudad, junto a un río, y habló a las mujeres que se habían reunido. Al ir a este lugar, fue a una "puerta fría". No las conocía, y ellas no lo conocían a él; pero una de estas mujeres, Lidia, recibió el evangelio y abrió su casa a los apóstoles (Hch. 16:13-15). Esta fue la primera vez que la predicación del evangelio penetró el continente europeo. Antes de aquel momento, el evangelio todavía no se había extendido más allá de Asia Menor.

CRIAR A LOS CREYENTES COMO A LA FAMILIA DE DIOS

Después de estudiar todo el Nuevo Testamento, nos hemos dado cuenta de que hacer desarrollar a una iglesia es como criar a una familia. En la crianza de una familia, lo principal es que la familia tiene que crecer. La iglesia es la casa de Dios, es decir, la familia de Dios (Ef. 2:19). Una iglesia local es "la familia local" de Dios. Nosotros tenemos que criar a esta familia de la misma manera que criamos a nuestras familias físicas. Primero, tenemos que engendrar hijos. Luego, debemos alimentar a estos niños recién nacidos en sus propias casas. Sin embargo, tener solamente una familia que alimenta nenes no es la meta. Eso es la manera, el procedimiento, para llegar a la meta. La meta es criar a estos pequeños. Criar hijos no sólo significa alimentarlos, sino también perfeccionarlos. Este perfeccionamiento se revela claramente en Efesios 4. Este capítulo dice que la Cabeza ascendida, Cristo, ha dado dones a los hombres para el perfeccionamiento de los santos (vs. 8, 12). Estos dones pertenecen a cuatro categorías principales. El dio a unos como apóstoles, a algunos como profetas, a algunos como evangelistas, y a algunos como pastores y maestros (v. 11, gr.). La Cabeza dio estos cuatro tipos de dones directamente al Cuerpo.

Según Efesios 4, estos cuatro tipos de dones deben llevar a cabo en los santos la obra de perfeccionamiento. Los padres, después de alimentar a sus niños por unos cuantos años, tienen que perfeccionarlos. Esto se lleva a cabo principalmente por medio de enseñarles, de educarles. Si una persona comiera pero nunca recibiera ninguna educación, esa persona sería inútil en la sociedad. Una persona debe al menos aprender un oficio. Al criar familias para formar la sociedad de una nación, se necesita que haya nacimientos, luego alimentación, y luego perfeccionamiento, es decir, educación.

Después del perfeccionamiento, cada santo necesita ejercitarse para profetizar. Conforme al Nuevo Testamento, el profetizar edifica directamente el Cuerpo de Cristo. Esto se revela completamente en 1 Corintios 14. Este capítulo revela de manera completa la edificación directa de la iglesia. Sin embargo, no es muy fácil practicar 1 Corintios 14. Primero, tenemos que crecer y ser perfeccionados. Para graduarse de la universidad, uno primero debe pasar por el jardín infantil, la primaria, la secundaria, la preparatoria y luego cuatro años de universidad. Para recibir su maestría, uno debe asistir a una escuela de estudios superiores. Para recibir el doctorado, se requiere aún más estudio. Todos estos pasos —el jardín infantil, la primaria, la secundaria, la preparatoria, la universidad y la escuela de posgraduados— son para nuestro perfeccionamiento.

PERFECCIONARNOS UNOS A OTROS EN LAS REUNIONES DE GRUPO

Al estudiar el Nuevo Testamento, me di cuenta de que en la vida espiritual existen estas mismas etapas de madurez. Primero, debemos hacer que los pecadores sean regenerados para ser niños en Cristo. Luego, estos niños necesitan ser alimentados. El Señor Jesús nos dice en Juan 15:16 que debemos llevar fruto y que nuestro fruto debe permanecer. En Juan 21 el Señor nos encarga que alimentemos a Sus corderos (v. 15). Alimentar a los corderos del Señor es la manera de asegurarnos de que nuestro fruto permanezca. Pedro aprendió esto del Señor, así que al escribir su primera Epístola, él exhorta a los niños recién nacidos a que anhelen la leche pura de la Palabra (2:2). No obstante, los niños recién nacidos no pueden comer ni beber por sí solos; necesitan que una madre los alimente (1 Ts. 2:7). Sufrimos en el pasado porque no complementamos nuestra predicación del evangelio con la alimentación adecuada. Sin la alimentación adecuada, un niño recién nacido puede morir prematuramente. Esto ha pasado entre nosotros muchas veces durante los años.

Luego, después de la alimentación, un creyente joven necesita algo de enseñanza, algo de educación. Hebreos 10:24 dice: "Y considerémonos unos a otros para estimularnos al amor y a las buenas obras". El versículo 24 usa dos palabras muy positivas: considerar y estimular. Debemos considerarnos unos a otros, debemos estimularnos al amor y a las buenas obras. Esto significa que tenemos que considerar a otros, recordar a otros y cuidar de otros. También debemos estimularlos, alentarlos. Tal vez algunos se enfríen. Si eso pasa, debemos avivar el fuego en ellos. Entre nosotros necesitamos esto, pero ¿cómo puede llevarse a cabo? El versículo 24 termina con una coma, y el versículo 25 continúa: "No dejando de congregarnos, como algunos tienen por costumbre". No dejar de congregarnos es tener nuestra propia reunión. Esto no es tener una reunión general, sino una reunión de grupo.

La reunión de grupo es la reunión de usted. En una reunión general es difícil considerarnos unos a otros o estimularnos. Esto sólo puede hacerse en un grupo pequeño. Si hay muchos en una reunión, es difícil estimularnos unos a otros o considerarnos unos a otros de esta manera. Por mucho tiempo, yo he estado reuniéndome con la mayoría de ustedes en reuniones de aproximadamente doscientos, pero todavía no sé el nombre de muchos de ustedes. Sin embargo, si vinieran a mi casa y se reunieran conmigo en mi sala, en una reunión de grupo, yo los conocería íntimamente. Muchos de nosotros hemos estado reuniéndonos por quince años, sin embargo ni siquiera nos conocemos. Esto es una vergüenza. Todos necesitamos tener nuestra propia reunión de grupo. No es suficiente asistir a las reuniones de grupo de otros; cada uno de nosotros necesita su propia reunión.

La reunión de grupo no es la reunión de la iglesia que se menciona en 1 Corintios 14. Cuando toda la iglesia se reúne, lo que allí se tiene no es una reunión de grupo. Hebreos 10:24-25 describe una reunión de grupo. En estos versículos hay tres puntos que caracterizan la reunión de grupo: consideración, estímulo y exhortación. Sin una reunión de grupo, ¿cómo podríamos exhortarnos unos a otros? Cuando nos reunimos en la reunión de grupo, usted puede estimularme a mí y yo puedo estimularlo a usted. Podemos animarnos unos a otros a que consideremos a otros, a que amemos a otros y a que cuidemos de otros. Para considerarnos, estimularnos y exhortarnos unos a otros, necesitamos la reunión de grupo.

LA OBRA DE PERFECCIONAMIENTO LLEVADA A CABO POR LAS PERSONAS DOTADAS

En 2 Timoteo 1:14 Pablo exhortó a Timoteo diciendo: "Guarda el buen depósito" (gr.). Timoteo tenía un depósito; algo había sido depositado en él. Este depósito constaba de las palabras sanas que Pablo dio repetidamente a Timoteo. Timoteo había recibido todas estas palabras sanas como una especie de depósito. En 1 Timoteo 6:20 Pablo exhortó a Timoteo diciendo: "Guarda el buen depósito" (gr.), y en su segunda Epístola, él repite esta exhortación. Luego, en 2 Timoteo 2:2, Pablo se refiere a "lo que has oído de mí ante muchos testigos". Lo que había oído eran las sanas enseñanzas y las sanas palabras que Timoteo había oído de Pablo (1 Ti. 1:10; 6:3; 2 Ti. 1:13). Pablo le exhorta que estas cosas, el buen depósito en Timoteo, sean encargadas a hombres fieles, que sean idóneos para enseñar también a otros (2 Ti. 2:2). La palabra "también" indica que Timoteo debía enseñar y que era necesario que algunos otros también enseñaran.

En primer lugar, Pablo era un apóstol, un perfeccionador. Él perfeccionó a un joven, Timoteo. Esto proporcionó a Timoteo el buen depósito y lo capacitó para perfeccionar a otros. En 2 Timoteo 2:2 el perfeccionador de la primera generación exhorta al perfeccionador de la segunda generación a que perfeccionara a la tercera generación.

Efesios 4 dice que la Cabeza ha dado a unos como apóstoles, a algunos como profetas, a algunos como evangelistas, y a algunos como pastores y maestros para el perfeccionamiento de los santos (vs. 11-12). En una familia, todos los miembros jóvenes, que tienen menos de dieciocho años, tienen que ser perfeccionados. Este perfeccionamiento tiene una meta. En Efesios 4:12 esta meta es indicada por la palabra "para". Esta palabra en el griego significa *con el propósito de* o *con miras a*. Por lo tanto, el perfeccionamiento de los santos se lleva a cabo con el propósito de o con miras a la obra del ministerio. La misma palabra que se traduce "para" se usa dos veces en este versículo: "para" la obra del ministerio y "para" la edificación del Cuerpo de Cristo. Estas dos frases están en aposición la una con la otra. Las dos se refieren a la misma cosa. La obra del ministerio es la edificación del Cuerpo de Cristo.

LA EDIFICACION DE LA IGLESIA

No por la Cabeza directamente

Efesios 4 es un capítulo crucial porque es el único capítulo de la Biblia que revela que la Cabeza del Cuerpo no edifica el Cuerpo directamente. Algunos han usado lo que el Señor dijo en Mateo 16:18 —"Edificaré mi iglesia"— para enseñar que no necesitamos que alguien nos edifique, sino que sólo necesitamos que el Señor Jesús nos edifique. Sin embargo, el Nuevo Testamento no sólo es Mateo 16; incluye los cuatro Evangelios, el libro de Hechos, veintiuna Epístolas y Apocalipsis. Entre las Epístolas, las catorce que fueron escritas por Pablo, desde Romanos hasta Hebreos, se encuentran en primer lugar. Entre las Epístolas de Pablo, Efesios es un libro que trata específicamente de la iglesia, y el tema del capítulo cuatro es la edificación de la iglesia. Aunque en Mateo 16 el Señor dice: "Edificaré mi iglesia", la Biblia como conjunto no nos muestra que Cristo edifica Su iglesia directamente. El capitulo cuatro de Efesios revela este asunto en detalle. Es cierto que Cristo está edificando Su iglesia, pero lo está haciendo como Cabeza por medio de producir a las personas dotadas y darlas como dones a la iglesia. Los apóstoles, profetas, evangelistas y pastores y maestros son dones dados por la Cabeza a Su Cuerpo.

Los dones producidos por la Cabeza

Efesios 4 nos dice que el Señor descendió, no sólo a la tierra, sino también a las partes más bajas de la tierra, al Hades. Luego salió del Hades para venir a la tierra en Su resurrección, y desde la tierra El subió a lo alto, al tercer cielo. Por lo tanto, El es el Cristo todo-inclusivo quien todo lo llena en todo (vs. 8-10). Como tal Cabeza, El ha recibido del Padre los dones. Conforme a Juan 17:2 y 6, el Padre ha dado Sus escogidos al Hijo para que el Hijo les dé vida eterna. En el momento en que Cristo subió a los cielos para mostrar al Padre la frescura de Su resurrección (Jn. 20:17), el Padre dio al Hijo como dones los millones de personas que El había escogido en la eternidad pasada (Sal. 68:18). Inmediatamente, algunos de estos dones llegaron a ser apóstoles.

Aunque Pedro, Jacobo, Juan y los demás fueron designados apóstoles antes de la muerte y resurrección del Señor, todavía no habían sido constituidos apóstoles. Era necesario que el Señor muriera, que fuera resucitado y que luego subiera al cielo para ver al Padre. Luego, el Padre le puedo dar al Hijo todos los escogidos, incluyendo a Pedro, a Jacobo y a Juan, y el Hijo les pudo impartir Su vida de resurrección. De esta manera ellos fueron constituidos apóstoles. Pedro era un pescador y tenía una disposición muy impulsiva. En su condición natural, nunca podría haber sido apóstol. Pedro fue designado como apóstol, pero para lo único que estaba calificado era para pelear (Jn. 18:10). Jacobo y Juan, los hijos del trueno, estaban calificados para pelear por ser los primeros entre los discípulos del Señor (Mt. 20:21, 24, 27), pero no estaban calificados para ser apóstoles. Sólo por la muerte, la resurrección y la ascensión de Cristo puede alguien ser calificado para ser apóstol. En resurrección Cristo se sopló a Sí mismo, impartiéndose en Sus discípulos como el Espíritu de vida, y en Su ascensión El fue derramado sobre ellos como el Espíritu de poder. Primero, se sopló, impartiéndose en ellos; luego fue derramado sobre ellos. Como resultado, en el día de Pentecostés, Pedro, Jacobo, Juan y los demás se pusieron en pie como apóstoles capacitados. No sólo habían sido designados; habían sido calificados. Ellos habían sido calificados por medio de ser constituidos con el Cristo resucitado como el aliento de vida y con el Cristo ascendido como el poder de autoridad. La Cabeza ascendida constituyó a los dones de esta manera y los dio a Su Cuerpo. Los diez primeros versículos de Efesios 4 describen el procedimiento por medio del cual la Cabeza ascendida constituyó los dones y los dio a Su Cuerpo. Estos dones son para el perfeccionamiento de los santos.

El cuidado de los apóstoles para con las iglesias

Hay una enseñanza diferente con respecto a "autonomía", la cual se originó entre algunos de los maestros de los Hermanos. La enseñanza de autonomía dice que una vez que los apóstoles establecen una iglesia y designan a los ancianos, los apóstoles no deben tocar ni la iglesia ni los santos. Si éste fuera el caso, ¿cómo podrían los apóstoles perfeccionar a los santos? Esto absolutamente es una enseñanza extraña, es decir, un viento de enseñanza. ¿Cómo pueden los santos ser perfeccionados si los perfeccionadores se mantienen lejos de ellos? Al leer el Nuevo Testamento podemos ver que la verdad es que los apóstoles siempre estaban con los santos y siempre tenían contacto con las iglesias. Pablo estableció la iglesia en Efeso y nombró a los ancianos allí, pero nunca abandonó a Efeso. El visitó Efeso una y otra vez; una vez incluso permaneció allí por tres años (Hch. 20:31). Está claro que no dejó de tener contacto con la iglesia. Esta enseñanza de autonomía fue publicada en un libro escrito por un maestro de los Hermanos, y la rechazamos hace años.

Pablo no se mantuvo lejos de las iglesias. No sólo visitó a las iglesias, sino que también escribió muchas epístolas a las iglesias. Después de establecer una iglesia con el nombramiento de los ancianos, los apóstoles repetidamente regresaban a las iglesias que habían establecido. Cuando no podían visitar por cierto período de tiempo, cuidaban de las iglesias escribiéndoles cartas. Nunca dejaron de cuidar de las iglesias.

En Hechos 20, mientras Pablo iba de regreso a Jerusalén por última vez, no pudo olvidarse de la iglesia en Efeso, por haber laborado tanto en ellos. Estaba muy preocupado por ellos. Por lo tanto, cuando llegó a Mileto, envió a Efeso y convocó a los ancianos de la iglesia (v. 17). Les recordó, diciendo: "Nada que fuese útil he rehuido de anunciaros y enseñaros, públicamente y por las casas" (v. 20). También dijo: "No he rehuido anunciaros todo el consejo de Dios" (v. 27) y "por tres años, de noche y de día, no he cesado de amonestar con lágrimas a cada uno" (v. 31). Indudablemente el apóstol no rompió su relación con la iglesia; más bien él siguió perfeccionándolos por medio de enseñarles, amonestarles, etc., todo el tiempo. La enseñanza de autonomía es una enseñanza equivocada, y la debemos rechazar.

El resultado de la obra de perfeccionamiento realizada por los apóstoles y por los otros dones es que las personas perfeccionadas pueden hacer lo mismo que las personas dotadas. Todos debemos ser perfeccionados para hacer la misma obra que los apóstoles, los profetas, los evangelistas, y los pastores y maestros. Después de que un estudiante universitario estudia por cuatro años, es capaz de hacer lo que puede hacer su profesor. El apóstol Pablo era "profesor" de la primera generación. Luego Timoteo llegó a ser "profesor" de la segunda generación. Ahora nosotros también debemos llegar a ser "profesores".

LA NECESIDAD DE PRACTICAR LA MANERA ORDENADA POR DIOS

Todos necesitamos entrar en la práctica de la manera ordenada por Dios para edificar de modo orgánico la iglesia como Cuerpo de Cristo. Estamos deficientes en nuestra práctica del sacerdocio neotestamentario del evangelio con la predicación adecuada del evangelio por medio de salir a visitar a la gente en sus casas. Estamos deficientes en cuanto a cuidar de los creyentes recién nacidos con la alimentación adecuada. Además, durante los años hemos tenido principalmente enseñanza general; no hemos tenido mucha enseñanza en la manera que perfecciona a la gente. No tenemos la práctica verdadera que se revela en Hebreos 10, 2 Timoteo 2, y Efesios 4. No tenemos las adecuadas reuniones de grupo. Finalmente, carecemos del adecuado profetizar en las reuniones de la iglesia como se revela en 1 Corintios 14. Tenemos mucha carencia con respecto a estos cuatro pasos.

El sacerdocio neotestamentario del evangelio, las reuniones de hogar para alimentar a los nuevos creyentes, el perfeccionamiento de los santos para la obra del ministerio neotestamentario, y el profetizar para la edificación de la iglesia como Cuerpo de Cristo, son los cuatro pasos de la manera ordenada por Dios como se revela en la Biblia. Todos tenemos que humillarnos a nosotros mismos y pedir que el Señor nos perdone nuestra negligencia anterior. Durante muchos años hemos estado bajo la influencia del cristianismo tradicional, y todavía estamos bajo su influencia. No hemos llevado a cabo adecuadamente nuestro sacerdocio neotestamentario del evangelio. Un sacerdote debe ofrecer sacrificios. En el Antiguo Testamento, los sacerdotes ofrecían sacrificios animales. En el Nuevo Testamento, Pablo ofreció a los gentiles como sacrificios que era aceptos (Ro. 15:16). Luego él exhortó a los nuevos creyentes a crecer a fin de que ellos mismos pudieran ser sacerdotes para ofrecerse a sí mismos como sacrificios vivos directamente a Dios (Ro. 12:1). En Colosenses 1:28-29 Pablo todavía tenía la intención de presentar a todo hombre a Dios en una condición madura. Como sacerdotes neotestamentarios, no es suficiente que ofrezcamos nuestras oraciones y nuestras cosas materiales; éstas no son las ofrendas principales. En el Antiguo Testamento existían las ofrendas principales: el holocausto, la ofrenda de harina, la ofrenda de paz, la ofrenda por el pecado y la ofrenda por la transgresión. Estas eran las ofrendas principales, y todas ellas eran tipos de Cristo. Hoy en día no ofrecemos toros ni machos cabríos como tipos de Cristo; ofrecemos pecadores que han llegado a ser miembros de Cristo. En el Antiguo Testamento, Cristo fue ofrecido en tipo, pero hoy en día en el Nuevo Testamento, los miembros de Cristo son ofrecidos. Nuestras oraciones y nuestras dádivas materiales no son adecuadas en sí. Debemos ofrecer algunas personas vivas salvas como miembros de Cristo.

Los sacerdotes de Dios tanto en el Antiguo como en el Nuevo Testamento habían de ofrecer a Cristo. Los sacerdotes del Antiguo Testamento ofrecieron a Cristo tipificado por los sacrificios animales, pero hoy en día los sacerdotes del Nuevo Testamento ofrecen a Cristo de manera corporativa, un Cristo agrandado. Por lo tanto, usted debe salir para salvar pecadores a fin de que sean miembros de Cristo para que usted los ofrezca (Ro. 15:16). De otro modo, no tendrá nada que ofrecer a Dios que sea parte del Cristo agrandado.

Si somos creyentes genuinos, debemos visitar a la gente en sus casas para ayudarles a creer y ser bautizados. Esto es hacer a los pecadores hijos de Dios y miembros de Cristo. Luego debemos ir a las casas de estos nuevos creyentes para alimentarlos durante aproximadamente dos o tres meses. Luego los debemos perfeccionar; pero si queremos perfeccionar a otros, nosotros primero necesitamos un depósito. Si no tenemos ningún depósito en el banco, ¿cómo podemos expedir cheques? Para ayudar a otros, necesitamos un buen depósito. Si algunos santos están dispuestos, me gustaría darles tal depósito. Todos necesitamos un depósito que podamos gastar para ayudar a otros.

UNA PALABRA DE EXHORTACION

En este mensaje he hablado con mucha franqueza, pero por favor entiendan que mi franqueza es mi fidelidad. Les he dicho la verdad, no sólo por causa de ustedes, sino también por causa del Señor. Soy responsable ante El. Lo que he compartido como la nueva manera es la manera ordenada por Dios. No tengo duda acerca de esto. Hemos sufrido mucho y todavía estamos sufriendo debido a nuestra vieja manera. Consideren el número de santos que asisten a la reunión de oración. Es muy pequeño. Algunos santos dicen: "No nos importan los números". No digan esto; al Señor le importan los números. La Biblia dice que en el día de Pentecostés tres mil personas fueron bautizadas (Hch. 2:41), y en otra ocasión hubo cinco mil (4:4). Más tarde dice que un gran número así de hombres como mujeres creyeron (5:14), el número de los discípulos se multiplicó grandemente en Jerusalén, y muchos de los sacerdotes obedecieron a la fe (6:7). Tal es la crónica bíblica. Si sólo criáramos espiritualmente a nuestros hijos y ganáramos a nuestros parientes más cercanos, podríamos tener al menos un aumento de cinco por ciento cada año. Esto es una vergüenza para nosotros porque ni siquiera hemos ganado este pequeño porcentaje de aumento. Es una vergüenza ser estéril. Es una vergüenza no dar fruto. Pero es mejor que sintamos vergüenza hoy que en aquel día cuando comparezcamos ante el tribunal de Cristo para dar cuentas de nuestro servicio. Si recibimos esta advertencia, podemos evitar comparecer allí sin ningún fruto que mostrarle. Tenemos que salir para salvar personas para el Señor. De otro modo, no tenemos manera de encontrarnos con el Señor.

Si usted no puede salir, puede orar por los que salen. Pero es totalmente incorrecto que alguien se oponga a los que salen. Si usted se opone a esto, indudablemente será juzgado por el Señor. ¿Quién es usted para oponerse a los siervos del Señor? No todos pueden salir, pero todos pueden orar. Incluso cuando usted esté enfermo y postrado en cama, puede orar por los que aman al Señor y están dispuestos a sacrificar su prestigio tocando puertas para ganar a la gente para Él. Usted debe orar por ellos.

EL EJERCICIO Y LA PRACTICA DE LA MANERA ORDENADA POR DIOS

MENSAJE VEINTICUATRO

REUNIONES DE GRUPO PARA PERFECCIONAR A LOS SANTOS

Lectura bíblica: He. 10:24-25; 2 Ti. 2:2; Ef. 4:11-12

En este mensaje queremos tener más comunión acerca de las reuniones de grupo.

TRES PORCIONES DE LA PALABRA QUE MUESTRAN EL PROPOSITO DE LAS REUNIONES DE GRUPO

Hebreos 10:24-25, 2 Timoteo 2:2, y Efesios 4:11-12 nos revelan mucho. Por medio de estas tres porciones de la Palabra podemos adquirir alguna comprensión del propósito de las reuniones de grupo.

Considerarnos unos a otros para estimularnos al amor y a las buenas obras

Hebreos 10:24-25 dice: "Y considerémonos unos a otros para estimularnos al amor y a las buenas obras; no dejando de congregarnos, como algunos tienen por costumbre, sino exhortándonos; y tanto más, cuanto veis que aquel día se acerca". Si deseamos ser estudiantes serios de las Escrituras, tenemos que analizar el lenguaje conforme a la construcción gramatical. Muchos cristianos consideran la santa Palabra de modo muy liviano. Los abogados leen la ley de modo muy serio. Los nueve miembros de la Corte Suprema de los Estados Unidos estudian la ley analizándola a fondo. Nosotros debemos ser igualmente cuidadosos en nuestro estudio de la Palabra de Dios.

En el versículo 24 la palabra "estimular" es un verbo, "al" consta de una preposición y un artículo definido, y "amor" es un sustantivo. Nos consideramos para estimularnos al amor y a las buenas obras. El versículo 25 no dice: "No dejéis". Dice: "No dejando". Esto indica que este versículo no es una oración nueva. Para entender el versículo 25, debemos referirnos a lo que modifica. "No dejando" es una frase adverbial que modifica "considerémonos" en el versículo 24. La manera de considerarnos unos a otros es reunirnos. No debemos dejar de asistir a las reuniones de la iglesia.

Encargar a hombres fieles las sanas palabras

En 2 Timoteo 2:2 dice: "Lo que has oído de mí ante muchos testigos, esto encarga a hombres fieles que sean idóneos para enseñar también a otros". Lo que Timoteo oyó de Pablo fue palabras sanas (2 Ti. 1:13). Timoteo debía encargar a hombres fieles estas sanas palabras. La palabra "encarga" no sólo significa dar algo a alguien, sino que también implica mucho entrenamiento. En el monte Sinaí, Dios no sólo dio la ley, sino que también encargó la ley a los hijos de Israel. De esa manera los entrenó.

El perfeccionamiento de los santos

Efesios 4:11-12 dice: "Y el mismo constituyó a unos, apóstoles; a otros, profetas; a otros, evangelistas; a otros, pastores y maestros, a fin de perfeccionar a los santos para la obra del ministerio, para la edificación del cuerpo de Cristo". La Cabeza ascendida, Cristo, quien ahora está en los cielos, constituyó a unos apóstoles; y a otros, profetas; y a otros, evangelistas; y a otros, pastores y maestros, a fin de perfeccionar a los santos. Este perfeccionamiento es para algo, lo cual significa que produce cierto resultado. Es para la obra del ministerio, es decir, para la edificación del Cuerpo de Cristo.

LA NECESIDAD DE FORMAR A LOS NUEVOS CREYENTES

Vamos a los pecadores para traerles el evangelio e infundirles con Cristo. Luego estos pecadores llegan a ser hijos de Dios y miembros de Cristo (1 Co. 12:12, 27; Ef. 5:30). Los ofrecemos a Dios, y ellos llegan a ser los sacrificios en nuestro sacerdocio

(Ro. 15:16). Por medio de nuestra predicación, por medio de nuestro sacerdocio del evangelio, ellos son regenerados, es decir, son convertidos de pecadores a hijos de Dios; estos hijos de Dios son los muchos hermanos de Cristo. Los muchos hermanos de Cristo son Sus muchos miembros que constituyen Su Cuerpo orgánico. Este es el primer paso de la manera ordenada por Dios.

Debemos considerar a los nuevos creyentes como nuestros niños. Tenemos que alimentarlos. Como niños recién nacidos ellos anhelan la leche de la Palabra a fin de crecer para salvación (1 P. 2:2). Para su salvación inicial necesitaban creer. Pero ahora, para su salvación continua, necesitan el crecimiento. Ellos crecen por medio de ser alimentados. Nosotros los sacerdotes neotestamentarios debemos tomar la responsabilidad de regresar a sus casas para tener reuniones de hogar con ellos, para alimentarlos solamente, tal como una madre amamanta a su niñito por cierto período de tiempo.

En la sociedad de hoy, las madres cuidan a sus niños en casa por algunos años. Luego, cuando tienen aproximadamente tres o cuatro años, son considerados como niños preescolares. Inmediatamente después de esto irán al jardín infantil. Después del jardín infantil, pasarán por la primaria, la secundaria, la preparatoria y la universidad. Estas son las etapas para su perfeccionamiento. Para que alguien llegue a ser una persona apropiada, existe la necesidad de perfeccionamiento. En los Estados Unidos uno no puede hacer mucho teniendo sólo una educación al nivel de secundaria. Uno debe saber al menos un oficio. Si es posible, es mejor que una persona obtenga una educación universitaria de cuatro años. Sería mejor aún si por dos años asistiera a una escuela para graduados para conseguir su maestría. Ni siquiera esto es tan bueno como estudiar unos cuantos años más para conseguir su doctorado. En los Estados Unidos esto se considera la cumbre de una educación adecuada.

Es necesario recibir una educación adecuada. En términos bíblicos, esto quiere decir que los santos que están creciendo necesitan ser perfeccionados. Anteriormente eran pecadores, pero mediante nuestra visita para llevarles el evangelio, ellos abrieron sus corazones y recibieron una infusión de Cristo por medio de la santa Palabra. El entró en ellos, y ellos fueron regenerados. La regeneración traslada a los pecadores, sacándolos de Adán y poniéndolos en Cristo. En Adán eran pecadores caídos. Ahora han sido trasladados, mediante la regeneración, para estar en Cristo. En Cristo ya no son pecadores, sino que son hijos de Dios, niños de Dios, los muchos hermanos del Hijo primogénito de Dios, Cristo (Ro. 8:16, 29; He. 2:12).

Estos nuevos hermanos de Cristo también son los miembros de Su Cuerpo místico y orgánico. Con todo y eso, son infantes. Todavía no saben comer, así que nosotros tenemos que alimentarlos. Después de que los bautizamos en el Dios Triuno, tenemos que volver a sus casas tan pronto como sea posible. Si los invitamos a asistir a una reunión, tal vez no puedan porque son infantes. Nosotros tenemos que ir a las casas de ellos para tener reuniones de hogar con ellos. En el libro de Hechos se ve esta práctica. Después de que tres mil personas fueron salvas el día de Pentecostés, inmediatamente comenzaron a reunirse en sus casas (Hch. 2:41-42, 46). El propósito por el cual se reunían en los hogares era poder ser alimentados. Esto continuó practicándose entre ellos por un período de tiempo (Hch. 2:46-47; 5:42).

ESTIMULARNOS UNOS A OTROS POR MEDIO DE HABLAR

En cada una de las iglesias locales debe de haber algunos hermanos avanzados que hayan sido perfeccionados por las personas dotadas. Ahora ellos deben continuar el perfeccionamiento por medio de su comunión con las personas recién salvas. En realidad, todos los santos que están en una iglesia local deben hablar una lengua celestial para que los niños recién nacidos puedan aprender a hablarlo. Todos sabemos que en cualquier casa cada niño adquiere el idioma que se habla allí.

Cuando llegué a este país, noté que en diferentes regiones tenían expresiones diferentes. Todos hablaban inglés, pero tenían diferentes maneras de expresar la lengua inglesa. La primera vez que fui invitado a Tyler, Tejas, oí la expresión "y'all" [pronunciado *iol*]. No entendí qué significaba la expresión "y'all". Más tarde, supe que era la manera tejana de decir "you all" [pronunciado *iu ol*, significado: "todos ustedes"]. Un idioma es muy contagioso. Lo que nuestros nenes van a hablar depende de lo que hablemos nosotros.

¿Cómo podemos estimularnos unos a otros sin hablar? Si vamos a la reunión y nos sentamos en silencio, ¿será esto un estímulo? No es de dudar que para poder estimular a otros se requiere que hablemos. Tal vez un hermano diga: "¿Leíste la Biblia esta mañana?" Incluso esta frase tan corta estimulará a los oyentes. Tal vez regresen a casa con la carga de levantarse temprano y leer la Biblia. Cuando todos hablamos en una reunión, consideramos que ésa fue una buena reunión. Si no participamos en el hablar en cierta reunión, tal vez nos parezca que esa reunión no fue muy buena.

LA PRACTICA DE LA REUNION DE GRUPO

Hablar y cantar salmos, himnos y cánticos espirituales

Ahora necesitamos considerar la manera de tener las reuniones de grupo. Efesios 5:18 nos dice que debemos ser llenos en espíritu. Nosotros, los creyentes que amamos al Señor Jesús, quienes buscamos Su propósito y tenemos una carga por Su recobro, debemos ser personas que están llenas en su espíritu todo el día. Debemos ser llenos del Dios Triuno, quien ahora es el Espíritu todo-inclusivo para nosotros. Cuando estemos llenos por dentro, ciertamente expresaremos en palabras algo que procede de nuestro espíritu. Efesios 5 nos exhorta a ser llenos, hablando y cantando. Nuestro hablar y nuestro cantar no pertenecen al lenguaje común. Podemos hablar o cantar un salmo, que es un trozo largo de poesía. Tal vez sea como el Salmo 119, el cual tiene ciento setenta y seis versículos. Hay veintidós secciones y cada sección se compone de ocho versículos. Son veintidós las letras del alfabeto hebreo. Cada sección del Salmo 119 es conforme a una letra del alfabeto hebreo. Podemos hablar o cantar un himno, que es un poco más corto que un salmo, o podemos hablar o cantar un cántico espiritual, que es aun más breve.

Necesitamos hablar y cantar estos salmos, himnos y cánticos espirituales aun desde mucho antes de ir a la reunión. Incluso en nuestra casa, es muy bueno hablar y cantar. Tal vez el esposo diga: "Esta es mi historia y mi canción, siempre alabando..." Luego, tal vez la esposa responda: "...al Salvador" (véase *Himnos,* #24), o puede ser que ella diga: "El velo lo crucé ya. Siempre aquí la gloria está". Luego el esposo responde: "¡Aleluya! Hoy yo vivo en la presencia de mi Rey" (véase *Himnos,* #52). Si estamos llenos en espíritu, tendremos algo que decir. Puede ser que la reunión de grupo comience a las 7:30 p.m., pero si una pareja comienza a cantar a las 6:00 p.m., o sea, a la hora de cenar, la reunión de grupo ya se habrá comenzado. Tal reunión podrá continuar mientras ellos van juntos en el carro para reunirse con los otros santos.

Si voy al lugar de reunión y nadie más ha llegado, no debo sentarme en silencio y esperar la llegada de otros. Debo comenzar a hablar, orar o cantar. Tengo conmigo al menos un ángel, así que no estoy solo. La Biblia dice claramente que cuando Pedro fue liberado de la cárcel y fue a la casa de María, algunos que estaban allí pensaron que era su ángel (Hch. 12:15). El Señor Jesús dijo que hasta los pequeños en el reino de los cielos tienen ángeles (Mt. 18:10). La reunión de grupo puede comenzarse muy espontáneamente por medio de hablar, alabar o cantar.

La comunión, la intercesión, el cuidado mutuo y el pastoreo

El Nuevo Testamento no nos da los detalles de las reuniones de grupo, pero en los versículos que hemos mencionado hay algunas "ventanitas" por las cuales podemos mirar la práctica de las reuniones de grupo. Estas nos ayudarán a ver lo que sucedió en las reuniones de grupo en los días antiguos. Al considerar la Palabra, podemos ver que había mucha comunión, mucha intercesión unos por otros, mucho cuidado mutuo y mucho cuidado pastoral. La comunión trae consigo una conciencia de la condición y situación de otros. Esto nos llevará a orar unos por otros. Luego, esto hará que nos visitemos unos a otros para cuidarnos mutuamente. Por medio de la comunión tal vez sepamos que un hermano ha tenido un choque en su automóvil. Esto hace que oremos por él y su familia. Luego puede ser que consideremos sus necesidades materiales y que tengamos la carga de suplir la necesidad relacionada con su salud. Todo esto no debe hacerse de manera formal. Debe ser un resultado espontáneo del Espíritu. Espero que de aquí en adelante podamos tener todas nuestras reuniones de grupo según tal manera orgánica.

Enseñar en mutualidad

Para el perfeccionamiento de los santos, se necesita enseñanza en las reuniones de grupo, y en las reuniones de grupo todos son maestros. No debe haber ningún maestro en particular. Incluso una persona que fue salva hace dos semanas puede ser un pequeño maestro. Después que ha habido algo de comunión, intercesión, cuidado mutuo y cuidado pastoral en el ejercicio del espíritu en la reunión de grupo, puede ser que de repente un hermano haga una pregunta. Tal vez pregunte qué es la dispensación de Dios. Es posible que todos los ojos se dirijan al hermano más maduro en la reunión, pero tal vez sea mejor que una persona recién salva conteste al hermano. Esto le da la oportunidad de hablar. Este hermano recién salvo podría decir: "La dispensación de Dios es para que Él se distribuya en nuestro espíritu". Supongamos que tal persona ha sido salva desde hace sólo uno o dos meses. Todos serán animados por su hablar. Es mucho mejor si seis o siete santos hablan por unos cuantos minutos que si una sola persona habla mucho tiempo. Esta manera de enseñar es rica y todo-inclusiva. Sus muchos aspectos son mucho mejores que una reunión donde sólo una persona habla. Si todos hablan, todos los santos estarán contentos y todos aprenderán. Esta es la manera en que todos podrán ser perfeccionados. Si hay alguien que tenga un nivel muy alto del conocimiento espiritual y de la experiencia de vida, él puede dar una conclusión de tal vez diez minutos.

Si los santos asisten a esta clase de reunión cuarenta y cinco veces al año, todos recibirán mucha enseñanza. De esta manera los nuevos creyentes serán perfeccionados. Además, debido a que ésta es una reunión de grupo, muchas cosas serán realizadas. Tal práctica es la manera adecuada de tener comunión, de interceder, de compartir el cuidado mutuo, de pastorearnos y también de perfeccionarnos unos a otros por medio de la enseñanza mutua.

Llevar a cabo el servicio de la iglesia

Si estamos experimentando las riquezas de tal reunión, es posible que tomemos la carga de dar el primer paso de la manera ordenada por Dios, o sea, ir a visitar a otros. Luego debemos cuidar a los nuevos creyentes que hemos ganado. Esto significa que la reunión de grupo llevará a cabo el servicio de la iglesia. Finalmente, esto hará que la reunión de grupo sea sencillamente una miniatura de la vida de la iglesia.

EL EJERCICIO Y LA PRACTICA
DE LA MANERA ORDENADA POR DIOS

MENSAJE VEINTICINCO

LA PRACTICA DE LA REUNION DE GRUPO

Lectura bíblica: He. 10:24-25; 2 Ti. 2:2; Ef. 4:11-12

EL COMIENZO DE LA REUNION DE GRUPO

En este mensaje seguiremos teniendo comunión en cuanto a la práctica de la reunión de grupo. En primer lugar tenemos que considerar cómo debemos venir a una reunión de grupo y cómo debemos entrar en una reunión de grupo. No debemos venir a la reunión de grupo de una manera religiosa. Debemos venir en una forma normal y espontánea. Podemos cantar si estamos solos y podemos tener comunión si venimos acompañados. Siempre es bueno venir hablando, bien sea al Señor o unos a otros. Si esperamos hasta que estemos en la reunión para cantar o hablar, tal comportamiento es religioso. Todos tenemos que aprender a hacer esto de una forma natural y espontánea.

Entonces, cuando entremos en una reunión, podemos cantar, orar, o simplemente alabar al Señor. Es mejor no averiguar por otros, pero si tenemos carga, debemos orar por ellos. No debemos tener nada ajeno o religioso en la reunión de grupo; debemos estar en el espíritu y en vida. Entonces cuando otro entra, puede simplemente unirse a lo que estamos haciendo. Si estamos cantando u orando, él puede simplemente unirse a nuestro canto o decir "amén" a nuestra oración. De este modo comienza la reunión de grupo. Luego, al llegar los demás, pueden también venir hablando o cantando.

COMUNION, INTERCESION, CUIDADO MUTUO Y PASTOREO

Todo debe ser hecho en una forma natural o normal. Hay muchas maneras de practicar la reunión de grupo. Tal vez usted haya oído que cierto hermano acaba de tener un accidente automovilístico. Cuando usted llega a la reunión, usted podría decir: "Hermanos y hermanas, el hermano Juan tuvo un accidente automovilístico". Esto es comunión. Luego alguien espontáneamente intercede por ese hermano. En la reunión de grupo, cantar, tener comunión e interceder son cosas que deben ser hechas en una forma normal y espontánea.

En primer lugar, la reunión de grupo debe ocuparse de la comunión adecuada. Muchas cosas debieron de haber sucedido desde la reunión de grupo de la semana anterior. Por tanto, cuando nos reunimos, debemos tener comunión unos con otros. Este tipo de comunión puede espontáneamente volverse intercesión de unos por otros. Luego, después de la intercesión, podemos tener algo de cuidado mutuo. Después de orar por el hermano que tuvo el accidente, tal vez alguien sepa si está en su casa o en el hospital. Entonces, de inmediato, algunos pueden ir a visitarlo. Esto es pastoreo. Junto con el pastoreo podríamos brindarle alguna ayuda. Debemos considerar la familia de este hermano y la situación económica. Quizá algunas hermanas quieran visitar a la esposa y los hijos de este hermano. Todas estas cosas pueden ser hechas en una forma espontánea. En la reunión de grupo debemos ocuparnos de la comunión, la intercesión, el cuidado mutuo y el pastoreo.

Por medio de la comunión mutua, podemos conocer la situación unos de otros y considerarnos unos a otros. En Hebreos 10:24-25 hay tres importantes palabras en cuanto a la reunión de grupo. El versículo 24 dice: "Considerémonos unos a otros para estimularnos al amor y a las buenas obras". "Considerarnos" implica comunión. Si no tenemos comunión, ¿cómo podemos considerarnos unos a otros? La siguiente palabra es "estimularnos". Esa consideración debe dar como resultado que nos estimulemos unos a otros al amor y a las buenas obras. Luego, en el versículo 25 debemos ser aquellos que "se exhortan" unos a otros. No debemos tomar estas tres palabras —considerar, estimular y exhortar— como una doctrina, pero sí debemos practicar inmediatamente estas cosas en las reuniones de grupo. Si nos consideramos unos a otros, ciertamente tendremos algo sobre lo cual podemos tener comunión cuando nos reunamos. Este tipo de comunión conducirá espontáneamente la reunión a la intercesión. Esta oración de unos por otros nos llevará a un cuidado mutuo. Así, el cuidado mutuo nos guía al pastoreo, y el pastoreo nos conduce a brindar ayuda, bien sea espiritual, práctica o material. Mediante estas prácticas, nuestra reunión de grupo satisfará de manera completa las necesidades de los santos.

LA ENSEÑANZA EN MUTUALIDAD PARA EL PERFECCIONAMIENTO DE LOS SANTOS

Después de tener comunión, intercesión, cuidado mutuo y pastoreo, que incluye prestar ayuda, llegamos al propósito principal de la reunión de grupo: el perfeccionamiento de los santos. Perfeccionar a los santos es edificarlos, enseñarles y formarlos. Este perfeccionamiento depende de nuestra enseñanza, pero no debemos enseñar en la forma que lo hace el cristianismo, donde un solo hombre habla y el resto escucha. Ese método no hace que se desarrollen los dones de los santos. En la reunión de grupo la enseñanza es llevada a cabo por cada miembro en mutualidad. Si tenemos un profesor que se nos ha asignado, cada uno vendrá meramente a escuchar la enseñanza de ese profesor. Eso puede considerarse como una especie de reunión de grupo, pero es una reunión a la manera vieja; esto no es lo que la Biblia revela como una reunión de grupo, especialmente Hebreos 10:24-25: "Y considerémonos unos a otros para estimularnos al amor y a las buenas obras... exhortándonos". Estos versículos muestran que una reunión de grupo está llena de mutualidad. Cada vez que nos juntamos en una reunión de grupo, todos nos ejercitamos practicando. Mediante esta práctica cada uno desarrolla su función, su don y su habilidad espirituales. En la reunión de grupo cada uno es tanto un maestro como un aprendiz. Cada uno es al mismo tiempo uno que pregunta y uno que responde. Toda respuesta viene a ser parte de la enseñanza en la reunión de grupo.

Debido a que la reunión de grupo debe tener algunos creyentes jóvenes, debemos aprender a empezar toda enseñanza con algo muy simple. Uno de los nuevos podría decir: "Yo fui salvo hace una semana y también fui bautizado, pero no entiendo esto del bautismo. ¿Qué es el bautismo?" Si después de una pregunta de éstas todos se vuelven a cierto hermano esperando una respuesta, entonces es que están en el método de la religión. Aun si la pregunta fue dirigida hacia un hermano en particular, sería perfectamente correcto que una hermana dijera: "Me gustaría decirle algo en cuanto al bautismo". Esto mostraría que la reunión está llena de vida.

Al hablar no debemos ser formales ni religiosos, sino que debemos ir directamente al grano. Una hermana podría decir: "El bautismo consiste en poner a alguien en el agua, y el agua es algo muy significativo". Esto es simple y directo; éste es un buen comienzo, pero esta hermana o alguna otra persona debería continuar, compartiendo algo en cuanto al significado del agua usando algunos versículos de la Biblia. Todos debemos aprender a funcionar conjuntamente como un maestro: una hermana comparte algo, yo puedo añadir algo más, y algunos otros añaden otros puntos. Sin embargo, no debemos hacer esto en una manera necia. Debemos tener una continuidad adecuada al enseñar y al compartir acerca de los puntos de la verdad paso a paso. Finalmente, después de cinco minutos, siete diferentes santos pueden haber expresado un punto en cuanto al bautismo. Estos siete puntos en conjunto deben ser un buen mensaje corto en cuanto al bautismo.

Es posible que haya un hermano entre nosotros que tenga más experiencia y más conocimiento de la verdad, pero éste tiene que aprender a no ser el único maestro en la reunión de grupo. El debe sentarse y escuchar mientras que todos los presentes funcionan. Luego, en cierto momento, él podría juzgar que el asunto ha sido abarcado pero que se necesita una conclusión. Entonces este hermano podría dar una palabra como conclusión a lo que compartieron las siete personas, a fin de completar este corto "mensaje". De esta manera todos aprenden algo en un corto período de tiempo.

Al practicar la reunión de grupo, aunque estamos enseñando a otros, tenemos que darnos cuenta de que también estamos aprendiendo a enseñar. No debemos pensar que nuestra enseñanza es tan buena o tan completa. Un nuevo creyente podría decir: "Yo fui bautizado la semana pasada, y noté que todos ustedes invocan al Señor. Ustedes me pidieron que también yo invocara al Señor. Pero cuando invoqué al Señor esta semana, no sentí nada. Me da la impresión de que ustedes sienten algo. ¿Por qué yo no siento nada?" Podríamos responder a esta pregunta de muchas maneras, pero tenemos que aprender a responder esa pregunta en una manera simple y directa. Alguno podría responder diciendo: "Invocar el nombre del Señor es sencillamente como respirar. Muy frecuentemente, cuando respiramos no sentimos nada, pero cuando respiramos profundamente, sentimos algo. De esta manera, cuanto más alto uno invoque, más sentirá". Con una respuesta de sólo unas frases, podemos responder a una pregunta así.

Muchas veces cuando tratamos de responder una pregunta, damos muchas buenas enseñanzas, pero no la respondemos de acuerdo con el pensamiento del que preguntó. Por tanto, mientras uno enseña, todos los demás deben aprender. De este modo todos se ejercitan. Todos estamos siendo entrenados, algunas veces por medio de observar un ejemplo negativo. Podríamos darnos cuenta de que, a pesar de que la respuesta de alguien es buena, no responde la pregunta. Tenemos que aprender a responder en una manera acertada. Después de irnos a casa podemos considerar ciertas preguntas, así que la próxima vez que la misma pregunta sea hecha, podremos contestarla en una mejor manera. Cada santo podría asistir a cuarenta y cinco reuniones de grupo en un año. Durante este período de tiempo aprenderemos mucho, y nuestros dones pueden ser desarrollados.

Además, en nuestra práctica de las reuniones de grupo, nuestra enseñanza no debe ser demasiado larga. Si decimos una palabra corta que llegue al meollo del asunto, es suficiente. No debemos tratar de responder todas las cosas tratando de abarcar todos los aspectos. Debemos procurar dejar más tiempo para que otros digan algo. Entonces aprenderemos más.

Cuando alguno hace una pregunta práctica, usted debe en primer lugar darle una respuesta práctica, y debe procurar que su respuesta sea breve. Alguno podría preguntar: "Ustedes hablan acerca de adorar a Dios. ¿Cómo adoran ustedes a Dios?" Usted podría responder: "Adorar a Dios no es inclinarse o postrarse uno, como piensa mucha gente. Esa no es la adoración que enseña la Biblia. Adorar a Dios es simplemente tocar a Dios. Cuando usted ora a Dios, ésa es su adoración a El. Cuando usted canta para Dios o le alaba, está adorándole. Incluso cuando usted está sentado considerando lo que Dios es, está adorando a Dios de otro modo". Esta respuesta es suficiente. Usted ya ha dicho algo, ahora dé tiempo a los demás. Entonces una hermana podría concluir la respuesta a dicha pregunta diciendo: "Para orar a Dios, para alabarle, para cantarle y para invocarle, usted tiene que ejercitar su espíritu. La Biblia nos dice en Juan 4:24 que Dios es Espíritu, así que los que le adoran, deben adorarle en espíritu". Esto no es demasiado doctrinal, y además le da cierta instrucción práctica. Si usted le da a alguien una buena respuesta, ésta puede implicar mucha enseñanza.

Alguno podría preguntar cómo leer la Biblia. Hay muchas maneras de contestar esta pregunta. Usted podría enseñarle a orar-leer la Palabra. Esto no estaría mal, pero no sería la mejor respuesta. Usted debe darle una instrucción directa y breve. Usted debe siempre considerar la pregunta de la otra persona, y no responder según su propio concepto. Usted debe responder según el concepto del que preguntó. El pregunta cómo leer la Biblia. Usted podría decir: "La mejor manera de leer la Biblia es simplemente leerla. Sencillamente léala una y otra vez". Luego podría ir un poco más lejos y decirle que la Biblia es la Palabra de Dios, de modo que puede orar antes de leerla. También debe aconsejarle que lea toda la Biblia consecutivamente sin saltar de un libro a otro, y que es mejor empezar con el Nuevo Testamento. Si él recibe estas sugerencias y las pone en práctica, le serán de mucha ayuda. Si todavía tiene tiempo en una reunión de grupo, usted puede avanzar un poco, pero no vaya demasiado lejos de una vez. No olvide que él es un nuevo aprendiz. Si usted va demasiado lejos, él no podrá entender mucho.

Algunas preguntas hechas por los nuevos son muy triviales. No tienen nada que ver con un punto crucial ni con una doctrina, así que no debemos gastar mucho tiempo en esos asuntos. Algunas preguntas están relacionadas con asuntos básicos como el bautismo o invocar al Señor. Para éstas necesitamos invertir más tiempo a fin de responderlas adecuadamente.

Un nuevo podría preguntar acerca de lo que es comer y beber a Dios. Es posible que se ofenda cuando hablamos de esto, creyendo que es irrespetuoso hablar así. ¿Cómo podríamos responderle? Usted tal vez vaya inmediatamente a Juan 6 y le enseñe a esta persona; no obstante, antes de que usted lleve a las personas a la Biblia, sería bueno que les diera una respuesta simple y práctica. Podría decir: "Dios es nuestra provisión, pero El es Espíritu. Esto es muy misterioso. Es difícil entender cómo podemos nosotros recibir Su provisión. La Biblia nos dice que Dios es nuestro alimento y que Dios es nuestra agua viva. Ya que Dios es nuestro alimento, debemos comerlo; puesto que El es nuestra agua viva, tenemos que beberlo. ¿Cómo podemos comerle y beberle? Comerle es leer Su Palabra, la Biblia. Cuando leemos la Biblia considerando lo que hay allí, ingerimos a Dios. De este modo Dios llega a ser nuestro alimento, una especie de provisión de vida. Luego, cuando oramos a El e invocamos Su nombre, le tomamos. Tomarle es beberle". Todos ustedes deben aprender a dar respuestas sencillas, con todo, esta respuesta sencilla implica muchos puntos. Esta es una buena enseñanza.

Este asunto de comer y beber a Dios es un punto importante, de manera que ustedes deben invertir más tiempo para abarcar dicho asunto. Sin embargo, no introduzcan otros puntos que tienen cierta afinidad pero que no están incluidos en el marco de la pregunta. Es mejor recalcar un punto varias veces que causar distracción. El problema con este nuevo es que él piensa que decir que nosotros comemos y bebemos a Dios es una falta de respeto. Usted podría decir: "Esto tal vez le suene crudo, pero tenemos que considerar lo que Dios es para nosotros. El no sólo es nuestro Señor y el objeto de nuestra adoración; El es vida para nosotros. La Biblia aun nos dice que El es nuestro alimento y nuestra agua viva. Hasta el mismo Señor Jesús dijo que El vino como pan celestial. El mismo nos dice que aquel que le coma vivirá por El. Recibimos el alimento comiéndolo, no adorando el alimento. Adorar el alimento sería una necedad. Cuanto más comemos el alimento, más lo respetamos. El Señor es nuestra agua viva. Cuanto más bebemos de El, más le respetamos. Comerle concuerda con Su propósito para con nosotros. No menospreciamos ni desatendemos a Dios porque El es nuestra comida y nuestra bebida. Por consiguiente, tenemos que comerle, y tenemos que beber de El". Esto es responder la pregunta dentro de los límites del enfoque de la pregunta.

En todo el recobro, la práctica de tener reuniones de grupo según la manera bíblica apenas ha comenzado. Anteriormente no teníamos la práctica orgánica de las reuniones de grupo. Todos ustedes tienen mucho que aprender, por tanto, deben avanzar gradualmente en las reuniones de grupo. Después de practicar fielmente por un año aproximadamente, esto se formará como un hábito positivo entre nosotros. Algunos hermanos que están en el entrenamiento de tiempo completo y que están aprendiendo a practicar este camino llevarán esto a todo lugar.

PREGUNTAS Y RESPUESTAS

Pregunta: Algunas veces en una reunión un nuevo pregunta algo que es peculiar o que trae a colación un tema que no es muy apropiado. ¿Cómo le respondería usted en una manera cuidadosa que no lo ofenda ni lo insulte?

Respuesta: Esto es algo que todos ustedes deben aprender. Si alguien trae un tema que no es muy apropiado, ustedes tienen que volver ese asunto impropio en algo bueno. Ustedes pueden cambiar todo el panorama simplemente hablando de algo bueno. No tienen que discutir con él, pero sí deben tratar de apaciguar cualquier disturbio en la reunión.

Pregunta: En una reunión de grupo, hay algunos que tienen la tendencia a "quedarse con el balón". La reunión es como juego, y todos debemos pasarnos el "balón" unos a otros. Pero algunos retienen el "balón" y dan muchos rodeos, hablando algo natural. Como resultado, la reunión sufre. No obstante, ellos son jóvenes en el Señor y sensibles en cierto grado, así que nosotros tememos ofenderlos y cortarlos en seco. ¿Cómo se puede manejar apropiadamente una situación semejante?

Respuesta: En primer lugar, no son muchos los hogares que tienen este problema. En algunos hogares la situación puede ser difícil de tratar, pero por lo general tenemos que creer que la mayoría de los hogares tendrá un buen ambiente. Si se da este problema en una de sus reuniones de grupo, la primera cosa que usted puede hacer es ignorar el asunto. Si usted los reprende, ellos reaccionarán en contra. Entonces la reunión se vuelve una reunión de pelea. La mayoría de las personas que están en las reuniones de grupo son muy capacitados para esto, así que es mejor dejar que aquellos que son buenos "lleven el balón". Trate de que el "balón" no caiga en manos de esos que causan problemas. En este tiempo de disturbios, en la vida de la iglesia hay algunos, aunque no son muchos, que causan problemas. Animamos a aquellos que quieren seguir adelante que "jueguen con el balón" en la manera correcta. Finalmente, la atmósfera cambiará en el lugar donde usted está.

Ningún disturbio perdura para siempre. Nunca he visto un tifón que dure todo un mes. El tifón viene y el tifón se va. No tienen que preocuparse. Simplemente estén en paz y gozosos. Algunas veces todos debemos decir: "Aleluya, ninguna tormenta permanece para siempre". Me alegro de no estar en la tormenta. Cuando la tormenta se va, yo me quedaré. No se una a la tormenta. Si usted se une a la tormenta, cuando ésta se vaya, también usted se irá. Todo aquel que esté en la tormenta, no permanecerá.

Mi ministerio ha perdurado a lo largo de cincuenta y siete años, desde 1932. Puedo testificar que en estos cincuenta y siete años he visto muchas tormentas. Con el tiempo aprendí que ninguna tormenta dura mucho tiempo. Las tormentas no me hacen alarmar; las conozco muy bien. Parece que cada nueva tormenta hace mucho ruido, sin embargo, para mí no es ruido sino música. No tengo que molestarme porque cada tormenta que viene, se va. Donde quiera que usted esté, no se preocupe; la tormenta pasará.

Pregunta: Cuando los nuevos vienen a la reunión de grupo, se ponen tan rígidos y tensos. Hemos tratado diferentes cosas para romper esta clase de atmósfera. ¿Puede usted compartir algo en cuanto a esta situación?

Respuesta: Ustedes no necesitan hacer nada diferente. Si ustedes practican según este principio, los nuevos serán liberados. No me preocupo tanto por los nuevos, pero sí me preocupan un poco los antiguos. Cuando todos los hermanos antiguos van a una reunión, su apariencia y postura podría hacer que los nuevos estuvieran atados. Si usted está atado, con seguridad ellos también lo estarán. En un hogar, todos los hermanos y hermanas pequeños siguen a los mayores. Si usted "juega con el balón", los nuevos nunca estarán atados, sino que se le unirán para jugar. Cuando usted llega a la reunión de grupo, si todos ustedes funcionan en una manera activa y llena de vida, los nuevos posiblemente estén sometidos por media hora, hasta que también ellos digan: "¡Alabado sea el Señor!" y "¡Amén!" Si usted nunca dice: "Amén", ellos nunca sabrán cómo decir: "Amén". Si usted quiere que ellos "jueguen con el balón", usted tiene que "jugar con el balón". Entonces ellos se le unirán. Un niño puede aprender a hablar inglés simplemente oyendo; pero los inmigrantes que llegan a este país tienen que aprenderlo recibiendo enseñanza. En cierto sentido, somos como inmigrantes aprendiendo un nuevo idioma. Después de uno o dos años podremos hablar este nuevo idioma con propiedad. Es por esto que tengo que invertir mucho tiempo para que nos volvamos de la vieja manera a la nueva manera. Para esto necesitamos mucha práctica.

Pregunta: Estamos encargados de una reunión de hogar que tiene tres nuevos y todos están en diferentes niveles de crecimiento. Muchas veces parece que ellos quieren hablar todos a la vez. Algunas veces parece que la reunión ha estado a punto de dividirse debido a que los jóvenes hablaban mucho. A mí me parece que nosotros debemos tomar la iniciativa de alguna manera, pero no sé qué hacer. ¿Qué debemos hacer en esta situación?

Respuesta: Ustedes nunca deben tratar de mantener la reunión en mucho orden o muy callada. Siempre esperamos tener una reunión muy ordenada, pero no deberíamos tener esta clase de esperanza. Eso es religioso. Dejen que los nuevos se sientan libres. Si hay tres de ellos que hablan al mismo tiempo, ustedes deben decirles algo, pero deben decirlo en una manera alegre y alentadora. Cuando estos tres empiezan a hablar al mismo tiempo, usted podría sonreír y decir: "Me alegro mucho de que todos ustedes digan algo. ¿Qué les parece si le permitimos a este amado hermano hablar primero?" Con seguridad los nuevos se escucharán unos a otros, y los dos a quienes usted refrenó no se sentirán ofendidos. Todo depende de la manera en que usted maneje la situación, y de la manera en que usted les hable acerca de este tipo de cosas. Cuando el primero termine, no le pida al segundo que hable inmediatamente. Más bien, aproveche la oportunidad para resolver algunos de los problemas del que acaba de hablar. De este modo, usted puede hacer girar toda la reunión, y los otros dos no se ofenderán. Esta es otra cosa que todos ustedes deben aprender en cuanto a manejar las reuniones de grupo.

Pregunta: Estuve en una reunión de grupo muy disfrutable, donde muchos hablaron, pero luego un hermano empezó a hablar por más de diez minutos. El siguió hablando y hablando, y todos los nuevos se empezaron a incomodar. Incluso, uno de los nuevos salió del cuarto. Finalmente yo *dije: "Hermano, cantemos un himno". ¿Es esta la manera de manejar la situación?*

Respuesta: Ustedes tienen que ser sabios. Al comienzo de la reunión ustedes podrían decir: "¿Qué les parece si cada uno de nosotros habla no más de dos minutos?" Todos podemos hacer esto al comienzo de la reunión, haciéndolo una especie de regla. Aun si ustedes no dicen eso, si lo que alguno habla es muy largo, como ocho o diez minutos, ustedes todavía pueden manejar la situación en una manera amorosa. Ustedes podrían decir: "Hermano, demos tiempo a los demás". La mayoría de las personas escucharían esto. Los jóvenes usualmente acatarían esta palabra, pero los más antiguos dirían: "Denme un minuto más". Esto significa otros diez minutos. No discuta, déjele continuar. Después de un minuto, diga: "Hermano, ya pasó un minuto. Dejemos la reunión a los demás". La mayoría de las personas, hasta los antiguos, aceptarían esto. Pero algunas veces viene la tormenta; cuando venga ustedes tienen que soportarla. No se moleste; ella pasará. Este no es el problema, así que no discutan por ese asunto. Si lo hacen, ustedes volverán este asunto un problema, y ustedes sufrirán.

Pregunta: Una de las cosas que hemos estado practicando con los nuevos es hacerles una pregunta para hacer que ellos digan algo. ¿Es esto provechoso?

Respuesta: Esto es absolutamente correcto. Si los nuevos no tienen una pregunta en la reunión de grupo, ustedes tienen que aprender a iniciar un tema haciendo una pregunta. Sin embargo, ustedes deben hacer la pregunta como lo haría un nuevo. No pregunte como si usted fuera el apóstol Pablo. Eso causaría problemas. Ustedes deben hacer un tipo de pregunta que dé comienzo a algo, tal como un nuevo, a fin de producir algunas respuestas. Entonces, aquellas respuestas vendrán a ser enseñanzas.

Pregunta: Anteriormente usted dijo que nosotros debíamos ir a la reunión de grupo con una meta específica. Si en una reunión de grupo las preguntas hechas no concuerdan con la meta de la reunión, ¿debemos responder las preguntas y olvidarnos de nuestra meta?

Respuesta: ¿Cuál es la meta de la reunión de grupo? La meta de la reunión de grupo es perfeccionar a los santos; no es un tema en particular. Usted posiblemente tenga la carga de enseñarles acerca de la justificación, y ahora ellos le están preguntando en cuanto a comer y beber a Dios, pero ésta no era su meta para la reunión. Esto muestra que ustedes son religiosos. Ustedes son muy legalistas. La meta de la reunión de grupo es perfeccionar a las personas. Si usted solamente alcance esta meta, será maravilloso. Si lo que usted enseña es la justificación o por qué debemos comer y beber a Dios, ambos casos ayudan a alcanzar este propósito. El propósito es perfeccionar. Ciertamente usted tiene que preparar algo, pero de todos modos debe dejar el asunto completamente en las manos del Espíritu Santo. Entonces, usted puede ser flexible y simplemente seguir. Usted debe aprender a ser flexible siempre. Quizá usted piense que aprender todo esto es muy difícil, pero esto no es invención mía. Esto es lo que la Biblia revela.

EL EJERCICIO Y LA PRACTICA DE LA MANERA ORDENADA POR DIOS

MENSAJE VEINTISEIS

EJERCITARNOS PARA PRACTICAR LO QUE HEMOS OIDO

Lectura bíblica: He. 10:24-25; 2 Ti. 2:2; Ef. 4:11-12; 1 P. 2:9, 5

En esta serie de mensajes en cuanto al ejercicio y la práctica de la manera ordenada por Dios, hemos visto que nosotros debemos llevar a cabo nuestra labor cristiana según cuatro principios básicos o en cuatro pasos principales. En primer lugar, tenemos que practicar el sacerdocio neotestamentario del evangelio visitando a la gente en su hogar para predicarle el evangelio. Luego, cuando hayamos ganado algunos, debemos criarlos en una forma adecuada por medio de nutrirlos y cuidarlos con ternura en las reuniones de hogar. En tercer lugar, debemos traer estos nuevos a las reuniones de grupo para que sean perfeccionados por medio de la enseñanza mutua de todos los santos. Luego, estos santos perfeccionados pueden profetizar en las reuniones de la iglesia para la edificación orgánica de la iglesia como el Cuerpo de Cristo. Hemos dado muchos mensajes acerca de los tres primeros pasos, pero me preocupa que muchos de nosotros no hayamos estado practicándolo persistentemente según lo que se ha hablado.

LA META DE NUESTRA PREDICACION DEL EVANGELIO

Todos tenemos que recordar que la meta de nuestra salida a practicar el sacerdocio neotestamentario no es meramente "ganar almas". Casi todos los que predican el evangelio en el cristianismo hoy en día, lo hacen para "ganar almas", pero en el recobro del Señor nuestra meta no es sólo hacer que los pecadores sean salvos por medio de la regeneración. Deseamos que aquellos que son salvos por medio de nuestra predicación sean también santificados, transformados y conformados a la imagen de Cristo para la edificación del Cuerpo de Cristo.

Según Efesios 4:11 y 12, la Cabeza ascendida "constituyó unos, apóstoles; a otros, profetas; a otros, evangelistas; otros pastores y maestros, a fin de perfeccionar a los santos para la obra del ministerio para la edificación del cuerpo de Cristo". En este versículo la palabra "para" es usada dos veces: "*para* la obra del ministerio *para* la edificación del cuerpo de Cristo". Ya que estas dos frases están en aposición, se refieren a la misma cosa. La obra del ministerio es la edificación del Cuerpo de Cristo, y la edificación del Cuerpo de Cristo es precisamente la meta de la acción de la Cabeza de dar personas dotadas. La labor evangelística hecha por los evangelistas no es solamente "ganar almas". Es hacer que los pecadores sean regenerados haciéndolos hijos de Dios y miembros de Cristo. Entonces Dios puede tener muchos hijos para edificar Su casa, la iglesia, y Cristo puede tener muchos miembros para edificar Su Cuerpo, que también es la iglesia. Ser edificado como casa de Dios y ser edificado como Cuerpo de Cristo son la misma cosa. Tanto la casa de Dios como el Cuerpo de Cristo son orgánicos, y la edificación de algo orgánico requiere edificación en vida. Esta edificación en vida es el aumento orgánico de la iglesia por medio del aumento de Dios en el crecimiento en vida dentro de los miembros del Cuerpo orgánico de Cristo (Col. 2:19). Nuestra meta al predicar el evangelio es salir a hacer que los pecadores sean salvos para hacerlos hijos de Dios y miembros del Cuerpo de Cristo.

Primera Pedro 2 también nos muestra la meta del sacerdocio neotestamentario. El versículo 5 nos dice que somos "edificados como casa espiritual y sacerdocio santo". Luego el versículo 9 dice que somos un real sacerdocio para que anunciemos las virtudes de Aquel que nos llamó de las tinieblas a Su luz admirable. "Anunciar" es predicar el evangelio. Este "anuncio" es la predicación de las virtudes de nuestro Dios salvador. Según estos versículos, la meta de la predicación del evangelio, el anuncio de las virtudes de nuestro Dios salvador, tiene por objeto la edificación del sacerdocio santo como casa de Dios. Esto no es lo que vemos en nuestra actual situación.

Nuestro concepto en cuanto a la predicación del evangelio es muy pobre debido a nuestra tradición cristiana. Tenemos que ser humildes y reconocer ante el Señor que no tenemos el entendimiento adecuado. Aunque tenemos toda la Biblia en nuestras manos, mucha parte de nuestro entendimiento de la misma es tradicional. Cuando salimos a llamar a las puertas de las personas, no debemos mantener el viejo concepto tradicional en cuanto a la meta de nuestra predicación del evangelio. Nuestra meta al predicar el evangelio es hacer que los pecadores sean salvos a fin de que sean el material para la edificación de la iglesia como casa de Dios (1 Ti. 3:15; cfr. Hag. 1) y Cuerpo de Cristo (Ef. 1:22-23).

LA NECESIDAD DE EJERCER DISCERNIMIENTO PARA ALCANZAR LA META

La idea central del libro de Romanos es que la obra salvadora de Dios hace de los pecadores hijos de Dios. El libro de Romanos comienza con pecadores (1:18—3:20), pero cuando llegamos al capítulo ocho, estos pecadores han llegado a ser hijos de Dios (8:14). Más aún, estos hijos de Dios, los hermanos de Cristo, han sido justificados, están siendo santificados, y finalmente serán conformados a la imagen del Hijo primogénito de Dios (8:29-30). La meta, el fin, de nuestra predicación del evangelio es que los pecadores sean plenamente conformados a la imagen de Cristo.

Teniendo esta meta como base, cuando salimos a visitar a otros, debemos practicar el considerar a la gente según el discernimiento que el Espíritu nos da. Puede ser muy fácil hacer que alguien sea salvo haciéndolo así un niño de Dios, pero hacer que crezca y llegue a ser hijo de Dios tal vez no sea tan fácil. En la Biblia hay una gran diferencia entre "niños de Dios" e "hijos de Dios". Juan 1:12 dice que aquellos que creen en el nombre del Señor tienen la autoridad de llegar a ser niños de Dios, pero en Romanos 8 el término "hijos" indica una etapa más avanzada de crecimiento en la vida divina. "Niños" son aquellos que están en la etapa inicial de regeneración en su espíritu humano, pero "hijos" son los niños de Dios que están en la etapa de la transformación de su alma. Ellos no sólo han sido regenerados sino que también viven y andan por medio de ser guiados por el Espíritu (8:14). Ayudar a un nuevo creyente a que llegue a ser un hijo de Dios requiere mucha labor, y algunos tal vez no puedan alcanzar esta etapa de desarrollo en esta era. Por tanto, tenemos que ser sabios y no derrochar nuestro tiempo con aquellos que no son promisorios.

Aunque todos tenemos que estar ejercitados en el discernimiento que da el Espíritu, no debemos salir a "medir" o a calificar a cada creyente nuevo, diciendo: "Este es bueno para la edificación del Cuerpo, pero aquél no lo es". Practicar esto es irse a extremos. De hecho, nadie sabe con certeza quién sirve y quién no. Con todo y eso, se necesita discernimiento. Hace más de veinte años, fui al centro de la ciudad de Los Angeles a un área donde había muchos borrachos en las calles. Algunas misiones cristianas se habían ubicado precisamente en esa zona para predicarles el evangelio a aquellos pobres hombres y para alimentarlos con algo de alimento físico. Con seguridad al Dios misericordioso le importan esas personas y quiere salvarlas, pero por lo general, es difícil que personas de esas sean útiles para la edificación del Cuerpo de Cristo. Ellos tienen problemas serios, y en muchos casos sus facultades humanas han sido deterioradas. No podemos alcanzar nuestra meta invirtiendo mucho de nuestro tiempo para ganar tales personas; nosotros sólo perderemos nuestro tiempo. El Señor nos dará el discernimiento apropiado, aun así, debemos tener cuidado y no "medir" a los nuevos precipitadamente.

Los resultados de ustedes al salir a predicar el evangelio dependerán de su discernimiento. Si nadie lo deja entrar a usted, su sesión de tocar puertas pasará rápido. Luego, si una puerta se abre y sale una dama o un caballero, usted debe discernir si vale la pena invertir tiempo en esa persona. Si usted percibe que ésta tiene mucha posibilidad, usted podría quedarse con él media hora o más. Usted no debe laborar según límite alguno; más bien, debe siempre usar su discernimiento y seguir su dirección interna. Usar su discernimiento significa que usted está orando y buscando al Señor: "Señor, guíame a la puerta correcta, y a la persona correcta. Señor, Tú estás conmigo, y yo contigo. Voy a este hogar contigo. ¿Hay alguien ahí con quien Tú tienes un propósito?" Si usted va de esta manera, no estará yendo solo. Estará yendo como alguien que es uno con el Cristo vivo, quien es el que tiene el discernimiento adecuado. De este modo, usted siempre estará alerta.

Si somos persistentes en salir a predicar el evangelio y laboramos con perseverancia, no seremos desalentados. No debemos desanimarnos ni dejarnos vencer nunca. Finalmente, bautizaremos a tres para compensar la semana en la que no hemos ganado a ninguno. Si tomamos en serio las cosas del Señor y tenemos perseverancia para salir fielmente y con regularidad, podremos tener tres o cuatro nuevos en un mes. Luego, tenemos que dejar de tocar puertas nuevas y regresar a los que ya hemos bautizado para tener reuniones de hogar con ellos y alimentarlos. Tenemos que practicar según estos principios, pero no debemos ser muy rígidos ni muy legalistas en nuestro discernimiento. Si estamos muy preocupados con nuestra evaluación de los nuevos, seremos distraídos. Lo principal es que tengamos determinación en nuestro trato con el Señor y que estemos desesperados por ganar pecadores para el propósito del Señor.

LA PRACTICA DE LOS CUATRO PASOS DE LA MANERA ORDENADA POR DIOS

He estado hablando en cuanto a la nueva manera, la manera ordenada por Dios, por más de cinco años. Los hermanos en Taipei han recopilado todos mis mensajes acerca de los cuatro pasos de la nueva manera y los han clasificado en cuatro grupos, uno por cada paso. Después de ver tantos mensajes relacionados con cada uno de estos pasos, me dijeron que su mayor necesidad no era que yo diera más mensajes, sino que estimulara a algunos santos a practicar todas estas cosas. El sentir de ellos era que si sólo un pequeño número de santos, sesenta o setenta, saliera a practicar, sería suficiente para introducir a la iglesia en la nueva manera. Les dije que tenían razón. Esto es lo que estamos haciendo en el entrenamiento para los que sirven a tiempo completo; sesenta o setenta van a poner en práctica todas estas cosas. Esta es también la razón por la cual he escogido el título *El ejercicio y la práctica de la manera ordenada por Dios* para esta serie de mensajes en el entrenamiento. Hemos oído mucho en cuanto a la nueva manera, pero quizá no estemos ejercitándonos en poner en práctica lo que hemos oído.

En estas reuniones de entrenamiento les he encargado repetidas veces, en especial a los entrenandos de tiempo completo, que practiquen en una manera muy específica. En primer lugar, ustedes deben salir a ganar personas, pero al mismo tiempo tienen que usar discernimiento para no bautizar más de los que pueden cuidar. Luego, una vez que han bautizado a tres o cuatro, deben dejar de salir a ganar más nuevos. En lugar de eso, deben practicar el segundo paso; deben regresar para tener reuniones de hogar con aquellos a quienes han bautizado en la casa de ellos. En estas reuniones de hogar usted debe alimentar a éstos durante diez semanas, dos veces por semana si es posible. Luego, usted puede reducir la frecuencia con que los alimenta, de dos veces a una vez por semana. También les dije que al estar laborando ustedes en estos tres o cuarto que han bautizado, tal vez pierdan dos o tres. Entonces, debido a que no tendrían suficientes nuevos bajo su cuidado, podrían tocar puertas para ganar otros dos o tres. De este modo, siempre tendrán tres o cuatro bajo su cuidado todo el año.

Después de la alimentación apropiada deben llevar adelante a estos nuevos sacándolos de sus hogares para que se reúnan con otros. Ustedes deben reunir a todos los nuevos a quienes han estado alimentando, con otros santos que vivan cerca a fin de practicar la reunión de grupo. La reunión de grupo no es sólo para alimentar, sino también para perfeccionar la función espiritual de ellos a fin de que puedan aprender a profetizar para la edificación orgánica de la iglesia.

Usted los engendra, los alimenta y los perfecciona con la meta de que todos ellos crezcan para poder profetizar. Profetizar en este sentido no es predecir, sino hablar de parte del Señor, proclamar al Señor y hablar impartiendo al Señor en otros para la edificación orgánica de la iglesia como Cuerpo de Cristo. Estos son los cuatro pasos acerca de los que hemos compartido vez tras vez durante casi tres meses. He estado observando la situación entre nosotros y me he dado cuenta de que ustedes no están practicando como yo esperaba. Son muy pocos los que están practicando estos pasos en una manera definida.

ESTAR DESESPERADOS POR EL AUMENTO DEL SEÑOR

En nuestras pruebas y experimentos hemos encontrado que de cada veinte hogares que visitamos, tendremos un bautizado. No obstante, para tener este tipo de éxito ustedes tienen que tomar en serio los asuntos del Señor. Usted tiene que ejercitar su fe y aun ejercer la autoridad que Dios le ha dado para orar: "Señor, éste es el tiempo en que nuestro equipo sale a ganar personas para Ti. Todos los hombres fueron creados por Ti y para Ti, y nosotros tenemos el derecho de ganar algunos esta noche". Orar de esta manera significa que usted es serio en cuanto a las cosas del Señor y que está laborando para obtener alguna ganancia para El. Es más, usted tiene que estar desesperado por ganar personas. Anteriormente algunos equipos salían por dos horas enteras y no ganaban a nadie. Luego, cuando estaban a punto de dar por terminado el día algún miembro decía: "Intentemos una puerta más. Si no hallamos uno aquí, podremos irnos a casa". Entonces en esa última puerta bautizaban a dos. Si no hubieran sido desesperados, no habrían ido a esa última puerta y habrían perdido a esos dos. Si todos ustedes tienen una firme determinación en las cosas del Señor, y están desesperados en cuanto al Señor, entonces de cada veinte hogares que visiten tal vez bauticen una persona.

EJERCITARNOS EN PRACTICAR LO QUE HEMOS OIDO

Nuestro oficio cotidiano, nuestra profesión, es hablarles a otros en cuanto a Cristo, bautizarlos y llevarlos a la madurez. En la tierra hay semejante profesión tan maravillosa, pero para trabajar exitosamente en este oficio, tenemos que determinarnos con el Señor. Cuando oro, el clamor en mi corazón es: "Señor, tienes que producir la práctica de la nueva manera entre nosotros. Esta debió haber sido producida hace siglos, pero no lo fue. Debió haber sido producida hace cincuenta años cuando el hermano Nee vio este asunto, pero no fue así. Ahora Señor, yo he estado hablando por más de cinco años con respecto a la manera que Tú ordenaste, sin embargo, todavía no se está practicando completa y apropiadamente". No obstante, esto no quiere decir que la nueva manera no sirve. Esta manera sí sirve, pero no todos tienen éxito en esta profesión. Aquellos que son desesperados tendrán éxito. Si algunos no lo logran es porque no son desesperados.

Tenemos que entender claramente que salimos a predicar el evangelio con miras a hacer que las personas sean salvas y regeneradas como hijos de Dios y miembros del Cuerpo de Cristo. Después de bautizar a algunos, tenemos que alimentarlos. Todo el año debemos tener dos o tres recién bautizados bajo nuestro cuidado. Si hacemos esto fielmente, en un año ciertamente tendremos uno o dos que sean fruto permanente. Si cada uno de nosotros cada año tuviera uno o dos que fueran fruto permanente, sería maravilloso. No le hace cuánto fruto llevamos, tenemos que seguir laborando. Si salimos continua y fielmente durante los próximos treinta años, con el tiempo cada uno de nosotros tendrá cincuenta que serán fruto permanente. Entonces podremos ir con estos cincuenta que son fruto a ver al Señor y decirle: "Señor, he aquí mi fruto". Sería muy bueno si de cada cien que se reúnen, cincuenta practicaran el sacerdocio del evangelio. Si no la mitad, por lo menos esperamos que una tercera parte salga. Si de cada cien santos treinta hacen esto, es posible que la iglesia tenga un aumento del cincuenta por ciento anual.

Hace poco tuve una larga conversación con uno de los hermanos encargados en Taipei. El se reúne regularmente con un grupo de santos. En febrero pasado sólo había veinte en ese grupo, pero en agosto el número había aumentado a cincuenta; tenía más del doble. Para noviembre ese grupo había aumentado a más de ochenta. En sólo nueve meses había crecido a más del cuádruple. Entonces este hermano me dijo el secreto; dijo: "El secreto es simplemente salir a practicar los cuatro pasos de la manera ordenada por Dios". Me dijo que la práctica de la nueva manera realmente produce resultados, especialmente en lo relacionado con los nuevos. Este hermano dijo que muchos de éstos que habían sido traídos, habían venido por la labor de los mismos nuevos. En Taiwan es posible hallar muchos que jamás han estado en el cristianismo y que nunca han oído acerca del cristianismo. Dijo que al laborar con esta clase de nuevos por sólo una hora se puede lograr muchísimo más que al laborar por muchas horas con aquellos que ya han sido cristianos por unos años. Quien ha sido cristiano por algunos años puede llegar a ser un "cristiano viejo". Esta clase de persona puede llegar a ser uno de los casos más difíciles para que el Señor obre en ellos.

Quiero impresionarlos y alentarlos a practicar los pasos específicos de la nueva manera. No debemos trabajar en una manera general. Quizá no estamos tan desesperados por practicar estos pasos específicos. Tal vez no tenemos un trabajo específico. Este hermano encargado de allí de Taipei estaba desesperado por tener vigilia matutina con los nuevos cada día. Por medio de esto cada nuevo creyente, en dos días después de ser bautizado, tuvo un buen avivamiento matutino y fue plenamente avivado.

Tal vez hagamos muchas buenas obras sin tener una meta. Este hermano encargado de allí de Taipei no está interesado en otros asuntos; todo lo que a él le interesa es estas pocas cosas: engendrar nuevos, alimentarlos, estimularlos y avivarlos. Si un maestro de escuela recibe un mensaje, que su amigo está gravemente enfermo, ¿deja allí la enseñanza y va a visitar a su amigo? Si él se va por dos semanas perderá su empleo. Ni siquiera una madre puede olvidar sus responsabilidades en el hogar cuando va a ocuparse de alguien. Ella tiene el deber de estar en casa para preparar el alimento y cuidar de las necesidades de su familia. De la misma manera, nosotros tenemos que estar ocupados con nuestra tarea sacerdotal en el evangelio. Debemos darnos cuenta de nuestra seria responsabilidad de ganar pecadores para la edificación de la iglesia como Cuerpo de Cristo.

Después de bautizar a dos o tres, usted debe dejar de bautizar y esforzarse por alimentar a éstos. Usted ha engendrado algunos niños, y ahora estos niños están bajo su cuidado. Usted tiene que alimentarlos. Si no los alimenta, está descuidando su deber. No hay ninguna excusa para dejar a sus niños sin atención. Su principal responsabilidad es cuidar de sus recién nacidos. Debe por lo menos poder completar estos tres primeros pasos con los nuevos: engendrar, alimentar y perfeccionar. Entonces ellos aprenderán a reunirse, a orar, a funcionar y a profetizar.

Tengo una carga muy grande por alentarlos profundamente a ustedes a ejercitarse en practicar lo que ya han oído. Esta es la necesidad actual, y aún así nos es muy difícil. Todos nosotros, incluyéndome, somos "veteranos". Tenemos un profundo historial cristiano lleno de cosas viejas. Deshacernos de esto no es fácil. Por consiguiente, existe la necesidad de que algunos de los santos locales tomen la carga y estén desesperados por ejercitarse en practicar estos pasos de la manera ordenada por Dios. Ellos deben salir con regularidad y persistencia una vez a la semana con una meta específica en cada ocasión. Deben practicar los pasos de la nueva manera —engendrar, alimentar, perfeccionar y profetizar— de un modo específico. Deben tener siempre dos o tres nuevos bajo su constante cuidado.

De esta manera algunos de los santos locales podrán levantar nuevas iglesias. Algunos santos pueden ir a una ciudad cercana a laborar, y yo espero que los ancianos tomen la iniciativa de enviarlos por este camino. Después de medio año puede haber pequeñas iglesias de unos quince santos en algunas ciudades vecinas. Ellos producirán ancianos de entre ellos mismos.

En la ciudad de Monterey Park, California, unos cuarenta hermanos empezaron a reunirse desde abril de 1988. Hoy, después de apenas año y medio, han aumentado a más de cien. Esa pequeña iglesia fue levantada, nutrida, edificada y establecida específicamente según la manera ordenada por Dios. En San Gabriel, California, cerca de catorce hermanos empezaron a reunirse al mismo tiempo que los hermanos en Monterey Park. Ahora, después de año y medio tienen casi sesenta en sus reuniones. También hay otra iglesia en esa área, Hacienda Heights. Estos se han estado reuniendo por casi dos años. Empezaron con unos cuantos santos y ahora tienen ciento cincuenta. Estas iglesias nacieron a través de mucho dolor. Han crecido hasta llegar a ser saludables por medio de practicar la nueva manera.

Lucas 19 y Mateo 25 muestran que el Señor nos ha dado cierto capital y que se nos ha encargado que negociemos. El requiere ganancias de Su inversión. En Mateo 24 cada uno de nosotros es un siervo a quien el Señor ha puesto sobre Su casa. Cuando El regrese nosotros recibiremos o bien una recompensa o un castigo. En Mateo 25 somos Sus esclavos, y quiere que nosotros negociemos para El. Cuando regrese demandará que le rindamos cuentas de nuestros negocios, y nosotros recibiremos una recompensa o un castigo. Esto es muy serio. Si yo no les dijera esto, no sería fiel al Señor ni a ustedes. Sólo tengo interés en la carga que he recibido del Señor. Creo que algunos santos fieles llevarán a cabo en la tierra la manera ordenada por Dios.

EL EJERCICIO Y LA PRACTICA DE LA MANERA ORDENADA POR DIOS

MENSAJE VEINTISIETE

LA PRACTICA DE LAS REUNIONES DE GRUPO

REUNIDOS EN EL ESPIRITU DE PREDICACION, ALABANZA, REGOCIJO Y DE HABLAR A CRISTO

Cuando nos reunimos en cualquier tipo de reunión, tenemos que mantenernos alejados de cualquier cosa que tenga que ver con la religión. En la forma en que venimos a reunirnos puede verse cierta influencia de la religión. Algunos santos son muy conversadores en cualquier otro lugar y en cualquier otro momento excepto en el salón de reunión y durante el tiempo de la reunión. Este es el resultado del influjo de la religión. Fuera del salón de reunión tal vez sean muy conversadores y activos, pero tan pronto como entran se vuelven callados y "reverentes", andan silenciosamente y mantienen una actitud y una postura como si estuvieran asistiendo a una actividad religiosa. Este tipo de conducta es completamente religiosa y debe ser abandonada totalmente. Tenemos que aprender a venir a las reuniones en una manera general y natural. Sólo debemos considerar el lugar de reunión como un sitio conveniente para reunirnos, no como un "santuario".

En nuestra vida diaria, tenemos que ser personas llenas de Cristo y de la plenitud de Dios en nuestro espíritu, alabando, regocijándonos y hablando Cristo todo el día. Entonces, debemos venir a las reuniones tal como somos en nuestra vida cotidiana, llenos de gozo y llenos del Espíritu. Si no somos tales personas, somos un fracaso. Pero si somos personas que alaban, cantan, se regocijan y hablan Cristo, vendremos a las reuniones en esta tónica.

La razón por la cual nos es difícil estar alabando, cantando, regocijándonos y hablando de Cristo es que la religión ha sido implantada en nuestro ser. Como cristianos, cuando nos reunimos actuamos de manera religiosa debido a que hemos sido influidos por las cosas religiosas de nuestro historial. Esta influencia religiosa mata nuestro espíritu de predicación y de canto. El espíritu de hablar a Cristo es también apagado. El concepto de la religión ha envuelto todo nuestro ser y ha llegado a ser parte de nuestro ser. Parece que aun antes de ser cristianos ya estaba allí el concepto de la religión. Tenemos que ejercitarnos en rechazar cualquier cosa de la religión en nuestras reuniones.

REUNIDOS EN EL DIOS TRIUNO Y FUERA DE LA RELIGION

Los elementos intrínsecos de la iglesia, tales como la esencia, el crecimiento, la edificación y la comunión intrínsecos, son el mismo Dios Triuno procesado y dispensador en Cristo, Su incorporación, siendo aprehendido por nosotros. Estas cosas intrínsecas se levantan en contra de nuestra disposición y de nuestro carácter. Nosotros venimos a las reuniones normalmente en nuestra disposición y carácter, y nos conducimos en cierta forma de acuerdo con la disposición y el carácter nuestros. Por lo regular, no venimos a las reuniones en nuestro espíritu, en Cristo, en un espíritu de canto, ni en una actitud de alabanza. Pero cuando vamos a las reuniones de grupo metido en la predicación, el alborozo, el canto y el espíritu de hablar a Cristo, estamos por completo fuera de nuestra disposición y de nuestro carácter. Por eso, cuando así asistamos a las reuniones de grupo, estaremos muy lejos de la religión.

APRENDER A REUNIRNOS NEGANDONOS A NOSOTROS MISMOS

Nuestra disposición y nuestro carácter nos impiden practicar la reunión cristiana apropiada; por tanto, tenemos que aprender a negar nuestra disposición y nuestro carácter. De acuerdo con la enseñanza neotestamentaria tenemos que negarnos a nosotros mismos (Mt. 16:24), nuestra vida del alma (16:26; Lc. 9:24). Negarnos a nosotros mismos es negar nuestra disposición ya que el yo está en nuestra disposición. La expresión de la persona, el yo, es el carácter. Algunas veces decimos que alguien es "un personaje". Esto significa que cierta persona se expresa a sí misma en una forma particular que la distingue de cualquier otra persona.

Como cristianos debemos ser personas que están siempre en contra de su disposición, de su carácter. Estar en contra de nuestra disposición y nuestro carácter es negarnos a nosotros mismos. Debemos aprender a siempre vivir, comportarnos y tener nuestro ser en contra de nuestra disposición. Estar en contra de nuestra disposición es negarnos a nosotros mismos. Si no estamos en contra de nuestra disposición, no podemos tener reuniones de grupo adecuadas. Si no estamos en contra de nuestra disposición y carácter, iremos a las reuniones de una manera religiosa, entraremos a la reunión religiosamente, nos sentaremos religiosamente y en las reuniones nos comportaremos religiosamente. Toda la actividad de la reunión será totalmente asunto de religión puesto que la religión siempre corresponde con nuestra disposición y carácter. Si nos reunimos según la religión, la disposición y el carácter, no habrá Espíritu, ni Cristo, ni vida, ni hablar de Cristo. Esta es la situación del cristianismo hoy en día. Aunque muchos santos queridos aman mucho al Señor, no se reúnen teniendo al Espíritu ni a Cristo sino teniendo solamente la religión y la disposición de ellos.

Tenemos que aprender a estar en contra de nuestra disposición y carácter. Que usemos nuestro tiempo en una forma apropiada o no, expondrá nuestra disposición y nuestro carácter. Como servidores de tiempo completo nos es fácil no planear nuestro tiempo sabiamente. Cuando éramos empleados en un negocio, teníamos siempre un horario que nos servía para planear nuestro tiempo. Como empleados, ustedes no podrían ir a trabajar cuando les pareciera. Si ustedes hicieran eso, aun por poco tiempo, podrían recibir una carta de cancelación y estarían despedidos. Como servidores a tiempo completo, parecería que ustedes no tienen jefe ya que han dejado su empleo. Ustedes podrían decir que el Señor es su jefe, pero en realidad, ustedes son el jefe. Hoy ustedes podrían ir a tiempo al trabajo, pero mañana, si se siente algo cansado, puede ir un poco más tarde. ¿Quién es el jefe, Jesucristo o usted? De hecho, usted es el jefe. Yo sé que es fácil arruinarlos a ustedes como servidores de tiempo completo, porque he estado en esta línea por muchos años y he visto muchos servidores de tiempo completo. Podríamos decir que vivimos, andamos y tenemos nuestro ser en el nombre del Señor. Pero en realidad vivimos, actuamos y tenemos nuestro ser frecuentemente en conformidad con nuestra disposición.

En una ocasión le pregunté a una de las hermanas si ella desempeñaba su función en las reuniones a las que asistía. Ella respondió diciendo: "Oh Hermano Lee, usted sabe que por naturaleza yo soy una persona que no puede hablar nada en una reunión. Desde que nací soy una persona callada y no soy una persona extrovertida". Al recibir tal respuesta dije: "Eso es solamente su disposición". Usar la palabra *disposición* es agradable pero usar la palabra yo, no es tan agradable. De hecho, la disposición y el yo son muy afines. Decir que somos de cierta manera por nacimiento parece una buena excusa, pero la Biblia nos dice que cuando nos reunimos, cada uno de nosotros debe tener algo, como un salmo o un cántico para hablarlos y también para cantarlos. El Señor no está contento con que en una reunión nos sentemos de acuerdo con la manera en que hemos nacido. Algunas veces las hermanas de más edad me han dicho: "Hermano Lee, ya tenemos más de setenta años de edad. Está bien que los jóvenes griten, pero nosotros los viejos encontramos difícil hacer lo mismo". La disposición de ellas se volvió el argumento en contra de funcionar y el argumento para justificarse. Tenemos que estar en contra de nuestra disposición. Una buena práctica para ayudar a vencer nuestra disposición callada en las reuniones es alabar al Señor nosotros mismos muchas veces durante el día, pero no en una manera que perturbe a otros o los asuste. Si vivimos una vida de alabanza al Señor, cuando vengamos a las reuniones, estaremos fuera de nosotros mismos con el disfrute del Señor. Este disfrute de Cristo nos alentará a alabar al Señor y a proclamar "amenes" cuando nos reunamos con los santos

Estamos familiarizados con la manera tradicional de reunirse en el cristianismo. Los asistentes entran y se sientan silenciosamente, esperando que el pastor dirija los cantos, dé un mensaje él mismo o que presente a un predicador invitado. Solamente uno habla, y los demás simplemente escuchan. Esta clase de reunión anula la función de los asistentes. Pero otra forma de reunirse consiste en que cada uno entra en la reunión alabando al Señor, cantando, o diciendo "amén" al entrar. Esta reunión comienza en camino al lugar de reunión; porta el testimonio de Cristo y alegra al Señor.

LAS SECCIONES DE LA REUNION DE GRUPO

Oración y comunión

La primera parte de la reunión de grupo consiste principalmente en un tiempo de canto, alabanza y oración. Esto espontáneamente introduce la comunión. Por ejemplo, un hermano podría orar por otro hermano que está enfermo y que ha perdido su trabajo. Esa oración abre una puerta para que el grupo tenga comunión en cuanto al hermano enfermo. Es posible que inmediatamente después de la oración, otro pregunte: "Hermano, ¿nos podría decir, por favor, qué tipo de trabajo hace aquel hermano?" El hermano podría responder diciendo: "El vino de China a este país hace dos años y ha estado trabajando en cierta firma como contador". Esta pequeña conversación es un ejemplo de lo que es comunión.

Intercesión y cuidado práctico

Después de la comunión viene la intercesión. Algunos de los hermanos del grupo pueden empezar a orar para que el hermano consiga un trabajo. Luego, la semana siguiente, uno de los hermanos posiblemente encuentre que hay un puesto vacante para contadores en la empresa donde trabaja. Tal vez después vaya a la reunión de grupo y le pida un historial a aquel hermano para presentarlo en su empresa. Este es un ejemplo de lo que es el cuidado práctico.

Pastoreo

Después de la comunión, la intercesión y el cuidado práctico viene el pastoreo. Quizá algunos en el grupo se den cuenta de que uno de los santos está enfermo en casa o en un hospital. Después de tener comunión, dos de entre el grupo tal vez decidan ir a visitar al hermano o hermana enfermo. Esto es la visitación como pastoreo. Espontáneamente, todas las cosas que son necesarias para ocuparse de los santos —la comunión, la intercesión, el cuidado apropiado y el pastoreo— podrían y deberían ser hechas en cada reunión de grupo.

LAS PRACTICAS REUNIONES DE GRUPO EN CONTRASTE CON LA ACTIVIDAD RELIGIOSA

Los asuntos de comunión, intercesión, cuidado práctico y pastoreo pueden fácilmente ser realizados en las reuniones de grupo. Pero debido a que estamos escasos de reuniones de grupo, también estamos muy escasos de estas cosas en la vida de la iglesia. Nos reunimos pero nuestra reunión no es muy práctica. Nos conducimos como actores en un servicio religioso, pero no nos ocupamos de los asuntos prácticos. Sugerimos los himnos pero tienen muy poca relación con la comunión o la intercesión. Es probable que hablemos cosas que casi no tienen que ver con el cuidado práctico, o que propongamos cosas que no tienen conexión con el pastoreo. Hablamos mucho pero hay muy poca comunión, muy poca intercesión, muy poco cuidado práctico y muy poco pastoreo. El resultado es que desperdiciamos nuestro tiempo y hacemos muy poco por cuidar de los santos, por perfeccionarlos o por edificarlos. Con frecuencia hacemos muchas cosas religiosas que no tienen nada que ver con la situación real y práctica de los santos. Por esta razón tengo la carga de luchar en contra de la vejez, los conceptos religiosos y la disposición de los santos, incluyendo la mía propia.

LA FUNCION DE LAS REUNIONES DE GRUPO EN LA VIDA DE LA IGLESIA

Las reuniones de la iglesia están en un nivel alto cuando las reuniones de grupo también lo están. En consecuencia, las reuniones de grupo son muy cruciales, y nosotros tenemos que prestar mucha atención a estas reuniones. Si las reuniones de grupo se descuidan, la iglesia también es descuidada. En las reuniones de grupo la vida de la iglesia es rescatada de la liviandad. Por medio de las reuniones de grupo, los santos, no los ancianos ni los colaboradores, se encargan de la comunión, la intercesión, el cuidado práctico y el pastoreo. En las reuniones de grupo, todas estas cosas pueden ser plenamente realizadas. Pero sin las reuniones de grupo, la comunión, la intercesión, el cuidado práctico y el pastoreo no se podrían llevar a cabo muy bien. Incluso, sin las reuniones de grupo, cinco hermanos funcionando como ancianos no podrían tener un cuidado completo de una iglesia de doscientos santos. Pero en un grupo de ocho a doce hermanos, éstos pueden cuidarse mutuamente de una manera cabal. Debido a que no hemos practicado las reuniones de grupo en los años anteriores, es posible estar en una localidad con varios santos durante años y no saber los nombres de algunos de ellos. Pero si un número reducido de santos se reúne semana tras semana en una reunión de grupo, con el tiempo, estos santos no sólo conocerán los nombres de cada uno, sino que también conocerán el ser interior y la disposición de cada uno.

Por causa de la naturaleza íntima de las reuniones de grupo, ustedes podrán descubrir que un hermano que parecía ser muy espiritual y vivir en el tercer cielo en las reuniones grandes, no es en realidad tan espiritual. Este descubrimiento debería hacer que usted orase e intercediese por el hermano, no que lo criticase. Después de ejercitarse en interceder por el hermano, es posible que usted sea conducido por el Señor a pastorear al hermano y cuidar de él en una forma práctica.

La práctica de la vida de la iglesia llegará a ser muy extensiva y suficiente en satisfacer todas las necesidades de los santos por medio de las reuniones de grupo. Hoy en día hay escasez entre nosotros debido a que se ha descuidado las reuniones de grupo. Una iglesia puede tener cien santos, pero por razón de la ausencia de reuniones de grupo, hay muy poco pastoreo, cuidado práctico e intercesión específica por los santos. La intercesión es necesaria constantemente en la vida de iglesia. Interceder es más específico que orar. Orar por los santos de una manera ordinaria es oración en sentido general. Pero orar en una manera específica mencionando ciertos casos y personas por nombre es interceder.

Cuando la iglesia practica las reuniones de grupo en una manera completa, todos los santos estarán en un grupo específico, y toda la iglesia marchará adelante principalmente por las reuniones de grupo y en las reuniones de grupo. Los ancianos de la iglesia deben supervisar las reuniones de grupo con el fin de corregirlas, mejorarlas, elevarlas, enriquecerlas y avivarlas, cuando sea necesario. Cuando cualquiera de las reuniones de grupo estén muertas o deficientes de vida, los ancianos deben laborar para avivar esa reunión de grupo.

PERFECCIONARNOS UNOS A OTROS EN LAS REUNIONES DE GRUPO POR MEDIO DE LA ENSEÑANZA MUTUA

El perfeccionarnos por medio de la enseñanza viene después del pastoreo. Es posible que retengamos el concepto religioso de que la enseñanza en las reuniones de grupo debe ser impartida por un hermano capaz de enseñar y nombrado por la iglesia para tal fin. Este tipo de reunión puede ser llamado un estudio bíblico. Pero si usted estudia cuidadosamente el Nuevo Testamento, no encontrará tal práctica en las reuniones de la iglesia. Según Hebreos 10:24-25, la enseñanza era llevada a cabo en una forma mutua. Estos versículos contienen tres palabras cruciales: "considerarnos", "estimularnos" y "exhortarnos". Considerarnos unos a otros no implica necesariamente enseñanza pero estimularnos sí la implica. Para estimular a alguien usted tiene que instruirlo y enseñarle. La exhortación incluye mucha enseñanza. Sin enseñanza, ¿cómo podría uno exhortar a otros? Tanto estimular como exhortar implican enseñanza. Esta enseñanza es dada por muchas personas en mutualidad, no por un solo individuo. No debe haber una persona que solamente enseña y un grupo de santos que solamente recibe enseñanza. La enseñanza debe ser llevada a cabo por todos los santos. Nos estimulamos unos a otros y nos exhortamos unos a otros. Usted me exhorta a mí, y yo lo exhorto a usted; usted aprende y yo aprendo. Cuando uno de los miembros del grupo enseña o exhorta a otro en la reunión de grupo, los otros miembros del grupo también reciben enseñanza ya que ellos también oyen la enseñanza o la exhortación. Esto es enseñanza mutua.

La mayoría de nosotros sólo sabe practicar la enseñanza al estilo de la religión en la que uno que ha estudiado y ha sido nombrado les enseña a los demás del grupo. Debido a que pensamos que no tenemos ninguna responsabilidad de enseñar y que nuestra única responsabilidad es recibir enseñanza, es posible que simplemente deleguemos en el grupo toda la enseñanza a aquellos que saben. Esta idea puede ser muy común incluso entre nosotros, pero es completamente errónea. Este concepto no es el concepto revelado en Hebreos 10:24-25. Según esta porción de la Palabra, nosotros tenemos que estimularnos y exhortarnos unos a otros en mutualidad. Por tanto, debemos hacer a un lado el viejo concepto y la vieja manera de practicar.

Hace cuarenta años en Taiwan, nosotros practicábamos las reuniones en pequeños grupos. Así que, no podemos decir que reunirnos en pequeños grupos es algo realmente nuevo entre nosotros. Pero la manera de practicar estas reuniones de grupo según las estoy presentando ahora, es completamente nueva. Por un lado, las reuniones de grupo son nuevas, y por otro, son muy antiguas. Hace dos mil años, las cosas en cuanto a cómo reunirnos fueron asentadas en la Biblia en Hebreos 10:24-25. Considerarnos unos a otros, estimularnos unos a otros y exhortarnos unos a otros, son cosas que muestran que la vida de la iglesia está llena de mutualidad. Es una vida de consideración, estímulo y exhortación mutuos.

UN EJEMPLO DE ENSEÑANZA MUTUA

Nuestra práctica de la vida de la iglesia en los años pasados no ha incluido que los santos se reúnan para exhortarse y enseñarse unos a otros y para enseñarse en una forma mutua.

Testificar unos a otros es una cosa, pero dar enseñanza unos a otros es una cosa completamente distinta. En una reunión de grupo, un hermano podría preguntar qué significa estar vigilante. En una reunión de grupo semejante, todos pueden enseñarle al hermano que hizo la pregunta, usando algunos puntos. Todos los santos en esa reunión de grupo, deben procurar responder la pregunta en cuanto al velar. A medida que estos santos aprendan más, su enseñanza será más y más elevada.

En la reunión de grupo todos hablan y todos enseñan. La reunión de grupo le brinda la oportunidad a cada uno de que aprenda a hablar y a enseñar. En la vieja manera de reunirnos, muchos santos asistían diligentemente a las reuniones; sin embargo, el nivel de educación espiritual permanecía en el nivel elemental. La razón por la cual esto sucedía era doble: en primer lugar, la enseñanza no era consecutiva, apropiada ni adecuada; en segundo lugar, a la mayoría de los santos le fue dada muy poca oportunidad de decir algo. De acuerdo con el Nuevo Testamento, todos nosotros tenemos ciertos dones, capacidades, habilidades y funciones (Ro. 12:6; 1 Co. 12:4). Pero la vieja manera de reunirnos anuló estos dones, capacidades, habilidades y funciones. Un recién nacido tiene el don del habla por nacimiento. Después de cierto número de meses, la madre empieza a escuchar palabras inteligibles de la boca de su pequeño. Habiéndosele dado la oportunidad de desarrollarse, la habilidad de hablar se manifiesta en el niño. Ninguna madre diría a su niño: "No hables. No camines. No hagas nada de eso porque tú no sabes hacerlo. Yo sí sé cómo hacerlo, así que yo lo haré por ti". Si la madre hiciera esto, su niño no podría hablar ni caminar después de cierto tiempo debido a que ella nunca le habría dado al niño la oportunidad de practicar el hablar o el caminar. Una madre repetidas veces anima a su hijo a decir palabras como "ma" o "pa". Con el tiempo, después de un período de tiempo, el niño empezará a decir estas palabras, y los padres del niño estarán muy contentos.

Todos debemos hablar de parte del Señor en las reuniones. Hoy, usted tal vez no sea capaz todavía de hablar mucho en las reuniones, pero esto no significa que no tenga la capacidad de hablar; simplemente significa que su crecimiento no ha alcanzado ese nivel todavía. Usted necesita crecer más. La carga que tengo es alimentarlos a todos ustedes a fin de que crezcan Mientras yo los alimento, también estoy animándolos para que aprovechen toda oportunidad posible de practicar el hablar. Después de cierto período de estar reuniéndose podrá hablar de parte del Señor profetizando. Según el Nuevo Testamento, la función más alta en la iglesia es profetizar (1 Co. 14:1, 3-5, 12). Profetizar no es simplemente enseñar, exhortar o dar testimonios. Profetizar es proclamar al Señor, ministrar en la gente al Cristo vivo con todas Sus riquezas.

TODOS TIENEN LA OPORTUNIDAD DE ENSEÑAR EN LAS REUNIONES DE GRUPO

En las reuniones de grupo, todos tienen la misma oportunidad y el mismo tiempo para enseñar. Aun aquellos que son muy jóvenes en el Señor pueden decir algo como enseñanza. Esta especie de ejercicio mejorará nuestra habilidad para enseñar, y también extraerá las riquezas de Cristo que hay en cada hermano y hermana. En el caso donde una persona enseña no hay tanta riqueza como en el caso donde todos enseñan. En una reunión de grupo, una hermana que fue salva hace tres meses quizá haga una pregunta en cuanto a permanecer en la vid. Ella podría decir: "Yo no sé qué es permanecer en la vid. ¿Qué es la vid, y cómo permanece uno en la vid?" Su pregunta abre la puerta para que cada uno en el grupo diga algo. Otra hermana joven del grupo diría que, aunque ella no sabe mucho al respecto, ella sí sabe que la vid, según Juan 15:1, es el Señor Jesús. Este pequeño aporte es muy bueno, ya que esta hermana ha dado una corta enseñanza. Otra hermana que sabe un poco más podría añadir a lo que respondió la primera hermana diciendo que permanecer en la vid es permanecer en el Señor Jesús. Estas dos respuestas juntas forman una muy buena enseñanza en cuanto a permanecer en la vid. Un hermano que sabe bastante y tiene más experiencia podría decir que la palabra "permanecer" significa quedarse en un sitio. También podría decir que permanecer en la vid significa quedarnos en el Señor Jesús. Otro hermano sentado junto al primero diría entonces que nuestra necesidad es siempre quedarnos con el Señor Jesús. Cuatro hermanos han hablado unas cuantas frases cortas, pero cuando estas frases se juntan, constituyen un buen mensaje. En muchas ocasiones este tipo de enseñanza es mucho mejor que los que usted puede recibir en muchos libros cristianos. La enseñanza de estos cuatro hermanos y hermanas es buena, pero quizá todavía necesite ser reforzada, así que otro hermano podría agregar algo. Este podría decir que Cristo hoy día está en nuestro espíritu, de modo que permanecer en Cristo es permanecer en nuestro espíritu.

Después de escuchar a los santos hablar, es posible que algunos de los jóvenes no estén satisfechos con las respuestas de los santos. Estos jóvenes tal vez necesitan escudriñar algunas de nuestras publicaciones a fin de hallar lo que otros en el recobro han dicho en cuanto a permanecer en la vid. Esto es muy bueno. En los últimos sesenta y siete años, se ha publicado un buen número de libros sobre muchos diferentes aspectos de la verdad. Hay una larga historia entre nosotros de entendimiento de las verdades, y estas verdades han sido impresas. Así que, hoy en día hemos publicado muchos libros que tratan varios temas para que los creyentes jóvenes los estudien a fondo a fin de que su entendimiento en cuanto a muchas diferentes verdades sea más elevado.

La reunión de grupo no sólo abrirá el camino para que todos enseñen y todos aprendan, también ayudará a los que buscan la verdad en una forma más profunda. Cuando nos reunimos como grupo, tenemos que practicar el no hacer nada según la religión. Más bien, debemos practicar el reunirnos en una manera viva regocijándonos, cantando y orando. Luego, mientras tenemos comunión unos con otros, la intercesión será el resultado espontáneo. Se debe tener el cuidado mutuo apropiado, y también el pastoreo. Por último, se suscitarán preguntas para que todos los miembros del grupo las contesten. Esto da la oportunidad de que todos enseñen.

CONDUCIR A LOS NUEVOS A ENTRAR EN CADA PASO DE LA NUEVA MANERA

Todos los que están en las reuniones de grupo, incluyendo a los nuevos, deben ser ayudados a practicar todos los pasos de la nueva manera en la vida de la iglesia. El primer paso de la nueva manera es el sacerdocio del evangelio, la predicación del evangelio por medio de visitar a otros. En la reunión de grupo, debemos enseñar a los jóvenes a predicar el evangelio. Una de las hermanas en una reunión de grupo podría preguntar si cada uno de los santos en el grupo participa en el salir a visitar a otros por medio de tocar a sus puertas. De un grupo de quince miembros, siete nuevos tal vez no hayan entrado en este tipo de práctica. De modo que es necesario decir algo para enseñarles y para estimularlos a participar en la predicación del evangelio. Después de esto, es necesario darles algunas instrucciones en cuanto a la predicación del evangelio y ayudarles a formar equipos para salir.

En otra reunión de grupo, otro hermano o hermana podría decir: "Es muy bueno que todos en nuestra reunión de grupo vamos a salir para hacer que otros sean salvos y bautizados. Pero me gustaría saber si todos nosotros estamos practicando el alimentar a estos nuevos creyentes en las reuniones de hogar". Esta pregunta tiene que ver con el segundo paso de la nueva manera, es decir, nutrir a los nuevos creyentes en sus hogares. Es posible que de quince, diez no practiquen el cuidar a los nuevos en las reuniones de hogar. Esto indica que es necesario fomentar las reuniones de hogar entre los santos y estimularlos para que tengan dichas reuniones. Luego, en las siguientes reuniones de grupo se debe hablar en cuanto al tercer paso necesario que consiste en ayudar a los creyentes jóvenes a que se reúnan en grupo con otros. Aunque algunos de los santos que están en el grupo ya se están reuniendo con algunos nuevos en los hogares de éstos, existe todavía la necesidad de traer a estos nuevos a las reuniones de grupo con los demás santos. Una vez que estos nuevos son traídos a la reunión de grupo, esto puede aumentar el tamaño del grupo de quince a veinticinco. En un grupo tan grande, es necesario subdividir el grupo en dos grupos.

LAS REUNIONES DE GRUPO SON UNA MINIATURA DE LA VIDA DE LA IGLESIA

Por medio de este tipo de práctica —desde predicar el evangelio tocando a las puertas a tener las reuniones de hogar con los nuevos hasta tener las reuniones de grupo— aprendemos a edificar una reunión de grupo. Esto tiene como propósito el perfeccionamiento de los santos. En un sentido, la reunión de grupo es una miniatura de la vida de la iglesia. La verdadera y práctica vida de la iglesia está en las reuniones de grupo. Si la iglesia es fuerte o si es débil depende de la fuerza de las reuniones de grupo. Por lo tanto, las reuniones de grupo son muy importantes. Si la iglesia está todavía en la etapa en la que un hombre habla y los demás escuchan, la iglesia no es muy sana. Sin las reuniones de grupo, la iglesia estará débil. La asistencia a la reunión del día del Señor por la mañana y el mensaje en dicha reunión pueden ser buenos, pero sin las reuniones de grupo la iglesia no está en realidad muy sana. La iglesia está muy sana y fuerte cuando todos los santos de la iglesia están en reuniones de grupo. Cuando todos están en las reuniones de grupo según he descrito, todos estarán practicando la vida de la iglesia en una forma adecuada y completa.

EL EJERCICIO Y LA PRACTICA DE LA MANERA ORDENADA POR DIOS

MENSAJE VEINTIOCHO

LA REUNION DE GRUPO EN LA NUEVA MANERA

Lectura bíblica: He. 10:24-25; 2 Ti. 2:2; Ef. 4:11-12

En este mensaje continuaremos teniendo comunión en cuanto al tercer paso principal de la manera ordenada por Dios, el cual es la reunión de grupo. En los mensajes anteriores, hemos abarcado los elementos básicos de estas reuniones. Cuando nos congregamos en una reunión de grupo, debemos tener comunión, intercesión, cuidado y pastoreo mutuos. Después de esto, debe haber enseñanza mutua por parte de todos los santos. Esta enseñanza mutua es la parte crucial de la reunión de grupo ya que, por medio de ella, los santos serán perfeccionados gradualmente semana tras semana. A medida que son perfeccionados, aprenden espontáneamente a hablar la palabra del Señor, es decir, aprenden a profetizar.

LA REUNION DE GRUPO EN LA NUEVA MANERA

Aunque algunos en nuestro medio se han estado reuniendo en grupos pequeños durante los últimos tres o cuatro años, en gran parte esas reuniones estaban todavía en la vieja manera. Es posible que adoptemos todos los elementos de la nueva manera, y sin embargo, los practiquemos en la vieja manera. Nuestra reunión de grupo puede tener comunión, intercesión, cuidado mutuo, pastoreo y enseñanza, y aún así estar en conformidad con la vieja manera. En la nueva manera, cuando venimos a la reunión de grupo, tenemos que ser aquellos que viven una vida de avivamiento matutino y victoria diaria. Si no somos avivados por el Señor en la mañana y somos derrotados por el enemigo en nuestra vida cotidiana, ¿cómo podemos ser victoriosos y avivados al venir a la reunión de grupo? Si cada uno viene a la reunión de grupo en una condición de total derrota, aquella reunión ciertamente estará vacía.

Si hemos tomado en serio las cosas del Señor para practicar la reunión de grupo en la nueva manera, tenemos que ser personas avivadas, victoriosas y vencedoras. Entonces nuestro espíritu será avivado y levantado, y nuestra persona estará completamente en el espíritu. Luego, cuando nos congreguemos en la reunión de grupo, vendremos en el espíritu, orando, alabando y clamando: "¡Aleluya!" Aun antes de que entremos en el lugar de reunión, la reunión ya habrá comenzado en nuestro hogar o en camino a la reunión.

La reunión de grupo debe ser algo real en el espíritu. No debe ser nada hecho como una actuación. Por consiguiente, tenemos que ser avivados, victoriosos y llenos de vida en nuestro espíritu. Un cristiano apropiado es una persona muy peculiar, es una persona "loca". Cuando otros ríen, él no ríe; cuando otros lloran, él no llora. El Nuevo Testamento, con base en el Antiguo Testamento (Dt. 7:6; 14:2; 26:18), nos llama la posesión peculiar de Dios (Tit. 2:14; 1 P. 2:9). Ser cristiano es ser alguien peculiar. No debemos ser este tipo de persona por medio de un esfuerzo. Somos peculiares, hasta estamos locos, por causa de estar saturados con el Dios Triuno. Esto nos hace estar locos de gozo. Estamos tan alegres, gozosos y llenos de regocijo debido a que el Dios Triuno nos está saturando con Él mismo. Si somos tales personas en realidad, nada nos molestará. No importa cuál sea nuestro ambiente o situación exterior, estaremos en paz y anhelaremos siempre ir a las reuniones.

La vieja manera es fría, muda, muerta e impartidora de muerte. En la vieja manera, quizá veníamos a las reuniones con muerte en nosotros y trayendo muerte a otros. Pero la nueva manera está llena de vida, es avivada, vencedora, aclamadora y exultadora. Estar locos en esta forma no es algo que se aprende; tiene que ser el resultado de nuestro vivir. Luego, cuando nos congregamos en las reuniones de grupo, estamos avivados, frescos y refrescados. Venimos cantando, orando, aclamando y alabando; estamos locos en el sentido más positivo. Entonces, espontáneamente, se tendrá la comunión apropiada junto con intercesión, cuidado mutuo y pastoreo. Entonces la mutua enseñanza fluirá de todos los santos por medio de las respuestas mutuas a las preguntas de otros.

Debido a que estamos tan llenos de vida, tendremos muchas buenas preguntas. Luego, todos pueden y deben responder. No piense que algunos hermanos han alcanzado tanta madurez y han obtenido tanto conocimiento que nadie les puede enseñar. Este tipo de concepto es erróneo. Muchísimas veces he recibido mucha enseñanza de los más jóvenes. Si en realidad estamos por el Señor para seguir la Biblia, tenemos que practicar esto. Hebreos 10:24-25 dice que no debemos dejar de congregarnos. Debemos tener nuestras propias reuniones, y éstas deben estar llenas de mutualidad. Tenemos que considerarnos unos a otros, estimularnos unos a otros, exhortarnos unos a otros, y darnos enseñanza unos a otros.

La obra de perfeccionamiento en la reunión de grupo es llevada a cabo principalmente por medio de las respuestas mutuas a las preguntas de cada uno. Cada miembro puede responder conforme a su capacidad, y cada miembro puede recibir enseñanza. Entre el pueblo de Dios hay muchas riquezas. Sin embargo, muchas veces cuando vamos a una reunión de grupo no hablamos. Aunque somos ricos, se da la impresión de que cuando nos reunimos, muchos de nosotros dejamos nuestras riquezas en casa y parece que no tuviéramos nada. Esto se debe al matrimonio entre nuestra disposición y nuestra tradición religiosa. Para tener una reunión de grupo apropiada, tenemos que disolver este matrimonio. El Señor quiere que nos congreguemos en las reuniones de grupo a fin de que podamos liberar lo que tenemos en nosotros. Algunos jóvenes podrían responder en una manera no muy correcta, con todo, eso todavía es una especie de enseñanza que puede ayudar a otros. No le hace quiénes seamos o cuán jóvenes seamos en el Señor, todos podemos y debemos hablar algo en la reunión de grupo.

Algunas veces una pregunta interesante puede abrir el camino para que los santos viertan las riquezas que están en ellos. Por consiguiente, todos ustedes deben aprender a hacer una pregunta apropiada a fin de ayudar a la reunión. Si nadie más hace una pregunta, la responsabilidad queda en los hombros de ustedes. Ustedes deben iniciar la enseñanza mutua haciendo una pregunta. Podría preguntar: "¿Por qué nos dice la Biblia que Cristo llegó a ser Espíritu vivificante?" Hay muchas respuestas para una pregunta de ésas, y todo creyente, joven o viejo, puede dar una respuesta.

Cada uno de nosotros debe sentirse obligado a hablar en la reunión de grupo. Tal reunión nos proporciona siempre el tiempo y la oportunidad de verter las riquezas que tenemos por dentro. Así impartimos enseñanza unos a otros, y recibimos enseñanza unos de otros. Algunas veces recibimos enseñanza inconscientemente. Simplemente escuchando en las reuniones de grupo semana tras semana, recibimos las riquezas de parte de los santos. Cuando abramos nuestra boca y ejercitemos nuestro espíritu para decir algo, el Espíritu Santo en nosotros se hará uno con nuestro espíritu. Algunas veces parece que estamos hablando algo por nosotros mismos, pero en realidad es algo del Espíritu Santo. Tenemos que aprender a hacer esto, entonces podremos tener una reunión de grupo adecuada.

LA NECESIDAD DE LIDERAZGO, NO DE LIDERES

El aspecto más difícil de la reunión de grupo es el asunto del liderazgo. No necesitamos ningún líder en la reunión de grupo, pero sí hay necesidad de liderazgo. Todos tenemos que aprender a encargarnos de la reunión, sin tener el concepto de que somos líderes. En el hogar, la madre no se considera a sí misma un líder, sin embargo, ella se da cuenta de que necesita encargarse de la familia. Cuando la madre no está, espontáneamente los hijos mayores asumen la responsabilidad de cuidar a la familia. Cuando uno de nosotros va a una reunión de grupo, no debe considerarse a sí mismo un líder; no debe considerarse a sí mismo mejor que los demás. No obstante, debe sentir que tiene la responsabilidad de cuidar de esa reunión de grupo.

Tal vez alguien pregunte: "Supongamos que quince hermanos se reúnen, y cada uno tiene el sentir de que él tiene que cuidar de esa reunión. ¿No habría allí demasiados líderes?" En absoluto. Me gustaría ver a quince hermanos reunidos y que allí hubiera quince líderes. ¡Eso sería maravilloso! Eso significa que cada santo está llevando la responsabilidad de esa reunión. Ellos no sólo están funcionando en la reunión, sino que también están sobrellevando la reunión misma. Qué tanto puede hacer alguien al sobrellevar una reunión, depende de la capacidad que el Señor le ha asignado al tal, pero en tanto que tenga esa carga, con seguridad hará todo lo posible por servir en la reunión. Todo lo que tenga y todo lo que pueda hacer según su capacidad, lo verterá. Entonces la reunión será rica.

No se diga a si mismo: "Yo no soy el responsable de esta reunión. No es de mi competencia hacer que ésta sea una buena reunión, y si es una reunión mala, no es culpa mía". Esta clase de actitud es incorrecta. Cuando usted viene a alguna reunión cristiana, debe tener el sentir, la comprensión, de que usted tiene que encargarse de la reunión. Este es el mejor aspecto de la nueva manera. La nueva manera estimula a los creyentes a interesarse por los negocios del Señor. En la nueva manera, cada santo tiene el sentir, el entendimiento, de que él es responsable de la reunión.

Hay muchas cosas que pueden hacerse cuando hay un "vacío", o silencio, en la reunión. Lo que usted puede hacer, depende de su capacidad. No importa si su capacidad es mucha o poca. Un nuevo podría preguntar: "He oído a ustedes hablar de la economía de Dios. ¿Qué quiere decir eso?" Esta es en realidad una pregunta muy profunda, aún así, un joven también puede dar una muy buena respuesta. Podría decir: "La economía de Dios es simplemente que El hace a los pecadores Sus hijos". Esta es una buena enseñanza de la boca de uno que ha sido salvo hace sólo cuatro semanas. El era un pecador, y llegó a ser uno de los hijos de Dios. Según su conocimiento, la economía de Dios consiste simplemente en que El hace a los pecadores Sus hijos. Esta es una respuesta muy sencilla, pero muchos pueden aprender de ella.

No importa mi madurez espiritual, en tanto que no retenga lo que Dios me ha dado para hablarlo, he cumplido con mi responsabilidad, y la reunión será enriquecida. Si cada santo tiene este entendimiento, todas las riquezas serán ministradas a los demás miembros del Cuerpo del Señor de acuerdo con la capacidad de cada santo.

ESTABLECER UNA REUNION DE GRUPO

Todos tenemos que laborar con tesón para empezar una reunión de grupo. Sin embargo, formar una reunión de grupo no es fácil. Posiblemente usted no tenga éxito en su primer intento. Tiene que tratar una y otra vez. Tiene que recoger a todos los nuevos que están bajo su cuidado, y, si no tiene muchos, puede coordinar con otros equipos. Tres equipos tal vez necesiten reunir a todos sus nuevos en una sola reunión de grupo.

Una vez que todos ustedes se reúnan, tienen que ayudar a los nuevos introduciéndolos en la práctica apropiada de la reunión de grupo. Usted tiene que ser el "entrenador" de ellos ya que todos son aprendices. Usted puede ayudarles proponiéndoles cosas o haciéndoles preguntas. Podría preguntar: "Hermanos, ¿qué problemas han tenido ustedes recientemente?" Esto les ayudará a aprender a tener comunión, a estar abiertos unos para con otros. Podría decir: "En la sociedad actual nadie quiere que otros conozcan sus problemas, pero como cristianos ya no somos 'extranjeros ni advenedizos, sino miembros de la familia de Dios' (Ef. 2:19). Somos hermanos y hermanas en Cristo, por ende, nos gusta ser abiertos con los demás miembros de nuestra familia. Es bueno que seamos abiertos para que otros sepan de nuestra situación". Si uno de los hermanos se abre a usted y le cuenta un problema, entonces, ¿qué debe hacer usted? Tal vez sería mejor que usted no tomara la iniciativa para orar por él. Más bien, podría pedirle a los demás: "¿Qué haremos?" Entonces uno diría: "Bueno, le tenemos que ayudar". "Eso está muy bien", diría usted. Luego otro podría decir: "Hermanas, ¿qué piensan ustedes que debemos hacer?" Una hermana podría contestar: "Debemos orar por este hermano". Otro estará de acuerdo: "Muy bien, debemos orar por él y debemos orar unos por otros". Esto los trae espontáneamente al asunto de la intercesión.

Después de orar, podríamos decir algo para introducir el asunto del cuidado mutuo. Si el hermano tiene alguna enfermedad, ustedes podrían decir: "Hermano, ¿podemos hacer algo para ayudarte? ¿Podemos llevarte al médico o hay alguna otra manera en que te podamos ayudar? Tal vez tienes muchas cosas que hacer, pero necesitas ayuda. Nos gustaría ayudarte". Esto es tener el cuidado mutuo. Esta clase de cuidado muestra nuestro genuino amor de unos por otros. No importa la situación de ellos, el amor siempre conmueve a la gente; el amor siempre edifica a la gente. Si sólo recalcamos una cosa muy elevada, como por ejemplo "los dos grandes misterios de la economía de Dios", es posible que mucha gente no pueda identificarse con algo tan elevado. Ellos podrían pensar: "Estos deben de ser ángeles. Yo no puedo ser así". Sin embargo, si usted simplemente llega a ellos con un cuidado mutuo, tierno y lleno de amor, todos serán profundamente conmovidos.

Sin embargo, tenemos que ser equilibrados. Si sólo practicamos el cuidado mutuo, no tendremos una experiencia profunda de Cristo. Tenemos que poner énfasis en los grandes misterios de la Biblia, y aún así, tenemos que practicar el cuidado mutuo con ternura y amor de unos a otros. Esto hará que la gente se quede, y esto edificará a las personas. Anteriormente estábamos deficientes de esto debido a que tener este tipo de cuidado, sin reunirse en grupos pequeños, es muy difícil.

El cuidado mutuo lo puede introducir a usted en el pastoreo práctico. Quizá usted diga: "Tal vez mañana, hermano fulano de tal, ¿podría ir conmigo a ayudar a este hermano? Esto es pastoreo. De este modo, usted puede tomar el liderazgo en la reunión de grupo. No obstante, usted no debe tener ningún sentimiento ni consciencia de que está tomando el liderato. Una vez que usted llegue a estar consciente de ello, se convertirá en el líder, y eso matará la reunión. Nadie debe pensar que usted es un líder. Ellos deben sentir que usted es igual que ellos, entonces lo seguirán a hacer las mismas cosas.

Si usted les muestra el camino a los nuevos creyentes, ellos aprenderán a seguir su ejemplo. Si ellos no saben cómo hacer una pregunta, usted puede mostrarles cómo. Usted puede preguntar: "¿Saben ustedes que todos ustedes tienen un espíritu? ¿Saben ustedes lo que es su espíritu humano?" Hágales la pregunta y deje que ellos respondan. Las respuestas de ellos son una especie de enseñanza de unos a otros. Luego usted tal vez tenga que añadir algo, pero no responda demasiado rápido. Si usted habla demasiado rápido, podría impedir que los nuevos hablaran. Usted debe alentarlos a hablar y debe darles la oportunidad de decir algo. Después de que hayan respondido, usted puede añadir algo, luego otro podría añadir algo y así sucesivamente. Finalmente, ustedes tendrán una respuesta completa a la pregunta, y aquello llega a ser una muy buena enseñanza. Por medio de esto, todos los nuevos sabrán, verán y comprenderán que tienen un espíritu humano. Además, al preguntarles y responderles de esta manera, usted establece un ejemplo para que ellos lo sigan.

Al final de la reunión, uno de ustedes tal vez diga: "Hermanos y hermanas, ésta es la manera en que nosotros los cristianos tenemos las reuniones. Esperamos tener este tipo de reunión una vez por semana. En estas reuniones vamos a tener comunión de la misma forma que lo hicimos esta noche. Vamos a conocer la situación de todos los amados hermanos que se reúnen con nosotros. Luego podremos orar por ellos, es decir, interceder por ellos. Entonces podremos tener cuidado unos para con otros, y podremos pastorearnos mutuamente. Es posible que yo tenga alguna necesidad que no puedo resolver por mí mismo. En ese caso necesitaría que alguien me ayudara. Algunos otros posiblemente tengan problemas en los que yo puedo ayudar. Debido a que somos una familia muy grande, nos gusta ayudarnos unos a otros, y pastorearnos unos a otros".

"Esta noche, se ha hecho una pregunta para que todos nosotros la respondamos. ¿Saben ustedes que todas sus respuestas son una especie de enseñanza. Todas las respuestas, en conjunto, constituyeron una enseñanza completa. Según Efesios 4:12 es así como somos perfeccionados. Aunque no seamos apóstoles ni profetas ni evangelistas ni algo por el estilo, creemos que hay algunas personas dotadas entre nosotros esta noche que pueden hacer lo que nosotros no podemos hacer. Sin embargo, después de unos cuatro meses, debido a que hemos recibido enseñanza y hemos sido perfeccionados, debemos poder hacer muchas cosas de las que ellos pueden hacer. Llamamos reunión de grupo a esta clase de reunión, y la consideramos una parte importante de la vida práctica de la vida de la iglesia". Entonces, la siguiente mañana, usted puede introducir las prácticas básicas de la vida cristiana y la vida de la iglesia, tales como tener una vigilia matutina y salir a visitar a otros para predicarles el evangelio.

Cambiar nuestra manera de la vieja práctica a la nueva manera no es fácil. Tal vez es mejor empezar la reunión de grupo con un número pequeño, cuatro o cinco puede ser suficiente. Lo mejor es comenzar principalmente con nuevos. Luego, después de que hemos establecido esa reunión de grupo, podemos traer más santos. Todos tenemos que hacer todo lo posible por tener reuniones de grupo de acuerdo con estos pasos. En primer lugar, tenemos que dejar que los asistentes estén abiertos para que podamos tener comunión. Después de la comunión conoceremos la situación y la condición de los santos, de modo que podremos orar unos por otros. Esto es intercesión. Luego, con base un nuestra comunión y oración, podemos proporcionarnos algún cuidado práctico unos a otros y podemos practicar el pastoreo mutuo. En cada reunión de grupo debemos tener algunos puntos que discutir, o preguntas que responder. Esto es enseñanza mutua, no por parte de una sola persona, sino por parte de todos los asistentes. Todos pueden decir un poco; aun esa pequeña porción debe ser considerada como parte de la enseñanza. Tenemos que hacer todo lo posible por practicar la reunión de grupo en esta forma.

UNA VIDA DE AVIVAMIENTO MATUTINO Y DE VICTORIA DIARIA

Un asunto vital, que es crucial para la práctica de la vida de la iglesia en la nueva manera, es que nosotros tengamos una vida de avivamiento matutino y de victoria diaria. No debemos pensar que es difícil tener un avivamiento personal en la mañana. Ser avivado es sencillamente que el Señor nos toque de nuevo. Cuando el Señor nos toca, somos avivados. En sólo dos minutos, el Señor puede tocarnos y avivarnos. Tal vez usted no haya sido avivado por mucho tiempo, y sienta que está muy lejos del Señor. Sin embargo, el Señor promete que, no importa qué seamos, dónde estemos, o cómo estemos, El siempre está cerca de nosotros. Quizá no tengamos una conciencia pura, pero la sangre del Señor está lista para limpiarnos. Si simplemente confesamos nuestros fracasos, nuestros defectos, nuestros errores y nuestras faltas, el Señor nos perdonará y nos limpiará. Entonces inmediatamente le tocamos a El, y El nos toca a nosotros. Esto es ser avivado, y esta clase de avivamiento debe refrescarse cada día.

Hacemos hincapié en que éste debe ser un avivamiento matutino basado en la ley natural establecida por Dios. Cada veinticuatro horas tenemos una mañana para comenzar el nuevo día. El sol se levanta de nuevo cada mañana, y nosotros también tenemos que levantarnos cada mañana. Por lo tanto, es bueno que nosotros nos acostemos un poco más temprano en la noche para que podamos levantarnos un poco más temprano en la mañana. Cada mañana debemos levantarnos, tender nuestra cama y pasar un tiempo con el Señor. Si podemos darle diez minutos al Señor en la mañana antes de hacer cualquier otra cosa, con seguridad seremos avivados. Si nos levantamos generalmente a las seis en punto, debemos levantarnos a las cinco y cincuenta. Entonces podemos tener diez minutos para tocar al Señor y ser avivados.

En nuestro tiempo con el Señor lo principal es limpiar nuestra conciencia, deshacernos de nuestra condenación interior. Esto es realizado al hacer al Señor una confesión completa de nuestros fracasos, nuestros defectos, nuestras derrotas, nuestros errores, y aun nuestra pecaminosidad. Entonces podemos tomar uno o dos versículos de la santa Palabra para usarlos en nuestra oración. Esto es orar-leer. No se concentre en muchas cosas, y no se preocupe mucho por entender. Ocúpese de invocar al Señor, tener contacto con el Señor, y tocar al Señor con un sentir interno apropiado. Esto nos mantiene en un contacto directo, fresco, íntimo y lleno de amor con el Señor. Algunas veces mientras usted está disfrutando al Señor de este modo, puede tener la sensación de que el Señor le habla. Entonces usted puede hacer silencio y escuchar lo que Él habla. Esto es tener comunión con Él. En diez minutos usted puede hacer muchas cosas, pero no trate de hacer demasiado. Use estos diez minutos principalmente para tener contacto directo con el Señor, entonces será avivado. Como usted ha sido avivado, cuando vaya al trabajo, irá con el Señor. De esta manera será victorioso todo el día.

Ya que tenemos tal práctica diaria, debemos ayudar a todos nuestros nuevos a hacer lo mismo. No piense que debido a que ellos fueron bautizados recientemente, no pueden tener una vigilia matutina, o un avivamiento matutino. Todos pueden tener un avivamiento matutino. Usted sólo necesita darles algunas instrucciones. Hemos descubierto que una buena manera de ayudar a que los nuevos desarrollen esta práctica es usar el teléfono. Usted puede animar a un nuevo a que tenga un tiempo de avivamiento matutino y explicarle lo que eso significa, igual que lo que yo he hecho en este mensaje. Luego, usted puede ayudarle a fijar un tiempo para esto. Muchas personas no se levantan temprano, así que usted quizá tenga que animarlas. Si el nuevo usualmente se levanta a las siete en punto, entonces usted le puede decir: "Si te levantas quince minutos más temprano, puedes tender tu cama, y luego te llamo a las siete menos diez. Luego podemos orar juntos por teléfono". Si así ustedes practican esto, podrían cuidar de dos o tres nuevos cada mañana. Ustedes también deberían tener comunión con ellos, y escoger un libro del Nuevo Testamento para leerlo completo en sus tiempos de avivamiento matutino. Cuando ustedes empiecen a ayudarles de esto modo, tal vez les parezca algo sin vida en cierto sentido. No obstante, después de uno o dos días, este nuevo será avivado y estará lleno de vida. No se preocupen si él es lleno de vida esta mañana, mañana por la mañana, o la mañana siguiente. Si ustedes son fieles en llamarlo cada mañana, con el tiempo, él será plenamente avivado. Por medio de nuestro ejemplo, él aprenderá a orar y a orar-leer. Si usted practica con él, él aprenderá. Si usted tiene un avivamiento matutino y una vida diaria vencedora, entonces podrá tomar la iniciativa de introducir a los nuevos en la misma práctica.

EL EJERCICIO Y LA PRACTICA DE LA MANERA ORDENADA POR DIOS

MENSAJE VEINTINUEVE

LA FORMACION DE LAS REUNIONES DE GRUPO

EL AVANCE EN EL ESTUDIO DE LA NUEVA MANERA DEL SEÑOR

En el otoño del 1984, cuando comenzamos a estudiar la nueva manera del Señor, comencé a hablar de las reuniones de grupo. En aquel entonces no hice distinción entre las reuniones de hogar y las reuniones de grupo, porque considerábamos esos términos como sinónimos. Gradualmente, a través de nuestro estudio y práctica durante los últimos años, hemos aprendido que debemos distinguir entre estas dos clases de reuniones. Las reuniones de hogar son para nutrir y cuidar con ternura a los recién bautizados en sus casas. Nutrirlos y cuidarlos así es igual que lo que hace una madre después de dar a luz un hijo.

Por otro lado, las reuniones de grupo son más avanzadas porque su propósito es perfeccionar a los nuevos creyentes Al principio de nuestro estudio en 1984, no entendíamos muy claramente la diferencia entre estas dos clases de reuniones. Ahora lo entendemos mejor. También esperamos que haya mucho mejoramiento en los días venideros.

LAS REUNIONES DE GRUPO COMO LA FORTALEZA DE LA IGLESIA

Las reuniones de grupo son cruciales para la vida de la iglesia. Sin las reuniones de grupo, la iglesia no puede ser muy fuerte ni crecer rápidamente. Si una iglesia local va a ser fuerte, debe ser edificada sobre las reuniones de grupo. Sin las reuniones de grupo, es difícil tener fruto que permanezca. Las reuniones de hogar tienen como su fin nutrir y cuidar con ternura a los nuevos creyentes en sus casas. Pero estas reuniones de hogar sólo sirven por un corto período de tiempo durante la etapa inicial de cuidar a los nuevos creyentes. Si hoy usted bautizara a algunos nuevos creyentes, el interés de ellos en recibir la nutrición y el cuidado en sus casas sólo duraría como seis meses. Si sigue teniendo reuniones de hogar sin tener reuniones de grupo, los nuevos creyentes dejarán de interesarse en reunirse con usted.

REUNIONES DE GRUPO EN CONTRASTE CON BUENOS ORADORES

La iglesia debe ser edificada sobre las reuniones de grupo. Conforme a la historia del cristianismo y también a la nuestra, la fuerza de una congregación se determina aparentemente por el orador. Si una congregación tiene un orador fuerte, mientras viva tal orador, la congregación es fuerte. Pero cuando el orador se va o muere, la congregación se empieza a debilitar. Esto es muy común en el cristianismo, y nosotros también hemos tenido experiencias parecidas. Cuando una iglesia tiene a un hermano que es un buen orador y él permanece en esa iglesia por un tiempo hablando regularmente, parece que la iglesia sube a la luna. Pero cuando ese hermano se va para estar en otro lugar, la iglesia rápidamente vuelve a descender a la tierra. Parecía que la iglesia era fuerte. Pero a través de muchas experiencias nos hemos dado cuenta de que no era la iglesia misma la que era fuerte; lo que era fuerte era el hablar o la predicación. El hablar no estaba muy relacionado con la verdadera fuerza de la iglesia misma.

La verdadera fuerza de la iglesia misma depende de las reuniones de grupo, no del orador fuerte. Si las reuniones de grupo están edificadas, tener o no tener un orador fuerte, no afectará la verdadera fuerza de la iglesia. Un buen orador y su buen hablar sólo agrega otra "corona" a la iglesia. Si la iglesia es fuerte, la iglesia será fuerte ya sea que tenga o no tenga un buen orador como corona.

Cuando estuve en Taipei desde 1949 hasta 1955, hablaba en casi todas las reuniones. Aparentemente, la iglesia en Taipei era fuerte, pero con el tiempo, descubrí que mi constante hablar debilitó a la iglesia allí. En Shangai, el hermano Nee tuvo una experiencia parecida. El hermano Nee era un orador fuerte, y cuanto más hablaba él en la iglesia en Shangai, más se debilitaba la iglesia. El factor de esa debilidad fue que no se edificaron las reuniones de grupo. Tal vez nos parezca que cuanto más hable un buen orador, tanto más se fortalecerá una iglesia. Puede ser así cuando una iglesia comienza a establecerse. Pero al pasar los años, esta clase de hablar debilita a la iglesia. El buen hablar de un orador es como la buena comida preparada en un restaurante. Si uno se alimenta de comida muy rica tres veces al día, por un largo período de tiempo, no estará muy sano. Se debe hacer énfasis, no en los buenos oradores, sino en las reuniones de grupo. Esto se debe a que en realidad la fuerza de una iglesia consiste en las reuniones de grupo, y la firmeza de las reuniones de grupo depende de nuestra labor.

TRAER A LOS NUEVOS CREYENTES A LAS REUNIONES DE GRUPO

Al comienzo de este ciclo del entrenamiento, les animamos a ustedes a que volvieran a las casas de los recién bautizados para reunirse con ellos en sus casas a fin de nutrirlos y cuidarlos con ternura. También les animamos a llevar a los nuevos creyentes a las reuniones de grupo, después de un cierto período de tiempo que no fijamos. Sin embargo, al comienzo de este período no les aconsejamos que formaran reuniones de grupo con los nuevos creyentes. Pero ahora, debido a la práctica de los meses recientes, nos hemos dado cuenta de que lo mejor es tratar de introducir a los recién bautizados en una reunión de grupo lo más pronto posible. Si no se ha establecido una reunión de grupo, usted debe formar una reunión de grupo con el creyente recién bautizado y los otros miembros de su equipo. Si el recién bautizado es un hermano, sería bueno regresar con, por lo menos, un hermano de su equipo. En cierto sentido, regresar para verlo es según el principio de una reunión de hogar, pero después de algún tiempo esa reunión de hogar debe convertirse en una reunión de grupo.

Primero, usted debe comenzar a nutrir y cuidar con ternura al nuevo creyente. Luego, debe comenzar a practicar las cosas de la reunión de grupo, tales como la comunión, la intercesión, el cuidado y el pastoreo. Si usted bautiza a personas de otras casas, debe tratar de reunirlas en este grupo lo más pronto posible. Si no los trae a las reuniones de grupo, después de unos cuantos meses, ellos perderán su gusto y su interés por las reuniones de hogar. La reunión de grupo volverá a despertar su interés. Regresar a alimentarlos en las reuniones de hogar puede compararse con la alimentación regular llevada a cabo por una madre. Después de algunos meses de alimentar regularmente al hijo pequeño, cuando la madre intenta amamantarlo, el hijo se pondrá travieso y rehusará comer. Le gustará jugar más que comer. Pero, si algunos otros niños son incorporados, el interés del hijo pequeño revive. El caso es igual con los nuevos creyentes en las reuniones de hogar. Si ustedes vuelven a visitarlos repetidamente, después de unos cuantos meses, ellos perderán su gusto de tener tales reuniones. En tal caso, la mejor manera de cuidar de los nuevos creyentes es reunir a otros nuevos creyentes con ellos en una reunión de grupo. Ellos comenzarán a platicar unos con otros y su interés será recuperado. Al ser agrupados, ellos también comenzarán a ser edificados con otros. Llegarán a ser como brazas encendidas juntas para formar y mantener un fuego caliente. Así que, esta clase de agrupación les será de gran provecho. Por lo tanto, si tomamos a pecho la nueva manera, debemos hacer todo lo posible por reunir a los recién bautizados para formar reuniones de grupo lo más pronto posible.

EL PROBLEMA DE VEJEZ
EN LAS REUNIONES DE GRUPO

El problema que existe entre nosotros hoy en día es que algunos de los grupos que han estado reuniéndose por varios meses están llenos de vejez. Les aconsejaría como personas que visitan las casas de los nuevos creyentes, que no los traigan a estas reuniones viejas. Estas viejas reuniones de grupo son como una familia china que ha emigrado a los Estados Unidos. Los mayores de la familia sólo pueden hablar chino, pero los hijos de la familia han aprendido a hablar inglés. Es difícil que los mayores cambien su idioma del chino al inglés. Pero para los jóvenes es muy fácil. Aunque los que son más jóvenes traten de enseñar a los mayores a hablar inglés, con el tiempo, los mayores seguirán prefiriendo hablar chino. Es lo mismo con las reuniones de grupo. Los mayores practican por costumbre según una manera vieja. Sin embargo, los que son más jóvenes sólo saben practicar según la nueva manera. No obstante, ellos pueden ser influenciados por los mayores. Es posible que los mayores no sean muy influenciados por lo nuevo de los nuevos creyentes, pero los nuevos creyentes podrían ser muy afectados por la vejez de los mayores. Esta clase de influencia es un problema en las reuniones de grupo; por lo tanto, es mejor tener dos clases diferentes de reuniones de grupo.

CAMBIAR DE LA VIEJA MANERA A LA NUEVA

La síntesis de la nueva manera, según entendemos, es que debemos edificar las reuniones de grupo. La necesidad de edificar las reuniones de grupo es muy urgente. Pero al edificar las reuniones de grupo, les aconsejo que tengan dos grupos, un grupo viejo y un grupo nuevo. Debido a que estamos en un período de transición, cambiando de la vieja manera a la nueva, es mejor y también necesario mantener estas dos diferentes clases de reuniones de grupo. La primera clase de reunión de grupo se compondría de santos que han estado reuniéndose en grupos por mucho tiempo. La otra clase de reunión de grupo es una que se forma de los recién bautizados. La primera clase de reunión se compone de santos que están totalmente de acuerdo con la nueva manera, pero que, debido a su hábito de practicar según la vieja manera, toman la nueva manera conforme a los pasos de la vieja manera. Toman la forma de la nueva manera, pero con el hábito de la vieja manera. Finalmente, tal práctica es nada más una repetición de la vieja manera. En muchas de las reuniones de grupo que ya existían, la vieja manera de reunirse se repitió sin que nadie supiera. No debemos anular estos grupos existentes; debemos tratar de ayudarlos. Gradualmente adquirirán algunos de los aspectos de la nueva manera.

La segunda especie de reuniones de grupo es la que resulta de ir como ovejas en medio de lobos (Lc. 10:3) para encontrar a los hijos de paz (v. 6). Si salimos regularmente, encontraremos a los escogidos. Ya que nos hemos dado cuenta de la necesidad de visitar a nuestros parientes, amigos, vecinos y otros conocidos, no es muy necesario que toquemos las puertas "frías". Sencillamente podemos hacer citas para visitar a nuestros parientes, amigos, vecinos y conocidos, y de entre éstos seguramente encontraremos unos que han sido escogidos por Dios. Cuando encontremos a los escogidos, los debemos formar en grupos lo más pronto posible.

FORMAR A LOS NUEVOS CREYENTES EN GRUPOS

Al formar a los nuevos creyentes en grupos, ustedes no necesitan esperar hasta que haya ocho o nueve. Podrían formar una reunión de grupo con un solo creyente que acaba de bautizarse, mas una o dos personas más que estén de visita. Entonces, poco a poco la reunión de grupo crecerá hasta llegar a ser suficientemente grande para dividirse. Ninguna reunión de grupo debe permanecer más de un año sin dividirse, así que cada año las reuniones de grupo deben duplicarse. De esta manera la iglesia crecerá y se extenderá. Al laborar así, aprenderemos muchos detalles que nos ayudarán a crecer y a mejorar nuestra práctica. En un término de tres a cinco años en todas las iglesias será puesto un buen fundamento para su crecimiento y extensión.

LAS REUNIONES DE HOGAR SE DESARROLLAN PARA LLEGAR A SER REUNIONES DE GRUPO

Mientras cuidamos a los nuevos creyentes, debemos aprender a hacer dos cosas a la vez. Al estar en las casas de los nuevos creyentes para alimentarlos, también debemos tratar de ayudarlos a comprender y a practicar la reunión de grupo. La reunión de hogar tiene como fin principalmente cuidar con ternura, nutrir y alimentar un poco a los nuevos creyentes. Pero la reunión de grupo tiene otros elementos, tales como la comunión, la intercesión, el cuidado, el pastoreo y la enseñanza mutua. Al estar con ellos, debemos tratar de añadir a la reunión de hogar estos elementos de la reunión de grupo. Cuando estos elementos son introducidos en la reunión, la reunión de hogar se convierte en una reunión de grupo. Pero esto no significa que hay que abandonar la reunión de hogar con su cuidado tierno, su nutrición y su alimentación. Todavía debemos cuidar a los nuevos creyentes según el principio de las reuniones de hogar. Pero mientras laboramos en las reuniones de hogar, también debemos laborar para edificar las reuniones de grupo. En realidad, una reunión de grupo también suplirá la necesidad de alimentar a los nuevos creyentes. La reunión de grupo en realidad es una miniatura de la vida de la iglesia porque incluye los elementos de comunión, intercesión, cuidado mutuo, pastoreo y enseñanza mutua, así como la predicación del evangelio.

LABORAR EN UN LUGAR NUEVO EN CONTRASTE CON LABORAR EN UN LUGAR VIEJO

Si mi esposa y yo, junto con cuatro hermanos más y sus familias, fuéramos a un lugar absolutamente nuevo, como por ejemplo Mongolia, creo que en un solo año, por medio de practicar la nueva manera, como mínimo podríamos ganar a treinta nuevos creyentes. Esto podría hacerse principalmente porque los mongoles no tendrían concepto alguno acerca de la práctica del cristianismo, y nosotros no les traeríamos nada de eso. Simplemente les predicaríamos el evangelio, los bautizaríamos y nos reuniríamos con ellos en reuniones de hogar y en pequeñas reuniones de grupo. Estaríamos absolutamente nuevos y no dejaríamos que les tocara nada de la vejez del cristianismo. Sin la frustración de opiniones y vejez, es posible ganar hasta quinientos en cinco años.

Debido a las frustraciones causadas por diferentes opiniones, se ha reducido mucho el resultado de practicar la nueva manera. Debido a las diferentes opiniones y a los ataques, mientras laboramos conforme a la manera ordenada por

Dios, con una mano debemos edificar y con la otra pelear contra el enemigo, tal como lo hizo Nehemías al reedificar los muros de la ciudad de Jerusalén (Neh. 4:17). A veces, sólo una pequeña parte de nuestra fuerza puede aplicarse a la obra positiva de llevar a cabo el mover del Señor, mientras que la mayor parte debe usarse para pelear. Esta es la naturaleza de la obra en un lugar viejo.

UNA VIDA Y UN VIVIR SANTOS PARA EL SACERDOCIO DEL EVANGELIO

El avivamiento matutino

Como sacerdotes neotestamentarios del evangelio, nosotros debemos tener una vida y un vivir santos. Esta vida santa y este vivir santo se mantiene al ser nosotros avivados cada mañana. Cada mañana debemos tener un nuevo comienzo. Pasar algún tiempo con el Señor cada mañana no significa que debamos pasar una gran cantidad de tiempo con el Señor. He practicado mucho y he encontrado que pasar aproximadamente diez minutos cada mañana con el Señor es suficiente. En este tiempo con el Señor, debemos rechazar todos los pensamientos molestos acerca de nuestras actividades. Esfuércese todo lo posible por no seguir en pos de su emoción, mente o voluntad. También es bueno no considerar muchas diferentes porciones de la Biblia durante este tiempo. Sólo concentre todo su ser en el Señor y trate de ejercitar su espíritu para invocar Su nombre. Debemos aprender a invocar Su nombre por la mañana. También es provechoso orar-leer dos o tres versículos usándolos como oración. No es necesario componer una oración; simplemente ore los versículos tal y como están. Durante estos diez minutos, es mejor evitar orar por otras cosas. En este tiempo, simplemente debemos hablar con el Señor directamente. Esta es la verdadera oración. Al tener contacto así con el Señor, algo en el ser de usted será avivado, su espíritu será animado, y usted será fortalecido para vivir una vida santa. Esto es el avivamiento matutino.

Si usted pasa más de diez minutos, puede pasar los diez primeros minutos en contacto con el Señor para ser avivado, y el tiempo adicional puede usarse para leer y estudiar la Biblia. En este tiempo de estudio es provechoso usar otras publicaciones para obtener una comprensión más completa de la Biblia. Esta segunda parte de su tiempo por la mañana es lo que llamamos la vigilia matutina. Comúnmente, en nuestro hablar combinamos el avivamiento matutino con la vigilia matutina. Pero es bueno separarlos, porque si usted sólo tiene un poco de tiempo cada mañana, debe tratar de tener un avivamiento matutino cada vez.

Una vida diaria vencedora

Después del avivamiento matutino, debemos ejercitarnos para mantenernos en el espíritu durante todo el día. Debemos actuar y hablar en nuestro espíritu. Esto es lo que significa vencer y ser victorioso. Durante el día, habrá muchos fracasos porque somos muy frágiles, inestables, indignos de confianza y poco firmes. Tal vez por la mañana subamos con mucha fuerza, pero para las diez de la mañana puede ser que ya hayamos descendido. Pero no es necesario permanecer en una condición baja. Siempre podemos ejercitar nuestro espíritu para volver al Señor. Luego debemos continuar la práctica de permanecer en nuestro espíritu por el resto del día. Esto es tener el avivamiento matutino y el vivir diario vencedor.

No sólo debemos ejercitarnos para tener nosotros mismos tal vida y tal vivir, sino que también debemos ayudar a cada uno de nuestros nuevos creyentes a tener la misma clase de vida y de vivir. Hemos aprendido que una manera muy conveniente de ayudar a los nuevos creyentes a ser avivados todas las mañanas es pasar algún tiempo con ellos por medio del teléfono cada mañana. Es mejor ponerse de acuerdo con ellos antes de llamarlos. Debido a la comodidad de hablar con los nuevos creyentes por teléfono, si nos levantamos un poco más temprano cada mañana, tendremos una manera fácil de cuidar a hasta tres personas.

CONCLUSION Y RESUMEN

Debemos practicar la manera bíblica de predicar el evangelio como sacerdotes del evangelio (Ro. 15:16). Este sacerdocio del evangelio se lleva a cabo por medio de entrenamiento. Los colaboradores y los líderes en las iglesias deben entender esto y laborar para entrenar a los santos a que practiquen el sacerdocio neotestamentario del evangelio. Debemos predicar el evangelio de una manera muy específica. Si practicamos este sacerdocio completa y cuidadosamente, tal vez obtengamos un aumento de cien por ciento cada año. Pero como mínimo, debemos poder lograr un incremento del treinta por ciento cada año.

El punto crucial de la manera ordenada por Dios es las reuniones de grupo. Cuánto éxito tengamos depende de cuánta atención y labor podamos dedicar a las reuniones de grupo. Por lo tanto, debemos esforzarnos por edificar las reuniones de grupo. Cuando las reuniones de grupo estén edificadas firmemente, la iglesia también estará muy firme.

EL EJERCICIO Y LA PRACTICA
DE LA MANERA ORDENADA POR DIOS

MENSAJE TREINTA

EL CRECIMIENTO Y LA MULTIPLICACION
DE LAS REUNIONES DE GRUPO

Lectura bíblica: He. 10:24-25; 2 Ti. 2:2; Ef. 4:11-12

En este mensaje continuaremos la comunión con respecto a las reuniones de grupo. Todos debemos ver que las reuniones de grupo son todo-inclusivas. Constituyen más de un ochenta por ciento de la vida de la iglesia. Si las reuniones de grupo de una iglesia no son fuertes, esa iglesia nunca podría ser muy fuerte. La condición de una iglesia está íntimamente relacionada con las reuniones de grupo. Sin las reuniones de grupo, una iglesia se estancará y perderá su frescura. Dar mensajes a una gran congregación tal vez ayude un poco a los santos, pero para que la iglesia esté viva, fresca, alta y rica, debemos tener reuniones de grupo conforme a la manera ordenada por Dios.

FLEXIBLES EN PRACTICAR
LA MANERA ORDENADA POR DIOS

En el entrenamiento de tiempo completo, les he dado muchos puntos prácticos con respecto a los tres primeros pasos de la manera ordenada por Dios. Estos puntos son el resultado de mucha experimentación en nuestros entrenamientos de tiempo completo y también han sido confirmados por la experiencia de algunas de las iglesias. No obstante, ustedes no deben practicar estos puntos de modo legalista. Deben ser muy flexibles en la manera en que practiquen estos pasos.

Que seamos flexibles da al Señor la manera de llegar a todos los que le buscan. Recientemente oí varios testimonios de nuevos creyentes que habían tenido contacto con los santos que practicaban la nueva manera. Los santos se habían puesto en contacto con al menos dos de éstos por medio de hacer llamadas sacando números del directorio telefónico. Otros dos habían estado esperando que algunos cristianos se pusieran en contacto con ellos para llevarlos a una iglesia. Mientras pensaban en eso, algunos santos tocaron a su puerta. Hay una cantidad de casos como éste. Por medio de todos estos testimonios podemos ver cómo el Espíritu Santo está obrando hoy en muchas personas vagantes.

En los Estados Unidos hoy en día, hay muchas personas vagantes. Aunque exteriormente estén establecidas, no tienen meta, o destino, para sus vidas. Estas personas siempre anhelan tener un amigo que les pueda ayudar. Nosotros los podemos ayudar. Ellos no tienen destino, pero nosotros sí. Ellos no tienen meta en sus vidas, pero nosotros podemos darles una meta. Si no salimos, ¿cómo podremos encontrar a estas personas? La humanidad ha llegado a ser una manada de lobos, pero hoy, al final de la época, hay muchos hijos de paz entre estos lobos (Lc. 10:3, 6), que están esperando a que nos pongamos en contacto con ellos. Si no salimos para tener contacto con ellos, ¿cómo los podremos encontrar? Cuando el Señor visitó a Zaqueo, El dijo: "El Hijo del Hombre vino a buscar y a salvar lo que se había perdido" (Lc. 19:10). El Señor salió con cierto propósito, el de encontrar Sus ovejas perdidas. Si tenemos la intención de encontrar las ovejas perdidas del Señor, nosotros también debemos salir.

Sin embargo, cuando salimos para visitar a la gente, no debemos ser muy legalistas. No digan: "El hermano Lee nos dijo que primero debemos visitar a nuestros parientes cercanos, luego a nuestros vecinos, luego a nuestros compañeros de clases, y así sucesivamente. Así que, no debemos ponernos en contacto con esta persona porque no es pariente ni vecino". Esto es demasiado legalista. El Espíritu es como el viento. No sabemos en qué dirección soplará, pero cuando El sopla, debemos ser flexibles en seguirlo. Mientras guardemos el principio de que nosotros quienes amamos al Señor debamos salir a visitar a la gente para llevarles el evangelio, podemos ser flexibles en todo aspecto.

LAS REUNIONES DE GRUPO SON UNO CON LA IGLESIA

Tan pronto como sea posible, ustedes deben comenzar a reunir a los creyentes recién nacidos en reuniones de grupo. Si no tienen un número suficiente de nuevos creyentes, pueden tener una reunión de grupo más pequeña; de dos o tres sería suficiente. Si bautizaron a uno anoche, pero su esposa todavía no ha sido bautizada, dos de ustedes pueden regresar a su casa esta noche para reunirse con él. Si su esposa se reúne con ustedes, podrán tener una buena reunión de grupo con sólo cuatro personas. Mientras ganan más nuevos creyentes, su reunión de grupo puede crecer.

En principio, hay ciertos elementos que debemos tener en las reuniones de grupo. En primer lugar debemos tener comunión, intercesión, el cuidado mutuo y el pastoreo. Luego, debemos pasar a ser enseñados y perfeccionados por medio de enseñarnos mutuamente. Para promover o iniciar la enseñanza mutua tal vez sea necesario hacer una pregunta apropiada. Cada uno tiene la responsabilidad y hay que dar a cada uno la libertad de enseñar en la reunión de grupo, por medio de preguntarse y contestarse mutuamente. Enseñar así en mutualidad resulta en el perfeccionamiento de los santos. Cada uno enseña y también es enseñado. Cada uno perfecciona y también es perfeccionado.

Además, ustedes tienen que promover lo que la iglesia está practicando. Si la iglesia se está esforzando para animar a todos los santos a tener un tiempo de avivamiento matutino y a vivir una vida diaria en la victoria de Cristo, ustedes también deben promover estas cosas en la reunión de grupo. Deben ayudar a todos los que están en su reunión de grupo a tener la práctica de guardar un tiempo de avivamiento matutino a fin de vivir una vida diaria en la victoria de Cristo.

Los beneficios de una pequeña práctica espiritual tal como el avivamiento matutino no se puede medir según los sentimientos de uno mismo. Por una parte, es posible que su tiempo de avivamiento matutino sea mejor que lo que el apóstol Pablo experimentó, pero por otra, puede ser peor que un avivamiento matutino de un nuevo creyente. Pero no importa si es mejor o peor que el de otros, mientras usted tenga un tiempo de avivamiento matutino con el Señor, eso es maravilloso. El verdadero valor de cierta comida no se puede medir por el sabor. Tal vez usted aprecie cierto tipo de comida, pero yo no. Sin embargo, no importa si usted aprecia cierto tipo de comida o no, mientras lo coma tres veces al día, será sostenido.

Puede ser que sus experiencias de tener avivamiento matutino estén en niveles diferentes, pero a pesar del nivel, son mucho mejor que no pasar ningún tiempo en absoluto. Algunas mañanas tal vez tenga prisa y no tenga diez minutos. Puede ser que sólo tenga tiempo para orar: "Señor, quiero ser avivado por Ti. Oh Señor Jesús, avívame Señor, tengo que irme. Lo siento que no tenga tiempo para quedarme aquí contigo". A veces he tenido que hacer esto, sin embargo esto ciertamente es mucho mejor que nada.

Debemos hacer todo lo posible por tener un tiempo de avivamiento matutino cada día. Si no tenemos diez minutos, al menos podemos tener un poco de tiempo para tener contacto con el Señor. Sin duda cada uno de nosotros, por muy ocupados que estemos, puede encontrar medio minuto en la mañana para hablar con el Señor. Ciertamente recibiremos algo. Debido a que he tenido tan poco tiempo, he tenido varios avivamientos matutinos así. Pase lo que pase, nunca debemos dejar de tener un tiempo de avivamiento matutino. Es el salvavidas para todos los santos.

En las reuniones de grupo, ustedes deben hacer lo que la iglesia está haciendo. Debido a que todas las iglesias están en condiciones diferentes y en situaciones diferentes, es posible que promuevan diferentes cosas en diferentes tiempos. Las reuniones de grupo siempre deben seguir la dirección de la iglesia. Si la iglesia está animando a los santos a salir a visitar a la gente para predicarles el evangelio, entonces en la reunión de grupo ustedes también deben promover esta práctica. Pueden pedir a los santos que lean Juan 15:16 en la reunión, y luego tener comunión con ellos con respecto a salir para llevar fruto. Si promueven esto, cuatro de cada diez saldrán para predicar el evangelio. Después, será necesario promover las reuniones de hogar para cuidar de los nuevos creyentes, y luego promover las reuniones de grupo a fin de perfeccionarlos.

DIVIDIR LAS REUNIONES DE GRUPO PARA TENER EL AUMENTO

En la reunión de grupo, nunca debemos sentirnos contentos con tener el mismo número de asistentes semana tras semana. Tal vez nos parezca que quince es un buen número para la reunión de grupo, pero no debemos estar contentos con esto. Debemos tener comunión con los hermanos y hermanas de la reunión de grupo, diciéndoles que todos debemos tener la carga de ver que nuestro grupo crezca. Tal vez hablemos a cierto hermano diciéndole: "Cerca de tu casa hay varios santos que están en el recobro. Tal vez puedas visitar a uno de éstos y traerlo a nuestra reunión de grupo la próxima semana".

Si un grupo de quince se ha reunido por unos cuantos meses sin ningún aumento, puede ser que necesiten dividirse en dos grupos. Luego estos grupos más pequeños se esforzarán para ganar a otros y crecerán. Es posible que algunos teman que dividir un grupo así hará que algunos se pierdan. Sin embargo, les aseguro que lo que se perderá será pequeño en comparación con lo que se ganará. No obstante, antes de dividir a los quince, ustedes deben dedicar dos o tres semanas para tener comunión con ellos para prepararlos. Luego, cuando los dividan en dos grupos, dentro de sólo dos semanas, es posible que cada grupo tenga diez o doce.

Después de que los santos han estado en la misma reunión de grupo por algún tiempo, puede ser que no quieran separarse. Los abuelos quieren guardar consigo para siempre a sus hijos y a sus nietos. Sin embargo, no me gusta eso; me gusta la propagación. Dejen que los hijos se esparzan. Entonces crecerán, establecerán sus propias casas y criarán familias. No hagan que sus hijos se queden con usted por mucho tiempo. La Biblia nos dice que cuando alguien se case, él debe dejar a sus padres y unirse a su esposa (Gn. 2:24; Ef. 5:31). Usted debe dejar que los santos se vayan para formar sus propias familias, es decir, para formar sus propios grupos. En principio, una reunión de grupo debe dividirse después de seis meses, o al máximo un año. Si ustedes practican esto, inmediatamente verán el crecimiento, el aumento.

UNA PALABRA PARA LOS QUE ESTAN EN EL ENTRENAMIENTO DE TIEMPO COMPLETO

Varios de los que están en el entrenamiento no volverán para el segundo término de entrenamiento. Esto es glorioso porque se han graduado y pueden regresar a sus lugares. Adondequiera que vayan, pueden ser una bendición. El Señor prometió a Abraham que su simiente sería una bendición a todas las naciones (Gn. 12:3). Espero que los que regresen después de este término sean una bendición para sus iglesias. Que sean una bendición o no depende de la manera en que se conduzcan.

Me gustaría compartir algunos puntos para ustedes que van a volver a sus iglesias después de recibir algún entrenamiento en la práctica de la manera ordenada por Dios. Cuando regresen, no prediquen la nueva manera y no la promuevan entre los santos. Cuando la gente les pregunte acerca del entrenamiento de tiempo completo, deben restringirse al contestar. No digan: "¡El entrenamiento fue glorioso! Déjame decirte todo lo que aprendí". Si usted está tan emocionado en su hablar con respecto al entrenamiento, tal vez causará problemas. Si yo fuera usted, sólo diría: "El entrenamiento estuvo muy bonito". No obstante, a algunos santos les gusta ser el "centro de información" de la iglesia. No serán satisfechos con tal respuesta. Sin embargo, es posible que otros se preocupen genuinamente por lo que le interesa al Señor. Usted debe ser sabio y contestar conforme a su discernimiento. Tiene que discernir si esta persona es una persona a quien se le pueda decir más.

La primera vez que asista a una reunión, tal vez los ancianos le pedirán que dé un informe acerca del entrenamiento. Usted debe tener cuidado. Si no lo hace, los ofenderá. Si lo hace de modo incorrecto, causará problemas. Por lo tanto, tiene que aprender a hablar la palabra correcta en momento propicio. Al hablar, debe discernir el ambiente, para determinar si es bueno hablar más o no. Si no, puede terminar su hablar de modo cortés. Sea paciente; si no puede hablar algo hoy, habrá un mañana.

No predique ni promueva nada; sencillamente viva la nueva manera. Ha recibido ayuda del entrenamiento. Ahora, regresa y ore al Señor. Creo que el Señor le dará uno o dos compañeros. Puede tener comunión con estos compañeros; y ustedes dos o tres pueden salir para salvar a sus parientes y vecinos. Si usted practica de tal manera, nunca ocasionará ninguna clase de oposición. Sencillamente salgan para visitar a la gente para salvarlos y bautizarlos. Luego, regresen a sus casas para cuidarlos con ternura, nutrirlos y alimentarlos de modo que crezcan. Cuando los llevan a las reuniones de la iglesia, los ancianos y todos los santos estarán contentos de ver a algunos nuevos creyentes. Ustedes también deben animar a los nuevos creyentes a que den testimonios en las reuniones. Ver nuevas caras y oír nuevas voces en la reunión realmente refresca a la gente. Se darán cuenta de que éstos son el fruto de ustedes, no obstante ustedes deben tener cuidado en su hablar. No se jacten ni vindiquen la nueva manera; más aún, no critiquen nada de lo que la iglesia está haciendo ni que haya hecho en el pasado. Eso mataría a la iglesia. No anuncie lo que está haciendo. Sencillamente labore calladamente e incluso un poco escondido, como sacerdote neotestamentario del evangelio, conforme a lo que ha aprendido.

Puede ser que algunos de los santos se interesen en lo que está haciendo. Si otros le preguntan qué está haciendo, no los rechace. Rechazarlos es oponerse a ellos. Simplemente dígales que a veces sale con uno o dos otros para visitar a la gente y predicarles el evangelio. Otra vez, necesita discernimiento para saber cuánto debe decirles.

Muchas veces experimentará frustración en su obra, pero tiene que creer que todas las cosas están bajo la soberanía del Señor. Cada frustración le ayuda. No diga nada ni haga nada rápidamente. Siempre trabaje de modo gradual, poco a poco, creyendo que en cualquier cosa que usted haga, si es del Señor, el Señor lo realizará. Si usted hace esto, el Señor lo guiará, y usted no causará problemas. Si tiene problemas, estamos dispuestos a ayudarlo. Puede escribirnos. Esta clase de comunión será de provecho para todas las iglesias.

En principio, cualquier cosa que usted haga debe ser pacífico y totalmente positivo y provechoso para los santos y la iglesia. Nunca debe tratar de destruir nada. Aprenda a ser sabio, a ayudar a la gente y a evitar causar problemas. Por el comportamiento apropiado de usted, después de dos meses, incluso una persona que no está de acuerdo con la nueva manera será convencida. No piensen que los hombres no pueden ser cambiados; muchos cambiarán de opinión.

En este ciclo del entrenamiento, no pudimos tratar el cuarto paso de la manera ordenada por Dios, es decir, profetizar para la edificación directa del Cuerpo orgánico de Cristo. No obstante, tenemos la intención de tratar este asunto en el segundo ciclo del entrenamiento; y creemos que todos esos mensajes estarán disponibles a los santos como lo han estado éstos. También les quiero animar a conseguir una copia del libro *Profetizar en las reuniones de la iglesia para la edificación orgánica de la iglesia del Cuerpo de Cristo*. Este es un libro de bosquejos detallados que fueron recopilados de todos los mensajes que he dado con respecto al asunto de profetizar durante los últimos tres años. Si ustedes leen estos bosquejos, leyendo punto tras punto lenta y cuidadosamente, con mucha consideración, recibirán mucha ayuda. Otro libro que me gustaría recomendarles es *The Advance of the Lord's Recovery Today* [El avance del recobro actual del Señor]. Este libro habla en detalle de los cuatro pasos principales de la manera ordenada por Dios. Uno puede recibir mucha ayuda de estas publicaciones con respecto al asunto de profetizar.

Una cosa de la cual he hablado mucho en el pasado, pero la cual no he tratado en este ciclo del entrenamiento, es el asunto de hablar los himnos, salmos y cánticos en las reuniones. Hablé a fondo de este tema en febrero del 1988, al comienzo del primer ciclo del entrenamiento de tiempo completo en Irving, Tejas. Para suplir esta deficiencia, recomiendo que estudien otro libro de bosquejos: *Hablar poemas en las reuniones de la iglesia para la edificación orgánica de la iglesia como el Cuerpo de Cristo*. La palabra *poemas* que se emplea en este título se refiere a los salmos, los himnos y los cantos que se usan en las reuniones de la iglesia. Espero que lean estos bosquejos cuidadosamente y que luego comiencen a tener la práctica de hablar los himnos, salmos y cantos en las reuniones de la iglesia para la edificación orgánica del Cuerpo de Cristo.

EL EJERCICIO Y LA PRACTICA DE LA MANERA ORDENADA POR DIOS

MENSAJE TREINTA Y UNO

UNA PALABRA DE CONCLUSION

El propósito de los mensajes de esta serie es entrenarnos para ser cristianos apropiados e incluso seres humanos apropiados. Tenemos que asir y apreciar la oportunidad que tenemos ahora y redimir el tiempo para ser entrenados y edificados. Muchos estudiantes asisten a la misma escuela, la misma clase y hasta tienen el mismo profesor. Sin embargo, el resultado de la escuela depende de la labor del estudiante.

A fin de ser cristianos apropiados tenemos que, primeramente, ser edificados con las verdades divinas, el conocimiento bíblico según la manera divina. También tenemos que ser edificados con la vida divina, la vida de Dios, que es Dios mismo en Su Trinidad divina y en Sus procesos. Tenemos que conocerle a El, experimentarle y disfrutarle. Si le conocemos, le experimentamos y le disfrutamos, le poseeremos y podremos ministrarlo al mundo perdido. Por último, tenemos que conocer la iglesia y ser introducidos en la práctica apropiada de la vida de la iglesia. Hemos pasado por muchos conflictos en la iglesia, pero todavía estamos aquí. Por un lado, esto es debido a la misericordia y la gracia del Señor. Por otro lado, es debido al conocimiento apropiado de la verdad en cuanto a la iglesia como Cuerpo de Cristo y a la verdad acerca de la práctica apropiada de la vida de la iglesia. Este conocimiento apropiado nos ha preservado a muchos de nosotros.

SER EDIFICADOS EN NUESTRO CARACTER

Tenemos que ser edificados como seres humanos apropiados. Este es un asunto de nuestro carácter, esto es, nuestro comportamiento y nuestro hábito. Una persona que ha sido edificada adecuadamente es una persona correcta con el carácter correcto. Hoy en día, muchos jóvenes han sido dañados con respecto a su carácter. Es por eso que tenemos una labor entre los niños. Necesitamos formar el carácter de nuestros niños. Desde su juventud ellos deben aprender a honrar a sus padres, amar a sus hermanos y hermanas, y respetar a los demás. No necesitamos darles a los jóvenes mucho conocimiento de la Biblia. Debemos más bien edificarlos con la ética y la moral adecuadas que constituyen un carácter apropiado. Muchas personas hoy en día carecen de tal entrenamiento apropiado.

Al dormir, al levantarnos, al vestirnos, en fin, en cada detalle de nuestra vida, debemos ser muy estrictos para desarrollar un buen carácter. Tenemos que ser puntuales y aprender a ocuparnos aun de las cosas pequeñas en una manera apropiada. Tenemos que ser estrictos al hablar. Tenemos que saber qué decir cuando hablamos a otros; no debemos ser descuidados y ligeros al expresarnos. Todo asunto relacionado con nuestra vida debe estar en orden.

Aprender a someternos a la autoridad

Es una bendición que los jóvenes estén bajo autoridad. Es una vergüenza que la ambición, el deseo de estar por encima de otros, todavía exista en la vida de la iglesia. Casi todos los disturbios ocurridos en el recobro del Señor se deben a la ambición. Si "la ardilla terrestre" de la ambición pudiera ser eliminada, no habría más conflictos. Es horrible que uno considere que puesto que es mayor que otros, no puede estar sometido a ellos. No importa quiénes seamos o cuán viejos estemos, tenemos que aprender a estar bajo otros. Cuando estamos sujetos a alguien, debemos aprender a consultarle antes de hacer ciertas cosas. En cambio, aquellos que están sobre nosotros serán instruidos por aquellos que están por encima de ellos. En esta forma todos aprenderemos algo. No debemos pensar que somos tan libres que podemos hacer lo que nos place. Si no mantenemos el orden entre nosotros, estaremos en un caos.

Desde mi juventud, siempre he estado sujeto a alguien. En esta forma he aprendido mucho y he recibido ayuda. Estuve en el ministerio del Señor con el hermano Nee durante dieciocho años. En ese transcurso de tiempo nunca hice nada de mí mismo. Siempre estuve sujeto a él. Nunca me arrepentiré de esto. Al contrario, adoro al Señor porque estuve sujeto a ese hermano. El hermano Nee era apenas dos años mayor que yo. Sin embargo, yo siempre lo traté como a un padre, y recibí mucha ayuda de él. Es difícil que aquellos que son rebeldes aprendan algo. La rebeldía priva a la gente de las oportunidades de aprender. Ningún niño puede aprender nada si es rebelde en contra de sus padres. De la misma manera, un estudiante que se rebela contra su maestro en la escuela, difícilmente aprenderá alguna lección. Todo estudiante tiene que agradar a su profesor para que éste esté contento de enseñarle. Nada es tan bendecido como la sumisión. Tenemos que aprender a someternos a alguien más, según el arreglo de Dios.

Aprender las lecciones de la vida interior

Cuando yo era joven, aprendí la lección de no tocar nada que no fuese mí sin pedir permiso antes. Uno de los ancianos en Shangai instruía siempre a los jóvenes en cuanto a esto. Cuando él tocaba a la puerta de alguien, esperaba a que alguien abriera. Cuando la puerta se abría, él no entraba a la casa hasta que se le invitara a hacerlo. Luego, una vez en la casa, él se quedaba de pie hasta que se le dijera que se sentara. Este hermano aprendió las lecciones de la vida interior en un alto grado. Finalmente, su firmeza en la vida interior fue manifiesta. En un sólo día los comunistas encarcelaron a mil de los hermanos encargados por todo el país, incluyendo a este hermano. Muchos de los hermanos, con el tiempo dejaron de ser fieles al Señor. Los comunistas hablaban en una manera muy sutil, diciendo que ellos no perseguían a la iglesia. Ellos sólo pedían que los hermanos dijeran que ellos creían en Jesucristo, pero que no seguían a Watchman Nee. Los ponían a prueba preguntándoles si ellos creían que Watchman Nee estaba siempre en lo correcto y nunca cometía errores. Al principio, los hermanos no respondían a este tipo de interrogatorio. No obstante, con el tiempo les decían a los interrogadores que ellos pensaban que el hermano Nee se había equivocado en ciertas cosas. Después de hablar de esta manera se les permitía regresar a sus hogares. Este hermano de Shangai, sin embargo, había aprendido las lecciones estrictas de la vida, y había enseñado a otros a seguir siempre su sentir interior. El les dijo a sus interrogadores que, como cristiano, su sentir interior no le permitía decir nada negativo acerca del hermano Nee. Dijo que si el hermano Nee estaba errado o no, no era asunto de su competencia. Este hermano fue dejado en prisión hasta su muerte medio año después. Los otros hermanos eran buenos santos, pero con el tiempo, cuando vino la prueba, la mayoría de ellos no pudo resistir debido a que no habían formado un carácter firme. También nosotros podemos pensar que estamos en lo correcto, pero es posible que no hayamos formado un carácter estricto. Este asunto de desarrollar el carácter no es algo insignificante.

VISITAR A OTROS PARA LLEVARLES EL EVANGELIO SEGUN SE NOS HA ENTRENADO

Necesitamos formar el hábito de visitar a otros en sus hogares para llevarles el evangelio, y tenemos que aprender la manera apropiada de visitarlos. Esto debería ser parte de nuestra vida de iglesia y un hábito de por vida de nuestra vida cristiana. Primero deberíamos visitar a otros con el fin de predicarles el evangelio, para que sean bautizados, y después de esto deberíamos continuar visitándolos para tener reuniones de hogar con ellos. La manera en la cual visitamos a las personas hace una gran diferencia. Necesitamos visitarlos de una manera apropiada y entrenada. Muchos santos tienen un deseo sincero de visitar a la gente, pero salen de una manera natural. Yo ayudé a recopilar nuestro himnario de más de mil himnos, sin embargo, ni siquiera puedo tocar el piano debido a que nunca fui entrenado por un maestro apropiado. Del mismo modo, nosotros podemos practicar diligentemente el visitar a la gente para predicarle el evangelio, pero tal vez no lo estemos haciendo según se nos ha entrenado.

Cuando visitamos a las personas con el evangelio, debemos observar nuestra proporción de éxito, cuántas puertas tocamos para poder bautizar a una persona. También necesitamos considerar la manera en que podemos cuidar de los recién bautizados. Después de que son bautizados, necesitamos darles una buena lección en cuanto a la salvación. No hacer esto creará un gran vacío en nuestro cuidado para con ellos. Al visitar a la gente debemos también programar nuestro tiempo adecuadamente. Después de bautizar a los nuevos necesitamos cuidarlos, pero al mismo tiempo quizá sea necesario que sigamos tocando más puertas para bautizar a otros. Si nuestra práctica es apropiada, nuestra visita a la gente no será en vano. Siempre ganaremos personas.

A fin de predicar el evangelio en la mejor manera, tenemos que ser aquellos que se interesan en la gente. Nos tiene que gustar hablarle a la gente, pero no a modo de chisme, y debemos tener mucho interés en las personas. Entonces, por la causa de la predicación del evangelio, tenemos que aprender a ser personas atrayentes. Los cristianos que predican y ministran a Cristo, tienen que ser atrayentes. Cuando entramos en la casa de las personas, ellas deben ser atraídas por nosotros. Algunos de nosotros quizá seamos buenos santos, pero tal vez no seamos atrayentes. Cuando entramos en un hogar, las personas del lugar tal vez se espanten de nosotros y es posible que no quieran tener nada que ver con nosotros. Si somos así, estamos acabados en cuanto a la predicación del evangelio. Una piedra preciosa es valiosa, pero puede no ser atractiva. Para Cristo debemos ser piedras preciosas, pero para aquellos que visitamos debemos ser un "imán" para atraerlos. Debemos ser atrayentes no sólo en nuestras palabras, sino también en la forma en que miramos a la gente. Debemos ser delicados y cálidos con los demás.

LA NECESIDAD DE ENTRENAMIENTO EN EL RECOBRO DEL SEÑOR

En los siglos pasados el Señor no ha obtenido completamente lo que El ha deseado. En nuestra juventud nos dimos cuenta de esto, y llegó a ser una carga para nosotros. Habíamos recibido revelación de toda la Biblia, y no podíamos negar que el Señor nos había mostrado algo, Sin embargo, en ese tiempo no pudimos llevar a cabo lo que el Señor nos había mostrado. A principios de los años sesenta vine a los Estados Unidos y tenía la carga de parte del Señor de permanecer aquí para ministrar y liberar la verdad. Durante varios años visité muchos lugares para ponerme en contacto con aquellos que buscaban más de Dios. El Señor honró esto, y las iglesias empezaron a ser levantadas. Entonces me di cuenta de que debíamos tener conferencias y entrenamientos para que la verdad que está en la santa Palabra se divulgara en forma consecutiva, y desde 1974 hasta la fecha, hemos tenido dos entrenamientos anualmente.

Después de que terminamos el estudio-vida del Nuevo Testamento en 1984, consideré que necesitábamos ver la nueva manera del Señor en cuanto a reunirnos y servir en la iglesia. Para ese tiempo nuestra situación y nuestra práctica en la iglesia habían perdido su frescura y habíamos llegado a un punto de estancamiento. Estudiamos nuestra situación, y consideramos que necesitábamos un entrenamiento con el propósito de que un grupo de santos se levantara a fin de practicar la manera ordenada por Dios para la iglesia. En febrero de 1986 tuvimos una reunión urgente con los colaboradores y los ancianos en la cual presenté mi sentir en cuanto a nuestra necesidad. Teníamos la carga de "sonar la trompeta" para hacer un llamado a que algunos voluntarios lucharan por el pueblo de Dios. No esperábamos que todos los santos en el recobro del Señor adoptaran la nueva manera, y ni se nos ocurrió que aquellos que no tomaran esta nueva manera, no serían parte de la iglesia. Sea que uno siga este camino o no, de todos modos está en la iglesia. Lo único que pedíamos era que aquellos que no tomaran esta manera, no la criticaran ni se opusieran a ella.

Desde el mismo principio del recobro del Señor entre nosotros, el hermano Nee se dio cuenta de que existía la necesidad de entrenamiento, pero cada vez que él empezaba un entrenamiento, el enemigo se venía al ataque. En 1936 el hermano Nee construyó una casa en un suburbio de Shangai con el propósito de tener entrenamientos allí. No obstante, inmediatamente después de la terminación de esta obra, Japón invadió a China y la casa fue destruida. Cuando el hermano Nee una vez más intentó tener un entrenamiento a comienzos de los años cuarenta, el enemigo atacó de nuevo y se suscitó un conflicto en la iglesia en Shangai. Esto hizo que el hermano Nee suspendiera su ministerio por seis años. En 1948 el hermano Nee prosiguió con su ministerio y tuvo una conferencia en su pueblo natal por dos ocasiones. En ese tiempo, sin embargo, llegaron los comunistas y acabaron con el entrenamiento, y confiscaron los edificios usados para tal fin. En Taipei empezamos a tener un entrenamiento en cuanto a la nueva manera en agosto de 1986. Sólo después de poco más de mes y medio, comenzó la crítica del entrenamiento por parte de un visitante. Más tarde, la crítica se esparció a los Estados Unidos, llegando hasta los opositores, y éstos se dieron a atacarlo. Con el tiempo, el ataque se convirtió en destrucción. El entrenamiento se volvió el blanco de los ataques del enemigo debido a que este tipo de entrenamiento es un factor crucial para derrotar al enemigo. Estoy muy agradecido con el Señor porque me ha dado la carga de llevar a cabo el entrenamiento en el recobro del Señor.

El entrenamiento en el recobro del Señor es muy crucial, y nosotros tenemos que tomar la carga de orar por él. Sin entrenamiento, la iglesia no puede ser prevaleciente. Debido al entrenamiento varios santos que han estado en la vida de la iglesia por un corto período de tiempo han estado creciendo rápidamente. Sin embargo, sin entrenamiento, todos nosotros podemos ser cristianos comunes y corrientes, que simplemente asisten a las reuniones año tras año. Ser entrenado hace una gran diferencia en nuestra vida cristiana. Después de varios meses de entrenamiento, nunca seremos los mismos. Las reuniones regulares de la iglesia nos ayudan sólo en una manera general. El entrenamiento, no obstante, nos ayuda en una manera específica. Ser entrenados es llegar a ser más útiles en las manos del Señor.

La iglesia como ejército es entrenada para luchar por el reino

La Biblia compara la iglesia con un ejército (Ef. 6:11-20; Ap. 19:14), y un ejército se compone de soldados. Sin entrenamiento los soldados no podrían formar un ejército. A los enemigos de un país nunca les gusta ver que ese país forme un ejército. A Satanás no le gusta la iglesia como ejército. Debido a eso, ha sido toda una batalla el tener un entrenamiento en el recobro del Señor.

El propósito del mover del Señor en la tierra es el establecimiento de Su reino. Para establecer un reino es necesario pelear. Después de ser entrenados, llegamos a ser los guerreros, los "soldados" que luchan en pro del reino de Dios. Según el libro de Números, Israel fue formado como un ejército a fin de que Dios estableciera el reino en la buena tierra (Nm. 1:2-3, 45). Sin la formación del ejército, el reino no podría ser establecido. La lucha de los israelitas introdujo el reino de Dios.

Si es posible, todos aquellos de entre nosotros que se gradúen de la universidad, hermanos y hermanas, no deberían conseguir un trabajo inmediatamente después de su graduación. Deberían, más bien, invertir uno o dos años para ser entrenados y luego hallar un trabajo. Cualquier persona que sea entrenada en esta manera, será un soldado. Algunos países practican el entrenar a los jóvenes en el servicio militar después de que se gradúan. Después de ser entrenados, los jóvenes pueden encontrar trabajo, pero cuando el país tiene necesidad, todos los entrenados pueden ser llamados de nuevo para formar un ejército.

La necesidad de sabiduría y discernimiento después de ser entrenados

Al pelear se requiere sabiduría. Una vez que hemos sido entrenados, debemos hacer todo con mucho discernimiento;

no debemos pelear neciamente. Para tocar a las puertas de las personas con el fin de predicarles el evangelio se requiere mucho discernimiento, y para hablarles a otros en sus hogares también se requiere discernimiento. A fin de poder discernir necesitamos ejercitar nuestra sabiduría. La sabiduría está relacionada con Dios, y es mayormente un asunto del espíritu. Para tener sabiduría tenemos que tener a Dios, y cuanto más de Dios tenemos, más sabiduría tenemos. Tenemos que ponernos en contacto con Dios y permanecer con Dios a fin de tener sabiduría para nuestro discernimiento.

Todas las iglesias locales son muy buenas; están en el recobro del Señor y están en pro del recobro del Señor. No obstante, la condición de las diferentes iglesias no es la misma, y la condición de los diferentes santos no es la misma. Tenemos que ser sabios para discernir la condición de la iglesia y de los santos en nuestra localidad. La manera en que toquemos a la iglesia y a los santos no debe ser según nuestra preferencia sino según la situación de ellos. Algunas veces tener contacto con los santos es como pisar un terreno peligroso, que requiere que tengamos mucho cuidado, y que andemos con discernimiento. Los santos que están en las iglesias no son nuestros "entrenandos". Más bien, pueden ser nuestros padres y madres espirituales. Debemos ser tiernos como corderos en nuestra relación con ellos. De este modo, seremos útiles a todos. No le haremos daño a nadie, y no causaremos problemas. No obstante, no debemos decir que no vamos a hacer nada para no causar problemas. Esto no es la manera en la que hemos sido entrenados. Estamos siendo entrenados para ser útiles, para hacer algo para el Señor, pero sin causar problemas. Tenemos que ser tan útiles como podamos, tan útiles como lo permita la soberanía del Señor, y como la gracia nos capacite, tomando toda oportunidad de ser usados por el Señor, pero sin hacerle daño a nadie.

PREGUNTAS Y RESPUESTAS

Pregunta: Es necesario vestirnos con propiedad cuando visitamos a las personas, pero ¿deben los miembros del equipo del evangelio vestirse uniformemente?

Respuesta: Simplemente necesitamos vestirnos con propiedad. Muchas instituciones, tales como los bancos, insisten en que sus empleados se vistan con propiedad. Sin embargo, no es necesario vestirse uniformemente. Podemos tener cierta variedad.

Pregunta: *¿Debemos practicar la manera en que hemos sido entrenados de visitar a la gente siguiendo cada paso sólo cuando salimos en las primeras ocasiones o debemos practicarlo paso tras paso continuamente?*

Respuesta: Las compañías grandes entrenan a sus vendedores a no hablar según a ellos les parece. Al vendedor se le dice por escrito lo que debe decir. Luego, él aprende a recitar aquello hasta que se convierte en sus propias palabras. Debemos leer el librito *El misterio de la vida humana,* e ingerir su contenido en nuestro ser. Entonces, cuando salgamos, no hablaremos el evangelio en una manera general. Espontáneamente hablaremos de lo profundo de nuestro ser de acuerdo con la forma en la cual se nos ha instruido. Este principio ha sido probado por muchas corporaciones de negocios y por algunos predicadores del evangelio. No debemos creer que nuestra propia manera es mejor que la manera en la que se nos ha entrenado. Nuestra propia manera es natural, y la manera natural de hacer cualquier cosa no tendrá éxito. La manera más exitosa es la manera que se comparte en el entrenamiento. Incluso al jugar balón tenemos que recibir instrucciones. Tenemos que hacer todo según la forma del entrenamiento, y tenemos que practicar hasta que la instrucción se asiente en nuestro ser. Entonces no será mera instrucción; estará "en nuestra sangre". Debemos ser entrenados hasta que seamos plenamente introducidos en la manera del entrenamiento, y hasta que el entrenamiento nos penetre. Así, cuando abrimos nuestra boca, la manera en que hemos sido entrenados será lo que saldrá. Si practicamos este camino, nuestra visita a la gente no será en vano.

Tenemos que tomar la decisión de no visitar a las personas según la manera natural. Debemos rechazar la manera natural y tratar siempre de salir de acuerdo con la instrucción dada en nuestros mensajes. Al principio tal vez no tengamos éxito, pero si practicamos durante dos semanas la manera dada en el entrenamiento, veremos resultados.

Nosotros tenemos que ser los primeros salvos por nuestra predicación. Si dudamos que la gente será salva por medio de la manera que hemos recibido en el entrenamiento, no hemos sido los primeros salvos por nuestra predicación. Tenemos que orar para que podamos ser salvos por el mensaje que estamos llevando a otros. Entonces, podemos salir con la certeza de que otros serán salvos. Este principio también se aplica a nuestra enseñanza. Si dudamos que nuestro mensaje ayudará a la gente, es que no hemos recibido ayuda del mismo, y no debemos hablarlo. La manera de creer que lo que predicamos salvará a otros, es orar y meternos nosotros en nuestro mensaje. De este modo seremos salvos y tendremos la certeza de que otros serán salvos. Entonces seremos celosos en tocar a las puertas de las personas y en buscar gente a quien hablarle.

ACERCA DEL AUTOR

Witness Lee nació en 1905 en el seno de una familia cristiana al norte de China. A la edad de diecinueve años fue plenamente cautivado por Cristo y de inmediato dedicó su vida a predicar el evangelio. Poco después de comenzar a servir al Señor, conoció a Watchman Nee, un renombrado predicador, maestro y escritor cristiano. Witness Lee laboró junto con él y bajo su dirección. En 1934 Watchman Nee confió a Witness Lee la responsabilidad de la Librería evangélica de Shanghai, la cual publicaba sus escritos.

En 1949, antes de que el régimen comunista se estableciera en China, Watchman Nee y sus colaboradores enviaron a Witness Lee a Taiwan para que no se perdiera lo que el Señor les había encomendado. Watchman Nee encargó a Witness Lee que continuara la obra de publicación por medio de la Librería evangélica de Taiwan, la cual es reconocida públicamente como la editora de las obras de Watchman Nee fuera de la China. La labor de Witness Lee en Taiwan manifestó la abundante bendición del Señor. Comenzando con un grupo de 350 creyentes, la mayoría de los cuales había huido de la China continental, las iglesias en Taiwan llegaron a 20,000 miembros en cinco años.

En 1962 Witness Lee fue guiado por el Señor a mudarse a los Estados Unidos y se radicó en California. Durante sus 35 años de servicio en dicho país, dio miles de mensajes en reuniones durante la semana y en conferencias los fines de semana. Una gran parte de sus mensajes se ha publicado en más de 400 libros, muchos de los cuales han sido traducidos a más de catorce idiomas. Dio su última conferencia en febrero de 1997 a la edad de 91 años.

Witness Lee deja como legado una amplia presentación de la verdad contenida en la Biblia. Su obra principal, *Estudio-vida de la Biblia,* consta de más de 25,000 páginas de explicaciones sobre todos los libros de la Biblia, desde la perspectiva del disfrute y la experiencia que el creyente tiene de la vida de Dios en Cristo por medio del Espíritu Santo. Witness Lee fue el editor principal de una nueva traducción del Nuevo Testamento al chino, y dirigió la traducción del mismo al inglés. La Versión Recobro también ha sido traducida a otros idiomas, incluyendo el español, y contiene un cuerpo extenso de notas de pie de página, bosquejos y citas paralelas. Los mensajes de Witness Lee se transmiten por la radio en numerosas emisoras cristianas en los Estados Unidos y en otros países. En 1965 Witness Lee fundó Living Stream Ministry, una corporación sin ánimo de lucro radicada en Anaheim California, la cual difunde oficialmente el ministerio de Witness Lee y Watchman Nee.

El ministerio de Witness Lee se centra en la experiencia que el creyente tiene de Cristo como vida y en la unidad práctica de los creyentes como Cuerpo de Cristo. Con este énfasis, él guió a las iglesias que estuvieron bajo su cuidado a crecer en la vida y el servicio cristiano. Fue firme en su convicción de que Dios no se complace en el sectarismo, sino que tiene como meta producir el Cuerpo de Cristo. En respuesta a dicha convicción, los creyentes simplemente empezaron a reunirse como la iglesia en sus localidades. En años recientes, numerosas iglesias han sido establecidas en Rusia y en varios países de Europa.

OTROS LIBROS PUBLICADOS POR
Living Stream Ministry

Títulos por Witness Lee:

La experiencia de vida	0-87083-632-3
El conocimiento de la vida	0-87083-917-9
El árbol de la vida	1-57593-813-8
La economía de Dios	0-87083-536-x
La economía divina	0-87083-443-6
La economía neotestamentaria de Dios	0-87083-252-2
Cristo es contrario a la religión	0-7363-1012-6
El Cristo todo-inclusivo	0-87083-626-9
La revelación básica contenida en las santas Escrituras	1-57593-323-3
La revelación crucial de la vida hallada en las Escrituras	1-57593-811-1
El Espíritu con nuestro espíritu	0-7363-0259-x
La expresión práctica de la iglesia	0-87083-905-5
La especialidad, la generalidad y el sentido práctico de la vida de iglesia	0-87083-123-2
La carne y el espíritu	0-87083-793-1
Nuestro espíritu humano	0-87083-259-x
La autobiografía de una persona que vive en el espíritu	0-7263-1126-2
La preciosa sangre de Cristo (folleto)	0-7363-0228-x
La certeza, seguridad y gozo de la salvación (folleto)	0-7363-0991-8
Los vencedores	0-87083-724-9

Títulos por Watchman Nee:

Cómo estudiar la Biblia	0-7363-0539-4
Los vencedores que Dios busca	0-7363-0651-x
El nuevo pacto	0-7363-0064-3
El hombre espiritual	0-7363-0699-4
La autoridad y la sumisión	0-7363-0987-x
La vida que vence	1-57593-909-6
La iglesia gloriosa	0-87083-971-3
El ministerio de oración de la iglesia	1-57593-908-8
El quebrantamiento del hombre exterior y la liberación del espíritu	1-57593-380-2
El misterio de Cristo	1-57593-395-0
El Dios de Abraham, de Isaac y de Jacob	1-57593-377-2
El cantar de los cantares	1-57593-956-8
El evangelio de Dios (2 tomos)	1-57593-940-1
La vida cristiana normal de la iglesia	0-87083-495-9
El carácter del obrero del Señor	1-57593-449-3
La fe cristiana normal	0-87083-779-6

Disponibles en
librerías cristianas o en Living Stream Ministry
2431 W. La Palma Ave. • Anaheim CA 92801
1-800-549-5164 • www.livingstream.com